한국부동산 심리학개론

한국부동산 심리학개론

ⓒ 이태광·권순주·GPT, 2025

초판 1쇄 발행 2025년 9월 10일

지은이	이태광·권순주·GPT
펴낸이	이기봉
편집	좋은땅 편집팀
펴낸곳	도서출판 좋은땅
주소	서울특별시 마포구 양화로12길 26 지월드빌딩 (서교동 395-7)
전화	02)374-8616~7
팩스	02)374-8614
이메일	gworldbook@naver.com
홈페이지	www.g-world.co.kr

ISBN 979-11-388-4700-1 (03320)

- 가격은 뒤표지에 있습니다.
- 이 책은 저작권법에 의하여 보호를 받는 저작물이므로 무단 전재와 복제를 금합니다.
- 파본은 구입하신 서점에서 교환해 드립니다.

— 왜? 우리는 집을 사고, 파는 데 흔들리는가! —

한국부동산
심리학개론

지은이
이태광 · 권순주 · GPT

좋은땅

머리말

"지금 사야 하나요, 기다려야 하나요?"
제가 가장 자주 듣는 질문입니다.
이 질문은 단순한 시장 전망에 대한 호기심이 아닙니다.
사실은, 그 이면에 이렇게 적혀 있습니다.

"마음이 불안해요." "결정이 두려워요." "혼자 판단하기 힘들어요."
30년 가까이 부동산 시장을 지켜보며, 수많은 사람들을 상담하고, 강의하고, 책상 앞에서 데이터도 들여다보았습니다.
하지만 시간이 갈수록 저는 한 가지 확신이 들었습니다.
사람들이 알고 싶은 건 가격이 아니라 마음이었습니다.
우리는 흔히 이렇게 생각합니다.

"부동산은 숫자와 통계, 정책과 규제, 이자율과 소득으로 움직인다."
맞습니다.
그런 요소들이 분명히 가격에 영향을 줍니다.
그런데, 이상하지 않으세요?
같은 조건이어도, 누군가는 사고 누군가는 망설입니다.
같은 금리를 봐도, 어떤 사람은 기회로 여기고, 어떤 사람은 위기로 느낍니다.

결국 부동산 시장은,
'사람의 감정'이 모이고 부딪히고 흘러가는 심리의 장(場)입니다.
희망, 불안, 두려움, 확신, 기대, 후회…

숫자보다 먼저 움직이는 건 언제나 사람의 마음이었습니다.
그래서 이 책은 '부동산 심리'를 다루기로 했습니다.
심리학을 기반으로, 우리가 어떤 감정 때문에 부동산을 사고파는지,
어떤 신호에 마음이 흔들리고, 어떤 말에 지갑을 열게 되는지,
그 결정의 흐름과 감정의 파도를 따라가 봅니다.
책은 총 98개의 이야기로 구성되어 있습니다.

각 장은 하나의 심리입니다.
'왜 우리는 상승장을 과신하고',
'왜 옆 사람이 사면 나도 사고 싶고',
'왜 재개발, 교통망, 학군 같은 말에 쉽게 흔들리고',
'왜 전문가의 말이나 유튜브 한마디에 갑자기 매수 버튼을 누르는지'
그 속에 담긴 심리의 기제를 풀어 보았습니다.
책을 쓰는 내내 스스로도 여러 번 돌아보게 되었습니다.

"나 역시, 데이터를 분석하는 전문가지만, 감정에서 자유로운 사람은 아니었구나."
"나도 부동산을 살 때, 심리의 영향을 받았구나."
그 사실을 인정하는 순간, 오히려 마음이 편해졌습니다.
그래서 이 책은, 전문가의 조언이라기보다 같은 길을 걷는 한 사람의 기록에 가깝습니다.

이태광, 권순주 박사는 이 책이 독자 여러분께 이런 역할을 해 주었으면 합니다.

"왜 내가 그때 그런 결정을 했는지"를 이해할 수 있는 거울.
"지금 마음이 왜 이렇게 흔들리는지"를 들여다볼 수 있는 창,
"앞으로는 어떻게 선택할지"를 차분히 정리해 주는 나침반.

그리고 무엇보다,

당신의 감정은 틀린 게 아니며,

그 감정을 인정할 때 더 나은 결정을 할 수 있다는 것을 말해 주는 조용한 친구 말입니다.

부동산은 우리의 삶에 너무나 많은 영향을 끼치는 주제입니다.

집이 있어야 편안하게 쉴 수 있고,

내가 사는 곳이 자산이 되기도 하며,

자녀의 교육, 노후의 삶, 심지어 인간관계까지 연결되어 있습니다.

그렇기에 우리는 오늘도 망설이고, 고민하고, 때로는 후회도 합니다.

그 모든 감정이 자연스럽고, 누구나 겪는 과정임을 이 책은 말하고자 합니다.

마음이 복잡한 분들에게,

미래가 불안한 분들에게,

결정을 앞둔 분들에게,

그리고 스스로의 감정을 이해하고 싶은 분들에게

이 책이 조금이나마 따뜻한 안내서가 되기를 바랍니다.

지금, 여러분의 부동산 심리는 어떤 방향을 가리키고 있나요?

함께 그 마음을 들여다보며, 한 걸음씩 나아가 보겠습니다.

2025년 봄

이태광. 권순주 드림

요약

- **PART 1. 한국부동산 심리학개론 개요**

- **PART 2. 기본 심리와 투자 본능**
  투자자가 부동산 시장에 접근할 때 작동하는 기본 심리 구조와 반응

- **PART 3. 기대, 낙관, 그리고 판단의 왜곡**
  인간의 기대와 감정이 투자 판단을 왜곡시키는 심리 메커니즘

- **PART 4. 지역과 공간에 대한 인식과 선택**
  지역, 주택, 공간 선택을 이끄는 심리적 선호와 이미지 작용

- **PART 5. 하락과 군중 심리의 역동**
  시장 하락 시기, 사람들의 공포 반응과 군중을 따르는 경향

- **PART 6. 거시경제와 실물자산 심리**
  인플레이션, 금리, 정책 등이 투자 심리에 미치는 간접적 영향

- **PART 7. 제도·노후·소득 기반의 심리**
  생애 주기와 제도적 요인이 투자 행동에 미치는 심리적 영향

- **PART 8. 개발 기대와 인프라 중심 투자 심리**
  교통망·상업시설·교육환경 등 도시의 미래 기대에 따른 투자 감정

- **PART 9. 외부 투자자, 신도시, 자연환경에 대한 심리**
  외국인 투자, 신도시 개발, 녹지·환경 등 외적 요인에 대한 기대와 해석

- **PART 10. 세대·계층·문화 간 인식 차이의 심리**
  세대 갈등, 계층 불안, 사회 구조 변화에서 나타나는 심리 흐름

- **PART 11. 전문가·미디어 정보에 따른 심리적 의존**
  전문가 조언과 정보 채널이 심리와 행동에 미치는 영향

- **PART 12. 한국부동산 심리학개론 마무리**

목차

머리말	004
요약	007

PART 1 | 한국부동산 심리학개론 개요

1장	한국 사회에서 부동산 심리의 의미	016
2장	한국부동산 심리학개론의 집필의 배경	020
3장	한국부동산 심리학개론의 중요성	026
4장	부동산 심리학 역사와 실천적 학자·저술가	030
5장	부동산 심리학의 장·단점	035
6장	부동산 심리학문 내통용 흐름	038

PART 2 | 기본 심리와 투자 본능
투자자가 부동산 시장에 접근할 때 작동하는 기본 심리 구조와 반응

1장	신뢰의 심리: 시장을 믿는다는 것	042
2장	안정성의 심리: 투자로 향하는 마음	046
3장	회피의 심리: 위험을 피하려는 본능	051
4장	불확실성과 안전 자산 선호	056
5장	FOMO: 놓치고 싶지 않은 두려움	060
6장	상승 기대와 즉시성 압박	065
7장	투기의 심리: 단기 이익에 대한 욕망	070
8장	단기 차익 심리와 투기 성향	075
9장	하락장에서의 심리 조절: 공포, 부정, 체념의 3단계	080
10장	지속 가능한 투자심리: 장기 관점을 유지한다는 것	085

PART 3 | 기대, 낙관, 그리고 판단의 왜곡
인간의 기대와 감정이 투자 판단을 왜곡시키는 심리 메커니즘

11장	전문가 의존과 권위의 심리: 누구 말을 믿는가	090
12장	소유의 집착과 실거주의 감정: '사는 집'이 아니라 '사는 이유'	095
13장	결론: 부동산 심리를 이해한다는 것의 의미	100
14장	주택 유형에 대한 선호 심리: 형태는 감정의 언어다	105
15장	미래 가치에 대한 심리적 기대: 불확실성 위에 세운 확신	110
16장	거래 절벽의 심리: 거래량 감소가 만들어 내는 공포	114
17장	수익률 기대 심리: 얼마나 벌 수 있을까에 대한 본능	120
18장	고수익 지역 쏠림 심리: 수익률이 높은 곳에 마음도 몰린다	125
19장	대체 자산과의 비교 심리: '그래도 부동산이 낫지'의 정서	130
20장	부동산의 안정성 신화: '부동산은 결국 오른다'는 믿음의 심리구조	135

PART 4 | 지역과 공간에 대한 인식과 선택
지역, 주택, 공간 선택을 이끄는 심리적 선호와 이미지 작용

21장	지역 선호의 심리: 우리는 왜 특정 동네를 더 좋아하는가?	142
22장	긍정적 이미지 효과: 동네 평판이 부동산 가치를 바꾸는 이유	147
23장	주택 유형 선호의 심리: 공간이 말해 주는 삶의 방식	152
24장	신축과 타운하우스 선호 심리: 새것과 다름에 끌리는 마음	157
25장	미래 가치에 대한 심리적 기대: 보이지 않아도 믿고 싶은 마음	162
26장	가격 상승 기대 매수 심리: 지금 아니면 늦는다는 착각	167
27장	지역 발전 기대감의 심리: '곧 좋아질 동네'에 끌리는 이유	170
28장	교통망과 재개발 심리: 인프라가 곧 가격이라는 믿음	174
29장	상승 지속 기대 심리: 끝이 없을 것 같은 상승장의 착각	177
30장	과거 추세 반복 기대 심리: 과거처럼 오를 거라는 자기 암시	180

PART 5 | 하락과 군중 심리의 역동
시장 하락 시기, 사람들의 공포 반응과 군중을 따르는 경향

31장	하락에 대한 공포: 부동산도 무너질 수 있다는 불안	186
32장	하락세 지속에 대한 두려움: 더 떨어질까 봐 아무것도 못하는 심리	190
33장	사회적 증명 효과: 남들이 사니까 나도 사야 할 것 같은 심리	194
34장	모방 심리: 옆 사람이 사니까 나도 사고 싶어진다	197
35장	대중무리 효과(Herd Effect): 다들 하니까 나도 하게 되는 심리	200
36장	군중 심리의 결정: 모두가 사면 나도 사고, 모두가 팔면 나도 판다	203
37장	'똘똘한 한 채' 심리: 가장 안전한 한 곳에 올인하고 싶은 마음	207
38장	자산 집중 심리: 여러 채보다 한 채가 낫다는 확신	211
39장	도미노 효과의 심리: 한 지역의 변화가 모든 것을 흔들다	214
40장	가격 전이 기대 심리: 중심지의 열기가 외곽으로 번지는 착시	218

PART 6 | 거시경제와 실물자산 심리
인플레이션, 금리, 정책 등이 투자 심리에 미치는 간접적 영향

41장	인플레이션 우려의 심리: 지금 안 사면 더 비쌀 것 같은 불안감	222
42장	화폐가치 하락에 따른 실물자산 선호: 믿을 수 있는 건 땅(부동산)뿐이라는 믿음	226
43장	경제성장 기대의 심리: 커지는 나라에서 커질 자산을 찾는다	230
44장	경제 회복 기대의 심리: '이제 다시 오를 것 같다'는 감정의 회복	234
45장	금리 예측 심리: 기준금리에 따라 움직이는 감정의 나침반	238
46장	금리 인하 기대 심리: 사야 할 이유가 생겼다는 감정의 신호	242
47장	정부 정책에 대한 신뢰: 규제와 지원 사이에서 형성되는 믿음의 구조	246
48장	규제는 시장을 안정시킬까?: 통제에 대한 기대와 안도감	250
49장	세제 변화에 대한 기대: 세금이 줄어들면 행동이 달라진다	254
50장	규제 완화 기대가 만드는 투자 심리의 반등	258

PART 7	제도·노후·소득 기반의 심리
	생애 주기와 제도적 요인이 투자 행동에 미치는 심리적 영향

51장	대출 규제 완화 기대의 심리: '곧 풀린다.'는 믿음이 만드는 심리적 유인	264
52장	노후 대비 심리: 집은 '삶의 피난처'이자 '재정의 기반'	268
53장	은퇴 후 임대 수익 심리: '월세'가 주는 마음의 평안	273
54장	소득 안정성에 대한 믿음: 수입이 일정하면 집을 사고 싶어진다	277
55장	소득 증가 및 유지에 대한 신뢰가 구매 심리에 미치는 영향	281
56장	고용 안정이 부동산 심리에 미치는 영향: 일자리가 있으면 집도 있다	285
57장	고용 안정 계층의 심리 강화: 확실한 직장이 선택을 밀어붙인다	289
58장	거시경제 신호 해석의 심리: 수치보다 중요한 건 해석하는 감정	293
59장	환율·유가·주식 등 외부 신호를 통해 부동산 시장을 판단하는 심리	297

PART 8	개발 기대와 인프라 중심 투자 심리
	교통망·상업시설·교육환경 등 도시의 미래 기대에 따른 투자 감정

60장	재개발·재건축 기대 심리: 낡은 동네가 미래를 품고 있다는 믿음	302
61장	재개발·재건축 지역 기대 심리: '여기는 곧 변한다.'는 믿음이 만든 감정의 프리미엄	305
62장	교통망 확충 기대 심리: '여기 역 생긴다더라.'가 시장을 움직인다	308
63장	인프라 개발 기대 심리: 학교, 병원, 쇼핑몰 하나가 감정을 바꾼다	312
64장	주거 환경 개선에 대한 기대 심리	316
65장	도로 정비, 상업시설 유입이 주거 환경을 바꾼다는 믿음	320
66장	교육 환경에 대한 심리적 민감성	323
67장	명문 학군 형성 기대에 대한 심리	327
68장	부동산 지역 브랜드 이미지에 대한 심리	331
69장	특정 지역이 고급화될 것이라는 기대에 대한 심리	335

PART 9 | 외부 투자자, 신도시, 자연환경에 대한 심리
외국인 투자, 신도시 개발, 녹지·환경 등 외적 요인에 대한 기대와 해석

70장 관광지 개발 기대에 대한 심리	340
71장 관광지 개발로 임대 수요가 늘어날 것이라는 기대 심리	343
72장 외국인의 부동산 투자 심리에 대한 심리	346
73장 외국인이 특정 지역에 투자할 것이라는 기대에 대한 심리	350
74장 신도시 개발에 대한 기대 심리	353
75장 신도시가 지역 활성화로 이어질 것이라는 기대 심리	356
76장 부동산 주변 지역 비교에 대한 심리	359
77장 저평가된 지역에 대한 투자 심리	363
78장 환경 요인에 대한 감정적 판단 심리	366
79장 자연환경이 부동산 가치에 미치는 심리적 프리미엄	370

PART 10 | 세대·계층·문화 간 인식 차이의 심리
세대 갈등, 계층 불안, 사회 구조 변화에서 나타나는 심리 흐름

80장 부동산 소유에 대한 사회적 압력에 대한 심리	374
81장 부동산이 만들어 내는 심리적 위계: '누가 가진 자인가'에 대한 인식	377
82장 세대 간 부동산 소유 차이에 대한 심리	381
83장 부모 세대와 비교해 부동산을 보유하려는 경쟁 심리	384
84장 세입자의 불안에 대한 심리	387
85장 전세나 월세 계약의 불안정성에 대한 심리	390
86장 부동산 계층 상승 욕구에 대한 심리	394
87장 고급 주택을 통한 사회적 지위 획득 욕구에 대한 심리	398
88장 임대인의 안정성 선호 심리	401
89장 임대 소득을 안정적으로 확보하려는 심리	404
90장 부동산 문화적 변화에 대한 심리	408
91장 개인주의와 프라이버시를 중시하며 독립된 공간을 선호하는 심리	412

PART 11 | 전문가·미디어 정보에 따른 심리적 의존
전문가 조언과 정보 채널이 심리와 행동에 미치는 영향

- 92장 미래 세대의 부동산 투자에 대한 심리 ... 418
- 93장 자녀를 위해 학군 좋은 지역에 투자하려는 심리 ... 422
- 94장 사회적 불안정에서 벗어나기 위한 부동산 회피 심리 ... 426
- 95장 정치·경제적 불확실성에서 벗어나기 위한 투자 심리 ... 431
- 96장 부동산 전문가 의견에 의존하는 심리 ... 435
- 97장 전문가 조언에 따라 매수·매도를 결정하는 심리 ... 439
- 98장 뉴스, 유튜브, SNS를 통해 형성된 부동산 심리 ... 443

PART 12 | 한국부동산 심리학개론 마무리

- ◆ 이태광·권순주의 부동산 심리학 명언 18선 ... 448
- ◆ 우리는 왜 부동산 앞에서 감정이 흔들릴까? ... 451
- ◆ 심리학이 알려 주는 실천적 결론 ... 454
- ◆ 마음을 비추는 내비게이션 ... 456
- ◆ 마음을 읽으면 시장이 보인다 ... 459
- ◆ 부동산 심리를 이해한다는 것의 의미 ... 460

에필로그(1) ... 462
에필로그(2) ... 464
참고 문헌 ... 465
부동산 심리학개론 개념 한눈에 보기 ... 468

PART 1

한국부동산
심리학개론 개요

1장

한국 사회에서 부동산 심리의 의미

"부동산 시장을 대하는 새로운 통찰" = 부동산 심리

• 한국 부동산 심리의 의미

한국사회에서 모든 국민이 사용하는 '공간'이 아닌 '존재감'을 설명하는 심리로부터 시작이 된다. 한국에서 집은 단지 '머무는 장소'가 아니라, 삶의 완성도, 사회적 인정, 자아실현, 불안 회피, 희망 투영이라는 심리적 총합체(psychological totality)입니다.

1. "사는 집은 있지만, 속할 곳은 없습니다."

이 한 문장은 한국 무주택자의 존재론적 불안을 요약합니다.

그것은 '소유의 부재'가 아니라, '소속의 부재'입니다.

2. 각 주체의 마음이 시장을 만든다

한국 부동산 시장은 경제 논리만으로 움직이지 않습니다.

매도인의 미련, 매수인의 기대, 임대인의 계산, 임차인의 불안, 무주택자의 열망이

결국 시장의 거래량, 심리 지수, 가격 방향성을 결정합니다.

즉, 시장은 숫자가 아니라 사람들의 마음으로 움직입니다.

3. 한국 사회만의 특수한 심리 구조

아파트 공화국의 심리: '브랜드 아파트'는 단지 집이 아니라 '계층의 표지' 전세 제도에 기반한 심리 불안정: 내 집이 아님에도 내 삶이 얹힌 구조 무주택에 대한 사회적 낙인: '왜 아직도 집이 없어?'라는 시선 영끌과 빚투의 정당화 심리: '이건 기회가 아니라 생존이다'는 인식 세대별 부동산에 대한 감정의 격차: 같은 가격이라도 '기회'와 '절망'으로 다르게 느껴짐

4. '결정'보다 '감정'을 분석하는 학문[1]

『한국 부동산 심리학』은 단지 "왜 이 시점에 이 가격에 샀는가"를 묻는 것이 아니라, "그 결정을 내리기까지 어떤 감정과 심리 메커니즘이 작동했는가"를 추적합니다.

따라서 이는 단순한 시장 분석이 아닌, '감정의 흐름으로 시장을 읽는 망원경'입니다.

5. 정의: 한국 부동산 심리학이란?

한국 부동산 심리학이란, 한국 사회의 공간 가치, 계층 인식, 정체성, 불안, 희망이

부동산이라는 실물 자산 위에 어떻게 투사되고, 그 감정들이 어떤 의사결정의 패턴을 만들며, 결국 시장과 정책, 삶의 양식에 영향을 미치는지를 해석하는 학문입니다.

---

[1] Kahneman, D., & Tversky, A. (1979). Prospect theory: An analysis of decision under risk. Econometrica, 47(2), 263-291. 사람의 선택은 논리보다 감정과 인지 편향에 더 영향을 받는다는 이론적 기반

◆ 무주택자의 뜻과 심리

뜻 : 아직 내 집을 갖지 못한 상태.
거주지는 있으나, 소유권이 없는 삶의 형태를 의미함.
심리 : 사회적 기준에서 '완성되지 않은 삶'이라는 무의식적 인식
- 소유의 결핍이 아니라, 안정감의 부재로 인한 불안감
- 부동산 가격이 오를수록 느껴지는 상대적 박탈감
- 동시에, 더 좋은 기회를 기다리는 합리적 관망 심리와
- 계속 오를지도 모른다는 불안 기반의 조급함이 공존함

"언제쯤 나도 내 이름으로 된 집에서 살 수 있을까?"라는 존재적 질문이 반복됨
"사는 집은 있지만, 속할 곳은 아직 없습니다."

◆ 매도인의 뜻과 심리

뜻: 더 이 집을 소유할 이유가 없거나, 다른 기회를 위해 정리하려는 의지.
심리: 이 집에 담긴 기억과 감정을 내려놓으려는 아쉬움, 동시에 더 나은 미래를 향한 기대와 불안.
"팔기 위해서가 아니라, 보내기 위해 마음을 정리합니다."

◆ 매수인의 뜻과 심리

뜻: 새로운 삶의 기반을 마련하거나, 자산의 가치를 믿고 투자하려는 의지.
심리: 설렘과 두려움이 함께 뒤섞인 상태. 지금이 선택이 '내 인생을 바꿀 수 있을까'라는 기대와 조심스러움.
"사는 것은 공간이 아니라, 미래에 대한 나의 결심입니다."

◆ 임차인의 뜻과 심리

뜻: 안정된 삶의 공간을 잠시 빌려 쓰고자 하는 현실적인 선택.
심리: 집은 내 것이 아니지만, 그 안에서 나만의 삶을 만들고 싶은 소박한 욕망과 동시에, 언제든 떠나야 할 수 있다는 불안.

"사는 건 내가 아니지만, 살아가는 건 나입니다."

◆ 임대인의 뜻과 심리

뜻: 내 자산이 누군가의 공간이 되어 수익을 낳기를 바라는 경제적 판단.

심리: 신뢰할 수 있는 사람에게 맡기고 싶다는 안도감, 혹은 잘못될까 걱정하는 경계심.

"빌려주는 것은 공간이지만, 진짜 주고받는 건 신뢰입니다."

2장

한국부동산 심리학개론의 집필의 배경

왜 사람들은 같은 가격, 같은 조건, 같은 위치의 부동산을 보고도 그렇게 다른 반응을 보일까? 입니다. **일반부동산 거래할 때, 부동산법원 경매할 때에 나타나는 심리**에서도 궁금하였고 스스로 생각하게 만드는 과정이었습니다.

일반 부동산 거래 심리

예를 들어, 10억짜리 아파트를 매수하려는 사람이 있었습니다. 그는 단 100만 원을 깎아 주지 않는다는 이유로 그 거래를 포기했습니다.

"기분이 나빠서요. 가격 협상도 안 해 주면 사기 싫어지잖아요."

그 말에는 단순한 가격 문제보다 감정의 섭섭함이 담겨 있었습니다.

반대로, 어떤 사람은 똑같은 10억짜리 아파트에 1,000만 원을 더 얹어서라도 꼭 사고 싶어 했습니다.

"이런 입지, 다시는 안 나와요. 놓치면 후회할 것 같아요." 그의 선택에는 불안과 기대, 그리고 확신이 뒤섞여 있었죠. 이렇게 같은 가격, 같은 조건의 부동산이 사람마다 전혀 다른 평가와 결정을 끌어내는 걸 보면서, 저는 점점 더 확신하게 되었습니다. 이건 단순한 경제 계산이 아니다. 심리의 문제다. 마음의 작용이다.….

**우리는 흔히 투자와 의사결정을 할 때, 숫자와 논리, 그리고 전략을 앞세워 생각한다고 믿습니다. 하지만 실제로 사람들의 선택을 이끄는 것은 숫자가 아니라 감정이고, 치밀한 전략보다도 심리적 흐름이 더 큰 영향을 미칩니다.

그리고 이 심리의 무게는 생각보다 훨씬 큽니다. 사람은 한순간의 감정에 따라 계산을 접고 결정을 내리기도 하고, 그 결정이 결국 그 사람의 삶의 방향까지 바꿔놓기도 합니다. 마치 '순간의 선택이 10년을 좌우한다.'라는 광고 문구처럼, 부동산 앞에서의 한 번의 결정은 그 이후의 10년을 설계하는 기점이 될 수도 있습니다. 그 선택은 때로 부(富)로 이어지고, 때로는 후회로 남으며, 또 때로는 다시는 돌아오지 않을 기회가 되기도 합니다. 그래서 부동산 심리를 이해한다는 것은 단순히 집을 잘 사기 위한 것이 아니라, 자기 인생의 방향키를 제대로 쥐기 위한 노력입니다.

우리는 흔히 부동산을 이야기할 때 평당 가격, 실거래가, 전세가율, 금리 같은 수치와 논리를 앞세워 설명합니다. 전문가도, 언론도, 투자자도 모두 계산기부터 꺼내는 것이 이 세계의 기본처럼 여겨지죠. 하지만 제가 현장에서 만나온 수많은 사람의 선택은 전혀 다른 기준에서 이루어졌습니다.

집 앞 골목의 분위기, 마당에서 느껴지는 햇살, 창밖으로 펼쳐진 풍경, 그리고 "이 집에서 우리 아이가 잘 자랄 것 같다"라는 막연한 기대. 이 모든 것이 사람들의 마음을 움직였습니다. 어떤 분은 말했습니다. "이 집 앞에 감나무가 있어요. 가을마다 감 따 먹을 생각을 하니 꼭 사고 싶더라고요." 또 어떤 분은 "이장님이 너무 좋아서 이 동네가 마음에 들어요." "동네 반장님 이 사람 참 괜찮아서 믿음이 갑니다."
"여긴 어릴 적 자주 놀러 오던 거리라 그런지 정이 가요."라고 말하며, 가격은 크게 중요하지 않다고 했습니다.

이들은 모두 표로 정리될 수 없는 정보와 심리들을 가지고 객관적 처지에서 볼 때 가장 중요한 자산, 집을 선택하고 있었던 것입니다. 그래서 임자가 따로 있다고 하는 것 역시 심리가 다르기 때문입니다.

그렇습니다. 우리가 부동산을 선택할 때 진짜 작동하는 것은 숫자가 아니라 사람의 감정이고 심리입니다.

그리고 그 감정은 이성적인 판단보다 빠르게, 먼저 나와서 깊은 곳에서 조용히 자리 잡고 확실하게 결정에 영향을 줍니다.
그래서 저는 부동산을 보면서 이렇게 생각합니다.
"사람은 숫자로 집을 설명하지만, 마음으로 집을 선택한다."

여러분께 단순히 '정보'나 '지식'만을 전달하는 책이 되지 않기를 바랍니다. 숫자와 지표, 전략과 팁은 어디서든 얻을 수 있습니다. 하지만 그보다 더 중요한 것은 자신의 마음을 더 깊이 들여다보는 힘입니다.

우리는 흔히 "시장"을 이기려 합니다. 하지만 시장은 예측할 수 없고, 완벽하게 통제할 수 없습니다. 결국, 더 나은 선택을 가능하게 하는 건 바깥의 정보보다 내면의 이해입니다. 내가 왜 불안한지, 내가 왜 망설였는지, 내가 왜 그 집이 끌렸는지…

그 모든 질문을 정직하게 바라볼 수 있을 때, 우리는 비로소 더 현명하고 단단한 결정을 할 수 있게 됩니다. 부동산을 읽는다는 건, 결국 '나'를 읽는 일입니다.

이 책이 여러분에게 그 마음을 비치는 거울이 되었으면 합니다.

부동산을 읽는다는 건, 결국 나의 마음을 읽을 줄 알아야 합니다.

부동산법원 경매 심리

30년 가까이 부동산법원 경매를 해 오면서, 저는 수많은 '수익률'과 '낙찰가'를 계산해 왔습니다. 하지만 그보다 더 깊이 새겨진 것은 따로 있었습니다.

사람들의 마음, 그들이 결정을 내리기 전까지 겪는 심리의 진동이었습니다.

법원 경매장은 얼핏 보면 숫자와 논리가 지배하는 공간 같습니다. 감정가 대비 몇 퍼센트에 낙찰됐는지, 주변 시세와 비교해 얼마나 싸게 샀는지. 계산기만 있으면 누구든 고수처럼 보일 수 있는 세계입니다. 그렇지만 현장에 오래 있다 보면, 그 계산기보다 먼저 작동하는 것이 있습니다. 사람의 심리, 감정의 흐름입니다.

제 기억에 어느 날이었습니다. 경상도 울산 지방 법원 경매장에서, 시세보다 40% 가까이 저렴하게 나온 소형 아파트가 있었습니다.

권리 분석은 크게 법적 분석, 경제분석, 물건 하자 분석 3가지입니다. 권리 분석 3가지의 결과로만 보면 '묻지마 입찰'해도 될 만큼 좋은 조건이었습니다.

그런데 아무도 입찰하지 않았습니다. 이유를 물으면 사람들은 조용히 말합니다.

"그 집, 파산한 사람이 살던 곳이라는데 기운이 좀 안 좋아요." "전에 안 좋은 일이 있었다는 소문도 있고요." 사람들이 회피한 건 '가격'이 아니라, '기분'이었습니다.

자료에 없는 '기운', 표로 설명되지 않는 '느낌'이 사람들의 선택을 멈추게 했던 것입니다. 저는 물론 그런 기운을 알 수가 없어서 단독 입찰해서 최고 매수자가 되었습니다. 그때는 법원의 경매 제도가 2002년 7월 1일부터 신경매제도로 변경하여 최고 매수자가 아니고 낙찰자라는 명칭이었습니다. 이건 미신이 아니라, 심리적 기피입니다.

사람은 위험보다 불편한 감정을 더 먼저 피하려는 경향이 있습니다.

또 입찰전 그와는 다른 예도 있었습니다.

어느 여성은, 시세보다 1억 원 가까이 저렴하게 단독주택을 낙찰받을 기회를 앞두고 있었습니다. 모든 분석이 끝났고, 서류도 들고 있었습니다.

하지만 그녀는 입찰 당일, 법원 입구에서 발길을 돌렸습니다.

"그 집, 사연이 너무 많대요." 전(前) 주인이 계속 안 나가려고 엄청나게 고생한다는 것입니다. 이유인즉 부모님에게 상속받은 집이라는 것입니다.

그 여성은 "이 가격에 사면 내가 뭔가 죄짓는 기분이에요." 그녀가 피한 건 법률적인 문제가 아니었습니다.

그녀는 '남의 불행'을 '내 이익'으로 전환하는 그것이 도덕적으로 불편했던 것입니다.

심리학적으로는 '죄책감 심리'라고 부릅니다. 이 감정은, 특히 책임감 있는 사람일수록 강하게 작용합니다.

반대로, 논리를 넘어선 감정과 심리의 작동으로 다가간 사람도 있었습니다.

서울 외곽의 한 오래된 빌라였는데 대부분 투자자가 외면한 물건이었습니다.

그런데 한 중년 남성이 단호하게 말했습니다.

"현장 가봤는데… 이 동네가 꼭 내가 어릴 적 살던 동네 같아요."

"통장님도 참 좋은 분이더라고. 괜히 마음이 놓였어." 그분은 시세보다 높게 입찰했고, 낙찰을 받았습니다. 주변에선 "왜 굳이 거길 그렇게 주고 샀을까?" 했지만, 그분은 만족해 보였습니다.

그분이 선택한 건 수익이 아니라 정서적 안정이었습니다. 정서적 동일시 그 공간이 주는 감정적 공감이 그에게는 무엇보다 중요했던 것 같았습니다.

그리고 또 하나, 경매장에 가면 누구나 느끼게 되는 보이지 않는 압력. 법원에 도착해 입찰봉투를 꺼내 드는 순간, 갑자기 다른 사람들의 얼굴, 움직임, 표정이 신경 쓰이기 시작합니다.

"오늘따라 사람들이 많네. 경쟁 심하겠는데…" "혹시 내가 너무 낮게 쓴 건 아닐까?"

"지금이라도 다시 고쳐 써야 하나…" 이런 생각들이 머릿속을 휘젓습니다.

그리고 원래 생각보다 높게 쓰게 됩니다. 군중 심리와 압박 심리가 동시에 작동하는 순간입니다.

특히 초보자일수록, '내가 모르는 정보가 있는 게 아닐까?' 하는 불안에 타인의 행동을 기준 삼아 자신의 결정을 바꾸는 일이 많습니다.

이처럼 법원 경매장이라는 공간은, 단순한 부동산 거래장이 아니라, 사람의 심리가 극적으로 드러나는 무대입니다.

 어떤 이는 감정 때문에 멈추고, 또 어떤 이는 느낌 하나로 밀어붙이며, 누군가는 양심 때문에 물러서고, 또 누군가는 불안 때문에 판단을 뒤바꿉니다.
 계산보다 감정이, 전략보다 심리가 먼저 작동하는 현장. 마음들이 가격의 단위 변경과 부동산의 방향을 바꾸는 것, 그게 바로 법원 경매입니다.
 그리고 저는 30년 동안 그 현장에서 수많은 사람의 마음을 봐 왔습니다.
 그 마음들이 가격표가 아닌 방향표를 따라 움직이는 모습을 말이죠.

 결국, 부동산 경매에서 이긴다는 건 남보다 싸게 사는 것이 아니라, 자기감정과의 타협에서 이기는 것입니다. 그리고 그 선택 하나가, 당신의 10년을 바꿔 놓을 수 있습니다. 이것 또한 부동산 심리라고 할 수 있습니다.

3장
한국부동산 심리학개론의 중요성

① 왜 '부동산 심리학'이 중요한가?

한 사람의 인생에서 집을 고른다는 건 단순한 소비가 아닙니다.
그건 삶의 방향을 선택하는 일이고, 가족의 미래를 설계하는 결정입니다.
그리고 이 결정은 놀랍게도 숫자나 계산보다, '마음의 작용'에 의해 좌우됩니다.
부동산 관련 산업 전반에 있어서 이루어지는 활동이 개인 또는 기업에 만족을 가져다줄 수 있는 행동의 결정에 대한 중요성이 요구되기 때문입니다.

② 숫자보다 먼저 움직이는 것: 감정

우리는 부동산을 '합리적 자산'으로 생각합니다. 매매가, 전세가율, 금리, 실거래가, 수익률… 이 모든 수치는 분명히 중요한 기준입니다. 하지만 현실에서 사람들의 결정은 언제나 그 숫자보다 먼저 '감정'이 작동합니다.
"지금 안 사면 다시는 못 살 것 같아서요."
"왠지 이 동네는 곧 오를 것 같은 느낌이 들어요."
"불안해서요. 나만 뒤처지는 것 같아서요."
이런 말, 들어 보신 적 있으시죠? 사람들은 스스로 논리적으로 판단했다고 믿지만, 실제로는 두려움, 기대감, 조급함, 소속감 같은 심리적 동기에 의해 움직입니다.
그래서 어떤 사람은 떨어지는 시장에서도 용감하게 매수를 하고, 어떤 사람은 좋은 기회를 앞에 두고도 끝내 망설입니다. 이런 모습은 경제학이나 통계학만으로는 설명되지 않습니다. 바로 심리학의 영역입니다.

③ 심리를 모르면 '왜 그런 선택을 했는지' 설명할 수 없다

같은 소득, 같은 조건, 같은 정보를 가지고 있어도 사람마다 완전히 다른 결정을 내립니다. 어떤 사람은 전세가 더 안정적이라며 사기를 꺼리고, 어떤 사람은 대출을 감수하고라도 내 집 마련을 서두릅니다. 어떤 이는 '오르는 집'을 찾고, 어떤 이는 '마음 편한 집'을 고릅니다.

이처럼 부동산 결정은 삶의 철학, 감정의 패턴, 과거 경험과 현재 불안이 반영된 매우 인간적인 선택입니다. 이걸 이해하지 못하면, 왜 사람들이 잘못된 선택을 반복하는지, 왜 정책이 실패하는지, 왜 특정 지역이 과열되는지를 설명할 수 없습니다.

④ 부동산 심리는 일시적이지만, 그 결과는 장기적이다

우리는 순간적인 감정으로 집을 고르지만, 그 결과는 10년, 20년, 어쩌면 평생 동안 영향을 미칩니다. 불안감 때문에 비싸게 집을 사면, 몇 년간 대출 갚느라 허덕이게 됩니다. 조급함 때문에 성급하게 투자하면, 하락장에서 후회를 남깁니다.

남들이 사니까 따라 샀다가, 나만 잃고 남들은 벌어간 경우도 많습니다.

결국, 감정을 잘 다스릴 줄 아는 사람만이 장기적인 관점에서 후회 없는 선택을 하게 됩니다. **그리고 그 감정을 들여다보는 학문이 바로 '부동산 심리학'입니다.**

⑤ 감정은 복잡하지만, 이해할 수 있다

부동산 심리학은 단순히 '감정적이네' 하고 치부하는 게 아닙니다. 오히려 그 감정이 '왜 생겼는지', '어떤 구조로 작동하는지'를 체계적으로 분석합니다.

왜 우리는 아파트 브랜드에 끌리는가?

왜 '학군'이라는 말에 이성적인 계산이 무너지는가?

왜 부동산이 오르면 따라 사고, 떨어지면 도망치는가?

왜 '내가 살 집'은 고르기 어려운가?

이 질문들에 답하는 것은 단순한 호기심이 아닙니다.

내가 더 좋은 결정을 내릴 수 있도록 돕는 힘이 됩니다.

⑥ 정책과 시장을 보는 '새로운 렌즈'

정부가 부동산 정책을 내놓을 때, 늘 의도는 좋습니다. 하지만 많은 정책들이 사람들의 실제 반응을 예상하지 못하고 실패합니다.

그 이유는 간단합니다. 사람들의 '마음'을 읽지 못했기 때문입니다.

예를 들어 세금을 높이면 집을 덜 살 줄 알았지만,

사람들은 '앞으로 더 세금이 오를까 봐' 미리 집을 사는 '심리적 선점' 행동을 보이기도 합니다.

공급을 늘린다고 해도, 사람들은 여전히 특정 지역에만 몰립니다. 이처럼 시장은 논리가 아니라 심리로 움직입니다. 그래서 이제는 정책도, 투자도, 분석도 심리의 눈으로 다시 봐야 합니다.

결론: 부동산 심리는 '사람의 이야기'를 이해하는 학문이다

우리는 흔히 부동산을 숫자, 지도, 도면으로만 바라보지만 그 안에는 사람의 불안, 기대, 꿈, 회피, 만족감 같은 깊은 내면의 이야기가 숨어 있습니다.

부동산 심리학이 중요한 이유는, 그 숫자 이면의 감정을 보고,

그 논리 너머의 사람을 이해하고, 연구하면서

그 결정 뒤에 있는 삶의 이야기를 들을 수 있기 때문입니다.

"좋은 집을 고르기 전에, 먼저 나 자신을 이해해야 한다."
부동산 심리학은 바로 그 출발점이 되어 줍니다.

예를 들어 이런 상황, 생각해 보세요.
"옆집이 집을 샀대. 우리도 늦기 전에 사야 하나?"
"언젠가는 이 동네가 오를 거야. 그냥 믿고 사야지."
"아이 학교 때문에 어쩔 수 없어. 무리해도 이 집으로 가자."
이런 말들은 모두 논리보다 감정이 앞서 있는 판단입니다.
즉, 부동산은 돈으로 계산하는 것 같지만, 실제로는 '심리로 선택하는 경우가 많다'는 거죠.
이런 심리를 잘 이해해야 좋은 집도 사고, 후회도 줄이고, 나에게 맞는 결정을 내릴 수 있습니다.

4장

부동산 심리학 역사와 실천적 학자·저술가

"부동산을 감정의 언어로 해석하다"

1. 태동기: 심리학과 경제학의 만남(1930~1970년대)

부동산 심리학이라는 말이 본격적으로 등장하기 전, 먼저 '심리학과 경제학의 만남'이 분야의 출발점이었습니다.

대표 흐름: 행동경제학의 등장

1930~50년대: 경제학은 '인간은 항상 합리적으로 판단한다.'는 전제로 작동했습니다. 하지만 실제 인간은 비합리적인 결정, 감정적 선택을 자주 합니다.

이를 비판하며 등장한 것이 행동경제학(Behavioral Economics)이며,

대표적인 학자인 허버트 사이먼(Herbert Simon)은 "제한된 합리성(Bounded Rationality)" 개념을 제시합니다.

이때부터 학자들은 "왜 사람들은 이성보다 감정에 따라 돈을 쓰는가?"를 분석하기 시작했습니다. 이 흐름은 훗날 부동산을 감정으로 해석하는 '부동산 심리학'의 전신이 됩니다.

2. 전환기: 부동산 시장을 심리로 읽다(1970~1990년대)

이 시기는 부동산 시장의 급격한 성장과 거품 붕괴를 경험하며, "단순한 수요-공급 이론으

로는 시장을 설명할 수 없다"는 인식이 확산된 시기입니다.

대표 사례: 일본 부동산 거품(1980년대 말~1990년대 초)

일본 도쿄의 땅값이 미국 전체 땅값보다 높게 평가되던 시절.

이 거품은 단지 금리나 공급 때문이 아니라, '기대', '확신', '불안', '패닉' 같은 군중 심리가 부동산 시장을 움직였다는 분석이 이어졌습니다.

이 시기 핵심 개념들:

- FOMO(Fear of Missing Out): "지금 안 사면 못 산다"는 심리.
- 확증 편향: 자신이 믿는 정보만 받아들이는 경향.
- 군중 심리: 다수가 행동하면 나도 따라야 할 것 같은 심리적 압력.

이때부터 일부 학자들은 부동산 가격, 주거 선택, 투자 판단 등에 심리를 적용하기 시작합니다. 이 시기는 부동산 심리학의 '준비기'로 볼 수 있습니다.

3. 확장기: 부동산과 심리학의 결합(2000년대 이후)

2000년대에 들어서며 행동경제학이 노벨경제학상을 수상하게 되자,
심리학이 경제와 금융뿐 아니라 부동산 시장에도 정식으로 응용되기 시작합니다.

주요 사건

2002년: 다니엘 카너먼, 행동경제학으로 노벨경제학상 수상
→ 인간은 이성보다 감정에 따라 행동한다는 주장을 학문적으로 인정받음
2008년 금융위기: 미국 부동산 파생상품이 촉발
→ '탐욕', '과신', '공포'가 실제 시장을 어떻게 움직이는지를 전 세계가 체감

부동산 심리학의 본격 등장

이 시기부터 학자들은 본격적으로 다음과 같은 분야에 심리학 이론을 적용하기 시작합니다.: **주택 구매 결정의 심리 요인 분석**

예: 자기 동일시(identity projection), 안전 욕구, 자녀 교육 심리

투자자 행동 심리 연구

예: 손실 회피(loss aversion), 프레이밍 효과, 시간 할인율 시장 버블의 심리적 형성과 붕괴 과정 연구 부동산 광고와 마케팅의 심리 전략 이러한 연구들은 부동산학, 도시학, 심리학, 사회학, 경제학 등 여러 학문이 융합되며 이뤄졌습니다.

4. 오늘날: 실용적 도구로서의 '부동산 심리학'(2020년대~)

2020년대에 들어와서는, 부동산 심리학이 일반 투자자, 정책입안자, 분양 마케팅, 주거복지 전문가들 사이에서 실제 도구로 쓰이기 시작했습니다.

왜 지금 더 중요해졌는가?

부동산 가격의 불확실성이 커졌기 때문입니다. 정보가 넘쳐나는 시대, 사람들은 더 많은 데이터를 보면서도 더 불안해합니다. 오히려 심리가 더 복잡하고 예민하게 작용하는 시대가 된 것이죠. 그래서 요즘은 이렇게 말합니다.

"앞으로의 부동산 시장은 '심리를 읽는 사람'이 이긴다."

국내 동향: 한국에서의 부동산 심리학

한국에서는 2010년대부터 행동재무학, 감정 경제, 부동산 심리 모델링 등에 대한 관심이 커지며 일부 학자들, 실무자들이 관련 연구를 진행하기 시작했습니다.

최근에는 『부동산 심리학』을 주제로 한 일반 서적, 강의, 칼럼, 콘텐츠들도 등장하고 있으며, 이제는 전문가뿐 아니라 일반 투자자와 실수요자도 '심리적 통찰'을 중요하게 여기는 시대가 되었습니다.

결론: 부동산 심리학은 지금도 진화 중이다

부동산 심리학은 과학과 감성의 경계에 서 있는 융합 학문입니다. 그 역사는 길지 않지만, 사람들의 결정 메커니즘을 분석하는 데 있어 다른 어떤 학문보다 인간 중심적인 관점을 제공합니다.

이제 우리는 단순히 '가격'이 아니라,

그 가격을 만들어 내는 '마음의 작동'을 읽는 시대에 살고 있습니다.

그 흐름을 따라가기 위해, 부동산 심리학은 오늘도 계속 확장되고 있습니다.

〈실천적 학자·저술가(국내외)〉

인물	활동 분야	특징
Richard H. Thaler	행동경제학	행동금융 이론으로 2017년 노벨경제학상. 실거래심리 해석에 영향
George Akerlof	정보비대칭 이론	기대 형성과 시장 왜곡에 관한 심리적 설명
이태광 교수	부동산 소비자이론	부동산 심리 콘텐츠 및 체계화 부동산 심리학 대중화에 기여

〈연대별 핵심 정리표〉

연대	주요 인물	기여 내용	분야
1950s	허버트 사이먼 (Herbert A. Simon)	제한된 합리성	경제학 + 심리학
1970s	카너먼 & 트버스키 (Kahneman &Tversky)	전망이론, 손실회피	행동경제학
1990s	로버트 실러 (Robert J. Shiller)	비이성적 과열 분석, 부동산시장 분석	
2000s	리처드 세일러 등 (Richard H. Thaler)	실천적 투자 심리 확장	행동재무학
2010s	이태광 교수 등 (Tae Gwang Lee)	부동산 심리학 체계와 대중화	부동산 심리 콘텐츠

부동산 심리학은 특정 한 명의 창시자가 있기보다는,

심리학적 통찰을 부동산 시장에 적용한 여러 선구자들의 학문적 기여가 겹쳐지며 태동한 융합 학문입니다.

허버트 사이먼이 기초 철학을 제공했고, 카너먼과 트버스키가 행동의 원리를 밝혔으며, 로버트 실러가 그것을 부동산 가격과 버블 분석에 처음으로 적용했습니다.

이후 다양한 연구자들이 그 흐름을 발전시켜 오늘날의 '부동산 심리학'으로 자리 잡게 된 것입니다.

이태광 교수는 대한민국 내에서 '부동산 심리학'이라는 새로운 융합 학문 분야를 개척하고 정립하는 데 핵심적인 기여를 한 선구자 중 한 명입니다. 국내 세계 최초의 부동산 심리학 박사 2020년대 배출이 되는 가운데 권순주 박사, 박태호 박사가 있습니다. 이들은 부동산학, 경영학, 심리학, 경제학 등을 통합적으로 연구하며, 특히 '투자자의 심리'를 중심으로 부동산 시장의 움직임과 의사결정 과정을 분석하는 데 주력해 왔습니다.

학술적·대중적 영향력

학문적 영향력: 부동산학과 행동과학 간의 연결고리를 마련하여 향후 연구자의 후속 연구 기반 제공

정책적 영향력: 정부·언론에서 정책 자문 혹은 심리 분석 근거로 활용됨

대중적 영향력: 부동산 불안기에 대중의 심리 안정에 기여하는 분석적 프레임 제공

5장

부동산 심리학의 장·단점

부동산 심리학이 주는 좋은 점(장점)

1. 내 판단을 다시 보게 해 줍니다.

사람들은 집을 살 때 흔히 '다른 사람들'과 비교합니다.

"지금 안 사면 못 살 것 같아."

"다들 저 아파트 산다더라."

이런 심리는 '군중 심리'입니다.

부동산 심리학은 이렇게 감정에 흔들리는 나를 발견하게 도와줍니다.

내가 왜 불안한지, 왜 조급한지를 이해하면, 훨씬 냉정하고 나다운 판단을 할 수 있게 되죠.

2. 시장 흐름을 더 깊이 이해하게 됩니다.

왜 어떤 지역은 괜히 인기가 많고, 어떤 곳은 항상 무시당할까요?

실제로는 별 차이가 없는 곳들도 있는데 말이죠.

이런 건 '이미지', '학군', '브랜드' 같은 심리적 요인이 시장을 좌우하기 때문입니다.

부동산 심리학을 공부하면 가격 뒤에 숨어 있는 사람들의 기대감, 편견, 바람을 읽을 수 있습니다.

그렇게 되면 숫자만 보는 것보다 훨씬 넓게 시장을 이해할 수 있어요.

3. 나에게 맞는 집을 고르는 힘이 생깁니다.

좋은 집이란 그냥 '비싼 집'이 아닙니다.

내가 만족하고 편하게 살 수 있는 집이 진짜 좋은 집입니다.

그런데 사람들은 종종 '유행'이나 '주변 말'에 끌려 집을 고릅니다.

부동산 심리학은 나의 감정, 내 삶의 방식, 내가 진짜 원하는 조건을 돌아보게 합니다.

그래서 집을 고를 때 타인의 시선이 아니라, 내 감정을 기준으로 선택할 수 있게 돕습니다.

4. 후회 없는 결정을 도와줍니다.

많은 사람들이 집을 사고 나서 "그때 왜 그랬지…"라며 후회합니다.

그 이유는 단순합니다. 충동적으로 결정했거나, 감정에 끌렸기 때문입니다.

심리학을 알고 나면, 이런 실수를 줄일 수 있습니다.

그 집을 왜 사려고 하는지, 정말 지금이 맞는 타이밍인지 한 번 더 생각할 수 있는 내면의 여유를 갖게 되니까요.

부동산 심리학의 아쉬운 점(단점)

물론 부동산 심리학이 만능은 아닙니다. 몇 가지 한계도 있습니다.

1. 마음은 숫자처럼 딱 떨어지지 않습니다.

예를 들어 "불안감이 80%면, 가격이 5% 떨어진다."처럼 정확히 계산할 수는 없습니다.

심리는 사람마다 다르고, 상황마다 다릅니다.

그래서 이 학문은 '정확한 예측'보다는 행동의 이유와 흐름을 이해하는 데 더 적합합니다.

2. 아직은 연구가 적고, 일반화가 어렵습니다.

경제학이나 부동산학처럼 오래된 학문이 아니기 때문에, 체계적으로 정리된 이론이 부족합니다.

사람마다 다른 해석이 나올 수도 있고, 학자에 따라 관점이 달라질 수 있어요.

3. 너무 심리에만 의존하면, 실질적 요소를 놓칠 수 있습니다.

심리학적 해석만으로 부동산을 보는 건 위험합니다.

예를 들어, '좋은 기분이 드는 집'이라도 가격이 지나치게 높다면, 냉정한 판단이 필요한 순간도 분명히 존재합니다.

그래서 심리와 경제를 균형 있게 보는 태도가 중요합니다.

정리하자면

부동산은 단순히 가격이 아니라, 사람의 마음이 만들어 내는 결정의 총합입니다.

누군가는 안정감을 원해 집을 사고, 누군가는 불안을 피해 팔기도 합니다.

누군가는 미래의 기대 때문에 무리를 하고, 누군가는 확신이 없어 망설입니다.

이 모든 순간마다 작용하는 것이 바로 심리입니다. 부동산 심리학은 '그 마음을 이해하는 기술'입니다. 이해하면 내 선택이 달라지고, 이해하면 남의 선택도 보이고,

이해하면 후회가 줄어듭니다. 그러니 이제는 부동산을 단순히 '투자'나 '가격'으로만 보지 말고, '사람의 이야기'로도 볼 수 있는 눈을 가져 보는 건 어떨까요?

6장

부동산 심리학문 내통용 흐름

- 부동산 주거 선택 심리　　　Real Estate Housing Preference Psychology
- 부동산 투자 심리　　　　　　Real Estate Investment Psychology
- 부동산 버블 심리　　　　　　Real Estate Bubble Psychology
- 부동산 분양심리　　　　　　Real Estate Buyer
- 부동산 마케팅 심리　　　　　Real Marketing Psychology
- 부동산 군중 심리　　　　　　Real Estate Herd Psychology
- 부동산 손실 회피 심리　　　Real Estate Loss Aversion Psychology
- 부동산 과잉 확신 편향　　　Real Estate Overconfidence Bias
- 부동산 소유 효과심리　　　　Real Estate Endowment Effect
- 부동산 확증 편향　　　　　　Real Estate Confirmation Bias
- 부동산 프레이밍 효과　　　　Real Estate Framing Effect
- 부동산 감정 기반 의사결정　Real Estate Emotion-Based Decision Making
- 부동산 사회적 비교 심리　　Real Estate Social Comparison Psychology
- 부동산 가격 기준점 설정 심　Real Estate Price Anchoring Psychology
- 부동산 투자 피로와 무감각　Real Estate Investment Fatigue & Numbness
- 부동산 불확실성 회피 심리　Real Estate Uncertainty Aversion
- 부동산 기대 편향　　　　　　Real Estate Expectation Bias
- 부동산 시장 타이밍 강박　　Real Estate Market Timing Obsession
- 부동산 고급화 환상 심리　　Real Estate Luxury Illusion Psychology

- 부동산 브랜드 선호 심리   Real Estate Brand Loyalty Psychology
- 부동산 학군 중심 주거 결정 심리   Real Estate School District Psychology
- 부동산과 정체성 투사 심리   Real Estate Identity Projection Psychology
- 부동산 규제 예측과 불안 심리   Real Estate Policy Anxiety
- 부동산 노후 대비 심리   Real Estate Retirement Preparedness Psychology
- 부동산 임대 수익 기대 심리   Real Estate Rental Income Expectation Psychology
- 부동산 뉴스 과잉 반응 심리   Real Estate News Overreaction Psychology
- 부동산 전문가 의존 심리   Real Estate Expert Dependence Psychology

PART 2

기본 심리와 투자 본능

투자자가 부동산 시장에 접근할 때
작동하는 기본 심리 구조와 반응

전문가는 통계와 데이터를 기반으로 미래 지향적인 부분에 최대한 접근합니다.
그러나 개인의 감정과 심리 환경은 알 수 없습니다.

전문가의 입장   개인의 입장

1장

신뢰의 심리: 시장을 믿는다는 것

"믿을 수 있을까?"에서 시작된 모든 판단

"이 지역, 진짜 올라갈까요?"
"Do you really think this neighborhood will go up in value?"

⇨ 심리 작동의 시작: 의심에서 시작된 신뢰의 모험

사람들이 부동산을 바라볼 때 첫 질문은 종종 이렇습니다.
"지금 사도 괜찮을까요?", "여기 진짜 오를까요?"
하지만 이 질문의 핵심은 '가격 예측'이 아니라 '신뢰 여부'입니다.
부동산 거래는 단순히 데이터나 정책이 아니라, 그 데이터를 믿을 수 있는가에 대한 내면의 감정에서 시작됩니다.

Trust is not just a rational decision—it's an emotional foundation for action.

⇨ 심리 작동 방식과 원인: 신뢰는 필터다

인지적 신뢰 필터(Trust Bias)
사람들은 정보를 분석하는 듯 보이지만, 실제로는 누가 말했는가, 그 사람을 내가 믿는가에 따라 해석합니다.

  정부의 발표도 신뢰가 있을 때만 "호재"로 받아들여지고, 부동산 중개인의 전망도 '믿는 사람'일 때만 신뢰를 얻습니다.

  이러한 심리적 신뢰 필터는 특히 시장이 불안할 때 더 강하게 작동합니다.

"In uncertainty, people don't analyze—they look for someone to believe."

불확실성 회피 본능(Uncertainty Avoidance Instinct)

사람들은 시장이 복잡하거나 위태로울수록 판단보다 신뢰를 먼저 찾습니다.
자기 판단이 아닌, 전문가 · 정부 · 지인에게 해석을 위탁하려는 심리입니다.

경험 일반화(Experience Projection)

과거에 맞았던 전문가나 지역의 성공 경험은 지금도 '그럴 것이다'라는 신념을 형성합니다.
이때 경험 기반 신뢰가 현재 판단을 이끄는 심리적 근거가 됩니다.

⇨ 감정(심리)의 흐름: 불확실성 → 신뢰 탐색 → 안도 or 배신감

불확실성(Uncertainty)

"요즘 부동산 진짜 어떻게 될지 모르겠어요."

신뢰 탐색(Search for Guidance)

"누구 말을 믿어야 하지?" → 전문가, 정부, 지인, 언론 등

안도감 또는 배신감(Relief or Betrayal)

신뢰한 대상이 맞으면 안정감과 확신이 생기고,
틀리면 배신감과 시장에 대한 전반적 회의로 번집니다.

Trust creates confidence, but broken trust deepens doubt.

💡 한 걸음 물러나 생각해 보기

신뢰는 점검의 대상입니다.
우리는 흔히 정부나 전문가의 말은 무조건 믿어야 한다고 생각합니다.
하지만 신뢰는 투자할 때의 '전제 조건'이 아니라, 먼저 따져 봐야 할 '검토 대상'입니다.

예를 들어,
"정부가 개발한다고 하니까 무조건 오르겠지."
"전문가가 좋다고 하니까 지금 사는 게 맞겠지."

이런 생각은 판단을 멈추게 만드는 마음의 마취제가 될 수 있습니다.
신뢰는 중요합니다.
하지만 '왜 이 말을 믿는가?', '어떤 근거로 그런 말을 하는가?'를 먼저 생각해 봐야 합니다.
그래야 제대로 된 투자 판단을 할 수 있습니다. 가장 위험한 투자자는 의심하는 사람이 아니라, 자신의 믿음을 한 번도 의심해 본 적 없는 사람입니다.

The most dangerous investor is not a skeptic, but the one who never questions their beliefs.

| 심리학 용어 키워드 |

1장. 신뢰의 심리: 시장을 믿는다는 것

▶ **인지적 신뢰 편향(Trust Bias)**
자신이 신뢰하는 사람, 기관, 매체의 정보에 더 큰 비중을 두는 심리 경향.
→ *The tendency to place more weight on information from trusted sources such as familiar people, institutions, or media.*

▶ **확증 편향(Confirmation Bias)**
이미 믿고 있는 신념을 뒷받침하는 정보만 선택적으로 수용하려는 경향.

→ *A tendency to seek, interpret, and recall information that confirms one's preexisting beliefs.*

▶ **권위 편향(Authority Bias)**

정부, 전문가 등 권위자의 말에 과도하게 의존하거나 따르려는 심리.

→ *The inclination to attribute greater accuracy or truth to the opinion of an authority figure.*

▶ **정보 의존성(Information Dependence)**

불확실한 상황에서 판단을 자신이 아닌 '더 잘 아는 사람'에게 맡기려는 심리.

→ *A reliance on others—especially perceived experts—for decision-making under uncertainty.*

▶ **신뢰 전이 효과(Trust Transfer Effect)[2]**

한 번 신뢰한 대상의 말이나 행동이 이후 다른 판단에도 영향을 미치는 현상.

→ *The phenomenon where initial trust in a person or brand carries over into future unrelated judgments.*

▶ **심리적 안전감(Psychological Safety)**

신뢰할 수 있는 대상이나 정보에 기반해 느끼는 정서적 안정감.

→ *An emotional state of comfort and security when decisions align with trusted opinions.*

▶ **배신감 효과(Betrayal Effect)**

신뢰했던 대상이 기대를 저버릴 때 느끼는 강하고 개인적인 부정적 감정.

→ *A deep emotional response of disappointment and anger when trust is broken.*

▶ **감정 우선 처리(Affective Precedence)**

판단 과정에서 이성보다 감정이 먼저 작동해 결정을 이끄는 심리 경향.

→ *The tendency for emotional reactions to dominate before rational analysis takes place.*

▶ **확률적 판단 회피(Probabilistic Avoidance)**

데이터보다 감정이나 직관에 더 의존하며 통계 기반 판단을 회피하는 경향.

→ *The avoidance of probability-based reasoning in favor of emotionally satisfying conclusions.*

▶ **집단 신뢰 형성(Collective Trust Formation)**

사회적 분위기나 다수의 선택을 따르며 형성되는 집단적 신뢰 심리.

→ *Trust that emerges from observing the behavior or consensus of a group, often in uncertain contexts.*

---

[2] Stewart, K. J. (2003). Trust Transfer on the World Wide Web. Organization Science, 14(1), 5-17. 디지털 환경에서의 브랜드·추천자 간 신뢰 전이에 대한 대표 연구.

2장

안정성의 심리: 투자로 향하는 마음

"내 돈은 안전할까?"라는 질문에서 시작된다.
"내 돈, 진짜 괜찮을까?"
"Is my money really safe here?"

⇨ 심리 작동 시작: 수익보다 먼저 떠오르는 감정은 '불안'

사람들이 부동산에 관심을 갖는 이유는 '얼마 벌 수 있나?'라는 기대보다
'잃지 않을 것 같아서'라는 감정에서 출발합니다.
위기 속에서 흔들리지 않는 자산, 가격이 오르지 않아도 내가 쓰거나 빌려줄 수 있는 자산.
이 모든 심리의 뿌리는 바로 '안정성'에 대한 갈망입니다.

In an uncertain world, the most appealing investment is not the one with the highest return
but the one that feels unshakably safe.

⇨ 심리 작동 방식과 원인: 손실 회피 본능과 안전 자산 착시

손실 회피 편향(Loss Aversion Bias)
사람들은 이익보다 손실에 훨씬 민감합니다. 같은 1천만 원이라도, 얻는 것보다 잃는 것이

두세 배 더 강하게 느껴집니다.

그래서 수익률은 낮더라도 '잃지 않을 것 같은' 부동산이 선택됩니다.

실체 기반 통제감(Tangible Ownership Comfort)

부동산은 '눈에 보인다.'는 점에서 다른 자산보다 심리적으로 통제 가능한 대상으로 여겨집니다. 땅은 사라지지 않는다. 집은 누군가 살 수 있다. 가격이 안 오르면 직접 살면 된다. 이런 생각이 심리적 방패로 작동합니다.

안정성 착시(Perceived Safety Illusion)

부동산은 실제로는 유동성, 세금, 리스크 요인이 많지만,
사람들은 그것을 감정적으로 '안정 자산'으로 믿습니다.

Stability in perception does not always equal stability in reality.

⇨ 감정(심리)의 흐름: 불안 → 대안 탐색 → 심리적 안정감 → 투자 결심

불안(Anxiety)

"요즘 주식도 불안하고… 코인은 너무 위험해." 경제 위기, 인플레이션, 금리 인상 등은 자산 불안 심리를 자극합니다.

대안 탐색(Alternatives Evaluation)

예금은 이자가 약하고, 주식은 흔들리며, 코인은 잘 모르겠다.
결국 '보이는 자산'인 부동산이 눈에 들어옵니다.

심리적 안정감(Emotional Security)

"그래도 집은 남잖아." "월세라도 나오니까."

→ 이 말은 투자 논리보다 감정의 명분입니다.

투자 결심(Commitment)

"크게 안 벌어도, 잃지는 않겠지."
→ 감정이 가라앉고, 통제감이 생기면 투자 결정을 내립니다.

> ### 💡 한 걸음 물러나 생각해 보기
>
> "심리적 안정"과 "진짜 안정"은 다릅니다. 부동산을 생각할 때,
>
> **"왠지 이 지역은 안전할 것 같아." "다들 여기 괜찮다더라."**
> 이런 '느낌'만으로 안심하시는 경우가 많습니다.
> 하지만 느낌이 안전하다고 해서, 시장이 실제로 안전한 건 아닙니다.
> 가격은 올라 있어도 유동성이 없거나, 세금 부담이 크거나, 수익 구조가 약한 투자라면 겉은 멀쩡해 보여도 속은 불안할 수 있습니다.
>
> 이런 질문을 스스로에게 꼭 해 보세요:
> **"지금 이게 정말 안전한가?" "아니면 내가 그냥 그렇게 믿고 싶은 걸까?"**
> '안정성'이라는 말은 때로 투자자의 판단을 마비시키는 단어가 됩니다.
> 보이는 것만 보고 판단하지 말고,
>
> **유동성은 충분한가? 세금 구조는 괜찮은가? 수익성은 지속 가능한가?**
> 를 꼭 따져 보셔야 합니다.
>
> *A safe investment isn't the one that feels safe-*
> *It's the one that stays safe when things go wrong.*
>
> **(진짜 안전한 투자는, 기분이 아니라 위기 때에도 안전한 투자입니다.)**
> 심리적 안정감이 진짜 안정을 보장하지 않는다.
> 투자 전에는 반드시 냉정한 체크리스트가 필요하다.
> **"느낌상 괜찮다"는 말은 투자 근거가 아니다.**

'느낌상 괜찮다'는 말은 투자 근거가 아니다.

| 심리학 용어 키워드 |

2장. 안정성의 심리: 투자로 향하는 마음

▶ **안전 욕구(Safety Need)**

인간이 가장 기본적으로 추구하는 생존과 안정의 심리적 동기.

→ *The fundamental psychological drive for survival, safety, and stability.*

▶ **위험 회피 경향(Risk Aversion)**

불확실한 선택보다 예측 가능한 결과를 선호하는 심리.

→ *A tendency to prefer predictable outcomes over uncertain ones, even at the cost of potential gain.*

▶ **확실성 추구(Certainty Seeking)**

예측 가능성이 높을수록 심리적 불안을 덜 느끼는 경향.

→ *The inclination to seek environments or choices that reduce ambiguity and increase mental security.*

▶ **가치 저장 욕구(Value Preservation)**

자산이 시간이 지나도 사라지지 않고 유지되길 바라는 심리.

→ *A desire to maintain and preserve the value of one's assets over time.*

▶ **보유 편향(Endowment Effect)**

소유하고 있는 자산에 실제보다 더 높은 가치를 부여하는 경향.

→ *The psychological bias of overvaluing something simply because one owns it.*

▶ **경로 의존성(Path Dependence)**

과거에 택한 안정된 선택을 미래에도 반복하려는 심리.

→ *A behavioral tendency to stick with prior choices, especially if they felt safe or successful.*

▶ **재산 중심 사고(Asset-Based Thinking)**

자산이 있다는 사실 자체에서 정서적 위안을 얻는 심리.

→ *Emotional security derived from the mere possession of tangible assets.*

▶ **위기 회피 본능(Threat Avoidance Instinct)**

경제·사회적 위협 앞에서 본능적으로 방어적 심리가 작동하는 현상.

→ *A primal instinct to protect oneself emotionally and financially during perceived threats.*

▶ **소유 기반 심리 안정(Ownership-Based Security)**

'내 집이 있다'는 사실이 심리적으로 큰 안정감을 주는 상태.

→ *Emotional reassurance stemming from the ownership of a home or property.*

3장

회피의 심리: 위험을 피하려는 본능

"잃는 건 싫다"는 감정이 선택을 만든다.
"I just don't want to lose anything."

⇨ 심리 작동의 시작: '이익'보다 '손실 회피'가 빠르다

"이 지역은 아직은 좀 불안하지 않나요?"
사람들은 투자의 '기회'를 찾기 전에 먼저 '피해야 할 곳'을 분별하려 한다.
이는 정보 부족 때문이 아니라, 인간의 생존 본능에서 비롯된 감정 반응이다.
손실에 대한 두려움은 기회에 대한 기대보다 빠르고 강하게 작동한다.

In investing, fear of loss often beats hope for gain.

그래서 '규제가 없는 곳', '떨어질 걱정이 적은 곳', '다른 사람들도 들어가는 곳'이 먼저 고려된다. 투자는 계산의 결과처럼 보이지만, 실제론 회피 본능의 반영일 수 있다.

⇨ 심리 작동 방식과 원인: 손실 회피 본능과 회피 프레임

손실 회피 편향(Loss Aversion Bias)
행동경제학의 **대니얼 카너먼과 아모스 트버스키**는 "사람은 이익보다 손실에 2배 이상 민감하다"고 말했다. "5천만 원을 벌 수 있다"는 정보보다 "5천만 원을 잃을 수 있다"는 정보가 더 강하게 반응을 이끈다.

회피 프레임(Avoidance Framing)

불확실한 상황에서 사람들은 '확실히 손해 보지 않을 선택'을 우선시한다.
부동산처럼 고액이 오가는 자산일수록 위험을 감수하려는 성향은 줄어들고,
'안전한 것만 하자'는 본능이 강화된다.

불확실성 기피 심리(Ambiguity Aversion)

정보가 부족하거나, 구조가 복잡하면 사람들은 '그냥 피하자'는 선택을 한다.
→ 판단이라기보다는 감정의 자동 반응이다.
→ 가능성을 검토하기보다, 불안을 제거하려는 심리다.

⇨ 감정(심리)의 흐름: 불안 → 회피 본능 → 자기 정당화

불안 자극(Triggering Anxiety)

"여기 집값 떨어진다는 말 많더라."
→ 뉴스, 지인 말, 규제 등 부정적 정보가 '경고 신호'로 작동

회피 반응(Reflexive Avoidance)

"그럼 안 사야지."
→ 분석보다 감정이 앞서고, '일단 피하고 보자'는 심리로 움직임

정당화와 위안(Justification and Relief)

"괜히 샀다가 후회할 뻔했네."
→ 기회를 놓쳐도 후회보다는 조심했다는 안도감이 강함

Sometimes, walking away feels like the smartest move—

even if it costs you more later.

> ### 💡 한 걸음 물러나 생각해 보기
>
> 회피는 전략이 될 수 있어요. 하지만, 조건이 있어야 합니다. 그냥 무서워서 피하는 것과 생각 끝에 피하는 것은 다릅니다.
> 무조건 이렇게 묻지 마세요:
>
> "이건 피해야 할까?" 대신 이렇게 물어보세요:
> "내가 이 위험을 감당할 수 있을까?"
> 위험은 없앨 수 없어요. 그렇다고 아무것도 안 하고 피하기만 하면 좋은 기회까지 다 놓치게 됩니다. 투자에서는 무조건 피하는 게 정답이 아닙니다.
> 내가 감당할 수 있는 범위인지 따져 보는 게 중요해요.
>
> *"Real investors don't ask 'Should I avoid this?'*
> *They ask 'Can I manage this risk?'"*
> (진짜 투자자는 '피할까?'가 아니라 '내가 감당할 수 있을까?'를 먼저 묻습니다.)
>
> **피하는 것도 전략이 될 수 있다.**
> **하지만 감정이 아니라, 생각으로 결정해야 한다.**
> **기회를 놓치지 않으려면, 두려움보다 판단이 먼저 되어야 한다.**

| 심리학 용어 키워드 |

3장. 회피의 심리: 위험을 피하려는 본능

▶ **손실 회피 성향(Loss Aversion)**

동일한 크기의 손실이 이익보다 훨씬 더 강한 감정적 반응을 유발하는 경향.

→ *A tendency to feel the pain of losses more intensely than the pleasure of equivalent gains.*

▶ **회피적 의사결정(Avoidant Decision-Making)**

결정보다 유보와 미루기를 선택하는 심리적 전략.

→ *A psychological tendency to postpone or avoid decisions to escape discomfort or risk.*

▶ **후회 회피(Regret Aversion)**

나중에 후회할까 봐 지금 결정을 내리지 못하는 심리.

→ *A reluctance to make choices due to fear of future regret.*

▶ **부정 정보 과대평가(Negativity Bias)**

긍정적 정보보다 부정적 정보에 더 민감하게 반응하는 경향.

→ *The cognitive bias of focusing more on negative events or data than positive ones.*

▶ **위험 민감성(Risk Sensitivity)**

실제보다 위험을 과장되게 인식하고 반응하는 심리 상태.

→ *An exaggerated emotional response to perceived risks, even when they are minimal.*

▶ **심리적 손실 프레이밍(Loss Framing)**

같은 정보라도 손실로 표현되면 더 회피적인 반응을 유도하는 경향.

→ *The phenomenon where people react more strongly when outcomes are framed as losses.*

▶ **현상 유지 편향(Status Quo Bias)**

현재 상태를 유지하고 변화를 기피하려는 경향.

→ *A preference for maintaining the current state of affairs over change, even if improvement is possible.*

> ▶ 자기 보호 본능(Self-Protection Instinct)
> 손실 가능성에 대비해 결정보다 회피를 택하려는 본능적 반응.
> → *A primal instinct to avoid action to protect oneself from possible harm.*
> ▶ 정보 과잉 마비(Analysis Paralysis)
> 지나치게 많은 정보로 인해 오히려 결정을 내리지 못하는 상태.
> → *The state of being overwhelmed by too much data, leading to decision-making paralysis.*

4장
불확실성과 안전 자산 선호

"불확실한 세상, 그나마 믿을 건 부동산이잖아."
"In uncertain times, real estate just feels safe."

▷ 심리 작동의 시작: 불확실할수록 눈에 보이는 걸 믿는다.

세계 금융위기, 금리 인상, 팬데믹, 전쟁, 정치 혼란…
현대인의 삶은 예측 **불가능성**(uncertainty)으로 가득하다. 이처럼 불확실성이 커질수록, 사람들은 수익률보다 **심리적 피난처**(psychological shelter)를 찾게 된다. 부동산은 그 자체가 물리적으로 존재하기 때문에 "**없어지진 않겠지**", "**최소한 땅은 남겠지**"라는 심리적 안정감을 유도하며, 실질 위험과는 무관하게 신뢰를 얻는다.

When everything else feels shaky, people turn to what doesn't vanish.

▷ 심리 작동 방식과 원인: 불확실성 회피와 구체성 선호

불확실성 회피 성향(Intolerance of Uncertainty)
미래를 예측할 수 없을수록, 사람들은 불확실한 정보보다 확실한 대상에 의존하려 한다.
→ **실물 자산**(Real Assets)은 그중 가장 강력한 심리적 대상이다.

구체성 선호(Craving for Concreteness)

부동산은 눈에 보이고 만질 수 있는 자산이다. 존재한다는 사실만으로도 감정적 안정이 유도된다. 이는 '실질 안전성'이 아니라 존재 기반 신뢰다.

실물 보유 통제 착각(Illusion of Control via Ownership)

땅이나 건물을 소유함으로써 '내가 통제할 수 있다'는 착각이 발생하지만 실제론 시장 구조, 세금, 규제 등 외부 요인이 더 결정적이다.

⇨ 감정(심리)의 흐름: 불안 → 피난처 모색 → 안도 or 과신[3]

불안 자극(Triggering Anxiety)

"요즘 금리도 오르고 주식도 흔들려요."
→ 뉴스, 경제 전망 등으로부터 감정이 흔들린다.

피난처 모색(Searching for Shelter)

"그래도 부동산은 남잖아."
→ 눈에 보이고, 무너지지 않는 실물 자산이 심리적 방패막이 됨

안도 or 과신(Relief or Overconfidence)

"마음은 놓이네요. 이건 안전하니까."
→ 하지만 그 안정은 '운용 구조'가 아닌 '존재 사실'에 기반하며
→ **종종 과도한 확신**(Overconfidence)으로 이어진다.

---

3) Lerner, J. S., Li, Y., Valdesolo, P., & Kassam, K. S. (2015). Emotion and decision making. Annual Review of Psychology, 66, 799-823. 위협을 피하려는 감정은 종종 '심리적 안전 자산'에 대한 선호로 이어지며, 객관적 판단을 왜곡할 수 있음.

Just because it's made of concrete doesn't mean your future is.

💡 한 걸음 물러나 생각해 보기

부동산은 '안심 버튼'이 아닙니다.

사람들은 종종 이렇게 말하죠. "그래도 집은 있으니까 좀 마음이 놓여."

그런데 정말 그럴까요? 집이 있다고 해서, 진짜로 안전해지는 걸까요?
사실 부동산은 그저 '존재하는 자산'일 뿐입니다.
보인다고 해서, 보호해 주는 건 아닙니다. 아무리 좋은 집을 가지고 있어도 세금이 부담스럽거나 팔기 어려운 구조이거나 수익이 나지 않으면 그건 '고정된 자산'이지 '든든한 자산'은 아닙니다. 그래서 이렇게 생각해 보세요. **"이게 있으니까 괜찮아."**
→ 마음속 위안일 뿐입니다. **"이걸 내가 얼마나 잘 알고, 잘 다룰 수 있을까?"**
→ 진짜 중요한 질문입니다.
시장은 보이지 않게 움직입니다. 유동성은 어떤가요? 수익은 잘 나고 있나요? 세금과 규제는 어떻게 바뀌고 있나요? 이런 구조를 잘 이해하고 있어야, 진짜로 그 자산이 '당신 편'이 될 수 있습니다.

"안정은 자산이 아니라, 그걸 다룰 수 있는 나에게서 나옵니다."

Stability doesn't come from the asset.
It comes from your ability to manage it.

| 심리학 용어 키워드 |

4장. 불확실성과 안전 자산 선호

▶ **불확실성 회피 성향(Uncertainty Avoidance)**
결과가 분명하지 않을 때 심리적으로 회피하려는 경향.
→ *The tendency to avoid situations with unclear or unpredictable outcomes.*

▶ **안전 자산 선호(Safe Asset Preference)**

불확실할수록 실물 기반이거나 원금 보장이 되는 자산을 선호함.

→ *A preference for tangible or principal-protected assets in times of uncertainty.*

▶ **위험 회피적 투자(Risk-Averse Investing)**

수익보다는 손실을 피하려는 보수적인 투자 방식.

→ *An investment approach focused more on avoiding losses than achieving high returns.*

▶ **위기 프레이밍(Crisis Framing)**

상황을 위기로 인식하게 만드는 심리적 해석 방식.

→ *A mental framing that interprets events or trends as crisis-level threats.*

▶ **보존 편향(Preservation Bias)**

기존 자산을 유지하는 데 지나치게 집중하는 경향.

→ *A bias toward preserving current holdings rather than seeking new opportunities.*

▶ **정서적 회피 전략(Emotional Avoidance Strategy)**

불안을 피하기 위해 비교적 안전한 선택지를 택하는 심리.

→ *A psychological tactic of choosing stable options to reduce emotional discomfort.*

▶ **불확실성 기반 조심성(Cautiousness under Ambiguity)**

명확하지 않은 상황에서는 더욱 조심스럽고 보수적으로 행동하는 경향.

→ *Acting conservatively when information or outcomes are ambiguous.*

▶ **도피적 선택(Escape-Oriented Decision)**

합리성보다 불안을 회피하려는 목적의 심리적 선택.

→ *A decision-making style aimed at escaping fear or discomfort rather than optimizing outcomes.*

▶ **예측 가능성 추구(Predictability Seeking)**

예측 가능한 흐름이나 수익이 보장되는 대상에 집중하는 경향.

→ *A strong preference for investments or actions with foreseeable and stable outcomes.*

5장

FOMO: 놓치고 싶지 않은 두려움

"다들 샀다는데, 나만 안 사도 되나?"
"Everyone's buying… can I really afford not to?"

⇨ 심리 작동의 시작: 남들이 다 사는 것 같을 때 생기는 압박감

2021년 한국의 아파트값이 치솟을 때, 사람들의 머릿속엔 한 가지 문장이 떠올랐습니다. "지금 안 사면 평생 못 산다." 이 말은 단지 시장의 상승 신호가 아니라,

심리적 공포의 확산(Financial FOMO)이었습니다. 실제 분석보다 감정이 빠르게 앞서며, 남들보다 뒤처지는 공포가 시장을 움직였습니다.

FOMO isn't fear of losing money.
It's fear of being left behind.

⇨ 심리 작동 방식과 원인: 사회적 비교 + 결핍 프레이밍 + 시간 압박

사회적 비교 심리(Social Comparison Bias)[4]

→ 가족, 친구, 동료가 집을 사면 '나만 뒤처진다.'는 감정이 작동

→ 상대적 박탈감이 투자 결심을 밀어붙임

결핍 인식 체계(Deficit Framing)

→ 이미 가진 것이 아닌 '갖지 못한 것'에만 집중함

→ 손해가 발생하지 않았음에도 손해 본 것처럼 느끼는 심리 착각

시간 압박 편향(Time Pressure Distortion)

→ "지금 아니면 영영 못 산다"는 시간적 조급함

→ 분석 능력 저하 → 판단력 마비 → 감정 기반 결정

⇨ 감정(심리)의 흐름: 불안 → 조급함 → 충동적 매수 → 후회 or 반복[5]

불안

"왜 나만 아직 집이 없지?"

→ 상대 비교 + 뉴스 자극 → 감정적 불안 시작

조급함

"지금이 마지막 기회일지도 몰라."

---

4) Buunk, B. P., & Gibbons, F. X. (2007). Social comparison: The end of a theory and the emergence of a field. Organizational Behavior and Human Decision Processes, 102(1), 3-21. 사회적 비교가 의사결정, 조직 행동, 소비 심리에 미치는 영향을 종합적으로 분석.

5) Loewenstein, G. (2000). Emotions in economic theory and economic behavior. American Economic Review, 90(2), 426-432.

→ 시간적 압박 + 감정적 몰입

충동적 매수

"지금 아니면 기회는 끝이야."
→ 분석 중단, 감정 중심 결정

후회 or 중독

→ 이후 가격 조정 or 시장 변화 시 후회
→ 그럼에도 또다시 "놓치면 안 돼"라는 감정이 반복됨

FOMO makes people buy the fear, not the asset.

💡 한 걸음 물러나 생각해 보기

"지금 안 사면 진짜 끝나는 거 아니야?"
"다들 사고 있다는데, 나만 가만히 있어도 되는 걸까?"

혹시 이런 생각, 해 본 적 있으시죠? 바로 그게 FOMO입니다. Fear Of Missing Out '놓치고 싶지 않은 마음' 하지만 잘 생각해 보세요. 놓쳤다고 생각한 그 기회가, 알고 보면 '피한 위기'였던 적도 꽤 많습니다. 남들이 뛴다고 남들에게 맞추면, 당신의 타이밍과 다를 수 있어서 어긋날 수 있습니다. 투자는 '지금이냐 아니냐'의 문제가 아니라, '지금이 나에게 맞는가'의 문제입니다. "지금 아니면 안 돼!" 이 말보다 더 중요한 질문은 "지금이 진짜 내 타이밍인가?" 당신을 지켜 주는 건 공포(Fear)가 아니라 기준(Principle)입니다.

FOMO는 남의 감정일 뿐. 당신이 따라야 할 건, 그들의 불안이 아니라 '당신의 계획'입니다.

FOMO is someone else's fear.
Your job is to follow your plan, not their panic.

| 심리학 용어 키워드 |

5장. FOMO: 놓치고 싶지 않은 두려움

▶ **FOMO(기회를 놓칠까 하는 두려움 / Fear of Missing Out)**

기회를 놓칠까 봐 불안해하며 충동적으로 결정하는 심리.

→ *Anxiety-driven tendency to act hastily out of fear of missing out on potential gains.*

▶ **사회적 비교 이론(Social Comparison Theory)**

타인의 행동이나 성과를 기준으로 자신을 평가하는 심리 구조.

→ *A theory suggesting that people evaluate themselves based on comparisons with others.*

▶ **상대적 박탈감(Relative Deprivation)**

다른 사람에 비해 뒤처졌다고 느낄 때의 심리적 불편함.

→ *The feeling of disadvantage when comparing oneself to others who seem better off.*

▶ **군중 추종 심리(Bandwagon Effect)**

주변 다수의 선택을 그대로 따라가려는 심리적 경향.

→ *A bias where people adopt a belief or action simply because many others are doing so.*

▶ **지연된 후회(Delayed Regret)**

지금 선택하지 않으면 나중에 크게 후회할 수 있다는 미래 중심의 불안.

→ *Anticipated regret for missing a current opportunity that may not come again.*

▶ **충동적 결정(Impulsive Decision-Making)**

감정적 자극에 의해 분석 없이 즉각적으로 선택하는 행동.

→ *Making quick decisions without rational analysis, driven by emotional impulses.*

▶ **심리적 조급함(Psychological Urgency)**

선택을 빨리 해야 한다는 압박감이 심리적 긴장을 유발하는 상태.

→ *The internal pressure to act immediately, often induced by time-sensitive or crowded markets.*

▶ **정보 과잉 스트레스(Information Overload Stress)**

지나치게 많은 정보로 인해 판단보다 반응 중심이 되는 심리.

→ *Cognitive stress caused by excessive data, impairing decision-making clarity.*

▶ **자기 의심 유발(Self-Doubt Trigger)**

타인과의 비교 속에서 자신의 판단 기준이 흔들리는 현상.

→ *The weakening of personal conviction due to external comparisons or conflicting signals.*

6장

상승 기대와 즉시성 압박

"곧 오른다는데, 지금 안 사도 될까요?"
"They say it's going up soon—shouldn't I buy now?"

⇨ 심리 작동의 시작: 기대가 압박이 되는 순간

사람들은 부동산 시장에서 하락보다 상승에 더 쉽게 반응한다.[6]

특히 누군가가 "이 동네 곧 올라요"라고 말하면, 희망과 불안이라는 상반된 감정이 동시에 일어난다. 그 희망은 곧 '지금 사야 한다.'는 압박으로 변한다. "지금 아니면 늦을 거예요." 이 말은 단순한 조언이 아니라, 심리적 스위치를 건드리는 트리거다.

상승 기대는 기회처럼 보이지만, 사람들을 가장 비이성적으로 만드는 자극이기도 하다.

Expectation is hope's twin—but pressure is its shadow.
기대는 희망의 쌍둥이지만, 그 그림자는 압박이다.

---

6) Shiv, B., & Fedorikhin, A. (1999). Heart and mind in conflict: The interplay of affect and cognition in consumer decision making. Journal of Consumer Research, 26(3), 278-292.

⇨ 심리 작동 방식과 원인: 확신 편향 + 즉시성 편향

확신 편향(Overconfidence Bias)

뉴스, 전문가, 지인들의 말이 반복되면 실제 검증 없이도 미래 상승을 확신하게 된다. 반복 노출 효과로 인해 확신은 점점 커지고, 스스로를 과잉 신뢰하게 된다.

즉시성 편향(Immediacy Bias)

"지금 아니면 못 산다"는 말에 시간 압박을 느끼며 즉각 결정하려는 충동이 생김

사전 계획, 가격 비교, 심지어 자금 검토도 건너뛰게 될 수도 있다.

희소성 착각(Perceived Scarcity Trap)

좋은 기회는 '희귀하다'는 인식이 감정을 더 자극

"누군가 먼저 가져가기 전에 내가 해야 한다"는 심리가 작동함

⇨ 감정(심리)의 흐름: 희망 → 압박 → 조급함 → 무리한 실행

희망

"이제 막 뜨는 동네래요."

→ 부동산에 대한 긍정적 전망은 기대감을 부풀림으로 나타난다.

압박

"다들 벌써 계약했대요."

→ 주변 소문, 중개사 멘트, 뉴스 기사 등이 시간적 압박을 형성으로 나타난다.

조급함

"망설이면 기회 놓쳐요."

→ 감정이 판단을 압도하고, 분석보다 실행이 우선으로 나타난다.

무리한 실행

→ 예산 초과, 계약 서두르기, 검토 부족 → 추후 후회

"그땐 급해서 그냥 했어요…"라는 말은 전형적인 심리적 결과로 나타난다.

It's not the rise you're chasing—it's your own anxiety you're escaping.

💡 한 걸음 물러나 생각해 보기

지금이 진짜 기회일까요, 아니면 내가 준비된 순간이 기회일까요?
"지금 사야 돼!"
이 말, 어디선가 한 번쯤은 들어 보셨을 거예요. 하지만 그건 남의 목소리일 뿐,
지금 당신의 상황이나 준비 상태를 말해 주는 건 아닙니다.

진짜 중요한 질문은 이겁니다: "지금이 기회일까?"보다 "지금이 나에게 맞는 순간일까?" 만약 뉴스에서 가격이 오른다는 말에 마음이 급해지고,
주변 분위기에 조급해진다면 당신은 시장에 투자하는 게 아니라, 감정에 끌려가고 있는 것일 수 있어요.

Don't chase the timing. Build the reason.
(타이밍을 쫓지 말고, 나만의 이유를 세우세요.)

진짜 기회는 '지금'이 아니라, 준비된 사람에게 찾아옵니다.
"다들 산다니까"보다는 "지금이 나에게 맞을까?"를 먼저 물어보세요.
투자의 가장 큰 적은 충동, 가장 든든한 친구는 기준입니다.
이제는 누가 뭐라 해도 흔들리지 않는 선택을 하세요.
당신만의 이유, 그게 진짜 투자입니다.

| 심리학 용어 키워드 |

6장. 상승 기대와 즉시성 압박

"지금 안 사면 더 오를 것 같다는 마음이 결정을 앞당긴다."

▶ **즉시성 편향(Present Bias)**
미래보다 현재의 만족을 더 중요하게 여기는 심리 경향.
→ *A bias where present rewards are valued more than future gains, even if the latter are greater.*

▶ **기대 심리(Expectation Bias)**
'오를 것이다'는 믿음이 실제보다 더 긍정적으로 판단하게 만드는 경향.
→ *The tendency to make overly optimistic judgments based on hopeful expectations.*

▶ **시간 할인(Time Discounting)**
미래의 가치를 현재보다 낮게 평가하는 심리 작용.
→ *A cognitive bias where future outcomes are seen as less important than immediate ones.*

▶ **즉각 보상 욕구(Immediate Gratification)**
결과를 빨리 보고 싶은 욕구로 인해 조급하게 행동하는 경향.
→ *The impulsive desire to experience rewards without delay.*

▶ **시세 추월 심리(Chasing Price)**
가격이 오르고 있다는 이유만으로 따라잡으려는 심리적 반응.
→ *The urge to invest in rising markets out of fear of being left behind.*

▶ **상승 프레이밍(Rising Framing)**
'오르고 있다'는 프레임이 투자자의 기대감을 키우는 작용.
→ *When rising prices are perceived as momentum, increasing emotional optimism.*

▶ **기회 상실 두려움(Opportunity Loss Fear)**
타이밍을 놓치면 손해라고 느껴져 생기는 심리적 압박.
→ *An emotional fear that missing a market entry equates to financial loss.*

▶ **이익 환상 효과(Gain Illusion Effect)**

수익이 클 것이라는 착각에 빠져 실질적 리스크를 간과하는 심리.

→ *The overestimation of potential profits, ignoring the realistic probability of gains.*

▶ **심리적 압박 구매(Emotional Pressure Buying)**

'지금 안 사면 늦는다'는 불안이 만든 비이성적 구매 결정.

→ *A rushed decision to buy driven by emotional urgency rather than rational analysis.*

7장

투기의 심리: 단기 이익에 대한 욕망

"3개월 안에 얼마나 벌 수 있을까?"
"How much can I make in three months?"

▷ 심리 작동의 시작 - '돈 버는 속도'가 판단을 압도하는 순간

"이거 사 두면 3개월 안에 몇천은 벌죠." 부동산 시장이 과열되면, 사람들은 수익 구조보다 수익 속도에 집중하기 시작한다.

분석은 뒤로 밀리고, 남들보다 먼저, 빠르게 이익을 얻고자 하는 욕망이 의사결정을 주도한다. 이때 시장은 '자산 평가의 공간'이 아니라 '심리 경쟁의 무대'가 된다.

"지금 들어가서 먹고 빠지면 됩니다."

이 말 속에는 투자의 논리가 아니라 투기의 감정이 자리 잡고 있다.

단기 이익에 대한 환상은 곧 투기 심리를 불러오고, 투자자는 분석보다 도박에 가까운 결정을 내리게 된다.

▷ 심리 작동 방식과 원인 - 즉시 보상 본능과 도파민 자극 구조

즉각적 보상 욕구(Immediate Reward Bias)

사람들은 장기적인 이익보다, 눈앞에 있는 짧고 강한 수익에 더 끌린다.

"A small win today feels better than a big win next year."

이는 뇌의 쾌락 중추가 '지금 당장 보상'에 더 크게 반응하기 때문이다.

도파민 자극 시스템(Dopaminergic Motivation Loop)[7]

'단기 차익'이라는 기대는 도파민을 분비시켜 쾌감을 유발한다.
이 쾌감은 반복될수록 강화되어, 투자자가 아닌 도박꾼처럼 행동하게 만든다.
"It's not just about profit — it's the thrill of the chase."

비대칭적 리스크 인식(Risk-Reward Distortion)

높은 수익 기대에는 언제나 높은 위험이 동반되지만, 투기 심리에서는 이 위험이 희미해진다. 수익만 보이고, 구조와 리스크는 의식에서 밀려난다.

⇨ 감정의 흐름 - 흥분 → 탐욕 → 과신 → 붕괴

흥분(Excitement)

"이 동네 곧 1억은 뛸 거래요." 뉴스, 유튜브, 커뮤니티에서 쏟아지는 단기 급등 정보가 투자자의 심장을 뛰게 한다.

탐욕(Greed)

"지금 안 사면 이익은 다 남의 거야." 이성은 사라지고, 수익률만 남는다.
'얼마까지 벌 수 있을까'에 집중하며, 계획과 원칙은 무시된다.

과신(Overconfidence)

"타이밍만 잘 보면, 난 손해 안 봐." 시장 흐름을 제어할 수 있다는 착각과 과도한 확신이 결

---

[7] Volkow, N. D., & Baler, R. D. (2015). NOW vs LATER brain circuits: Implications for obesity and addiction. Trends in Neurosciences, 38(6), 345-352. 도파민 분비는 즉각적인 만족을 추구하도록 뇌를 구조화하며, 반복적 행동을 중독 형태로 이끌 수 있다는 점을 경고함.

합된다. 이때 투자자는 '분석가'가 아닌 '게임 참가자'가 된다.

붕괴(Collapse)

정책 변화, 금리 인상, 공급 과잉 등 작은 변수 하나에도 시장은 흔들리고, 투기 심리에 휩싸여 매수한 자산은 급격한 손실로 이어진다. 남는 건 후회와 자책뿐이다.

"How did I not see this coming?"

💡 한 걸음 물러나 생각해 보기

"지금 단기간에 벌 수 있다"는 말에 마음이 움직인다면, 가장 먼저 점검해야 할 것은 '나의 감정'이다. 단기 수익은 전략의 결과이지, 감정의 목표가 아니다.
수익률보다 더 중요한 것은 재무구조, 현금 흐름, 위험 감내력이다.
'빨리 벌고 싶은' 마음이 들면, 그때야말로 더 천천히 분석하고 실행해야 할 때다.
단기적 흥분이 아닌, 장기적 구조 위에 선택하라.

"지금 단기간에 벌 수 있다"는 말에 흔들릴 때 누군가 이렇게 말합니다:
"지금 사면 바로 수익 납니다." "이번 기회, 짧은 시간에 확실해요."
만약 그 말에 마음이 움직였다면, 그 순간 가장 먼저 점검해야 할 건 '물건'이 아니라 '내 감정'입니다. 단기 수익은 전략의 결과이지, 내 감정이 원하는 목표가 아닙니다. 정말 중요한 건 수익률이 아니라 내가 감당할 수 있는 재무구조 현금 흐름 위험을 버틸 수 있는 체력입니다.

'빨리 벌고 싶다'는 생각이 들 때일수록
→ 더 천천히, 더 냉정하게 분석하고 행동해야 합니다.

It's not how fast you make money -
It's how long you keep it.
(돈을 얼마나 빨리 버느냐가 아니라, 얼마나 오래 지킬 수 있느냐가 중요합니다.)

수익이 아닌 감정을 먼저 점검하라 단기적 흥분 대신 장기적 구조 위에서 결정하라 투자 속도보다 더 중요한 건 지속 가능성이다.

| 심리학 용어 키워드 |

7장. 투기의 심리: 단기 이익에 대한 욕망

"오래 기다릴 필요 없이, 지금 이익을 얻고 싶다."

▶ **쾌락 추구 성향(Hedonic Motivation)**
이익과 보상에 민감하게 반응하는 심리적 성향.
→ *A tendency to seek pleasure and react strongly to financial rewards.*

▶ **도박적 사고(Gambling Mentality)**
손익 확률보다는 '한 방'을 노리고 베팅하는 심리.
→ *A mindset focused on chasing big wins rather than calculating realistic risks and returns.*

▶ **단기주의 편향(Short-Termism)**
장기적 안정보다 단기간 수익에 집착하는 투자 태도.
→ *A cognitive bias favoring immediate gains over sustainable long-term value.*

▶ **쾌락 강화 순환(Pleasure Reinforcement Loop)**
수익에 대한 쾌감이 투기를 반복하게 만드는 중독적 구조.
→ *A loop where small gains trigger pleasure and drive repeated high-risk investments.*

▶ **확률 왜곡(Probability Distortion)**
낮은 확률의 수익 기회를 실제보다 더 높게 평가하는 경향.
→ *Overestimating the likelihood of rare but large gains.*

▶ **행운 편향(Optimism Bias)**
자신은 '운이 좋을 것'이라 믿고 위험을 과소평가하는 경향.
→ *The belief that one is more likely to experience success than others.*

▶ **몰입 오류(Sunk Cost Fallacy)**
이미 투자한 비용을 회수하려는 심리로 잘못된 결정을 지속함.
→ *Continuing an investment due to past costs rather than future prospects.*

▶ **감정적 과잉 확신(Overconfidence Bias)**

자신의 판단력이나 분석 능력에 대해 과도하게 신뢰하는 심리.

→ *An inflated sense of confidence in one's investment decisions.*

▶ **빠른 수익 유혹(Fast Gain Temptation)**

단기간에 큰 수익을 얻고자 하는 강한 유인 심리.

→ *The strong emotional lure toward quick financial rewards.*

8장

단기 차익 심리와 투기 성향

"얼마나 빨리 돈을 벌 수 있을까?"가 진짜 질문이 됩니다.
"How fast can I make money?" becomes the real question.

⇨ 심리 작동의 시작

"2년 만에 2억 올랐대." 이 짧은 문장은 근거도 설명도 필요 없다.
그저 '단기간에 큰돈 벌 수 있다'는 메시지만으로도 사람들의 마음은 빠르게 반응한다.
사람들은 가격이 얼마나 올랐는지보다 얼마나 빨리 올랐는지에 더 민감하다.
단기 차익은 단순한 이익이 아니라 _"시간 대비 효율"_의 환상이다.
'빨리 수익을 낸다.'는 기대는 감정의 강한 자극제가 되고, 부동산은 '살 집'이 아닌 '돈 되는 칩'이 되어 버린다. "천천히 안정적인 수익보다, 빨리 큰돈 버는 게 낫지 않나요?" 이 질문은 단기 차익 심리가 작동하는 대표적인 신호다.

⇨ 심리 작동 방식과 원인

시간 왜곡(Time Distortion)

같은 1억이라도 3년보다는 3개월 만에 번 돈이 훨씬 '잘한 일'처럼 느껴진다.
인간의 뇌는 시간과 보상을 정비례로 보지 않는다. "짧을수록 잘한 것"이라는 편향이 작동한다.

구성과 중심 사고(Outcome-Based Thinking)

구조나 과정은 무시되고 결과만 남는다.

"떴으니까 맞는 선택이었다."는 결과 중심적 사고는 분석을 마비시키고, 수익률보다 '운 좋았던 사례'만 따라 하게 만든다.

확증 편향과 도파민 강화(Cognitive Bias + Dopamine Loop)

단기 성공 경험은 도파민을 자극한다.

"예전에 한 번 해 봤는데 성공했거든요." 이 기억은 자신감을 강화시키지만, 실제로는 재현되지 않을 확률이 더 높다. 반복되는 시도는 분석이 아니라 충동을 강화시킬 뿐이다.

⇨ 감정(심리)의 흐름: 흥분(Excitement)

단기 급등 사례를 보면 뇌가 즉시 반응한다.
"지금 놓치면 나만 바보다." 자극은 판단보다 먼저 도착한다.

조급함(Urgency)

"다른 사람들은 벌었는데 나만 가만히 있어도 되나?"
비교와 시간 압박이 감정을 더 끌어올린다.

과잉 행동(Overreaction)

예산도 전략도 무시되고, _'일단 질러보자'_가 투자 논리가 된다. 실수는 여기서 시작된다.

탈진 또는 후회(Exhaustion or Regret)

수익이 나지 않으면 실망감, 스트레스, 후회가 뒤따른다.[8]

하지만 이 감정은 다시 '다른 기회 찾기'로 이어지고, 악순환이 시작된다.
"이번엔 다를 거야"라는 말은 투기자의 자기 위안이다.

💡 한 걸음 물러나 생각해 보기

단기 차익은 '가능성'일 뿐, '전략 전술 확정'은 아닙니다.
빠른 수익이 날 수도 있습니다.
하지만 그건 운이 따랐던 결과일 수 있어요.
지속적인 수익은 운이 아니라,
구조와 원칙, 그리고 준비된 판단에서 나옵니다.

"다른 사람은 벌었다는데요?"
그래도 그 사람의 속도에 내 판단을 맞출 필요는 없습니다.
투자는 남의 타이밍이 아니라, 내 삶의 리듬에 맞춰야 합니다.

한 번 스스로에게 물어보세요:
"지금 이 투자는 준비된 결정인가?
아니면 그냥 충동적으로 한 선택인가?"

Is this investment a prepared decision or a result of impulse?

그리고 지금보다 3개월 후, 아니 3년 뒤의 나를 떠올려 보세요.
지금의 결정이 3년 후에도 "잘했어"라고 말할 수 있을지,
그 기준으로 판단해 보는 겁니다.

---

8) Zeelenberg, M., & Pieters, R. (2007). A theory of regret regulation 1.0. Journal of Consumer Psychology, 17(1), 3-18. 후회는 이전의 잘못된 판단에서 비롯되며, 행동 후의 부정적 감정이 지속되면 학습보다는 감정 소모로 이어진다.

> 단기 차익은 전략이 아니라 '바람'일 뿐입니다.
> 투자의 기준은 속도가 아니라, 지속 가능성입니다.
> 진짜 투자자는 "얼마 벌까?"보다 "얼마나 오래 갈까?"를 먼저 생각합니다.
> 조금 느려도 괜찮습니다.
> 오래 가는 투자가, 결국 더 멀리 갑니다.

| 심리학 용어 키워드 |

8장. 단기 차익 심리와 투기 성향

"오래 기다릴 필요 없이, 지금 이익을 얻고 싶다."

▶ **쾌락 추구 성향(Hedonic Motivation)**
이익과 보상에 민감하게 반응하는 심리적 성향.
→ *A tendency to seek pleasure and react strongly to financial rewards.*

▶ **도박적 사고(Gambling Mentality)**
손익 확률보다는 '한 방'을 노리고 베팅하는 심리.
→ *A mindset focused on chasing big wins rather than calculating realistic risks and returns.*

▶ **단기주의 편향(Short-Termism)**
장기적 안정보다 단기간 수익에 집착하는 투자 태도.
→ *A cognitive bias favoring immediate gains over sustainable long-term value.*

▶ **쾌락 강화 순환(Pleasure Reinforcement Loop)**
수익에 대한 쾌감이 투기를 반복하게 만드는 중독적 구조.
→ *A loop where small gains trigger pleasure and drive repeated high-risk investments.*

▶ **확률 왜곡(Probability Distortion)**
낮은 확률의 수익 기회를 실제보다 더 높게 평가하는 경향.
→ *Overestimating the likelihood of rare but large gains.*

▶ 행운 편향(Optimism Bias)

자신은 '운이 좋을 것'이라 믿고 위험을 과소평가하는 경향.

→ *The belief that one is more likely to experience success than others.*

▶ 몰입 오류(Sunk Cost Fallacy)

이미 투자한 비용을 회수하려는 심리로 잘못된 결정을 지속함.

→ *Continuing an investment due to past costs rather than future prospects.*

▶ 감정적 과잉 확신(Overconfidence Bias)

자신의 판단력이나 분석 능력에 대해 과도하게 신뢰하는 심리.

→ *An inflated sense of confidence in one's investment decisions.*

▶ 빠른 수익 유혹(Fast Gain Temptation)

단기간에 큰 수익을 얻고자 하는 강한 유인 심리.

→ *The strong emotional lure toward quick financial rewards.*

9장

하락장에서의 심리 조절: 공포, 부정, 체념의 3단계

"이렇게까지 떨어질 순 없겠지…?"
"It can't fall this much… right?"

⇨ 심리 작동의 시작

"설마 여기까지 떨어지진 않겠죠?"
부동산 시장이 하락세로 전환되면, 사람들의 첫 반응은 숫자가 아니라 감정이다.

집값이 내려가기 시작하면 '매도 타이밍'보다 먼저 사람의 마음속에 불안이 찾아온다. 오르던 시장이 멈추고 하락세가 본격화되면, 대부분의 투자자는 다음 세 단계의 심리 흐름을 겪는다. 공포(Fear): '이거 큰일 난 거 아닌가요?'

부정(Denial): '잠깐 조정일 뿐일 거야.' 체념(Resignation): '에이, 그냥 버텨야지 뭐.' 이 감정 구조는 주식이나 코인 시장과 마찬가지로 부동산 투자자에게도 동일하게 작동한다. 특히 부동산은 거래가 느리고 정보 확산이 지연되기 때문에 감정의 여진은 더 길게 이어진다.

⇨ 심리 작동 방식과 원인

손실 회피 심리(Loss Aversion)

"Losses loom larger than gains." [9]

사람들은 1억을 버는 기쁨보다, 1억을 잃는 고통에 두 배 이상 민감하다.

이 심리는 하락장에서 가장 강하게 작동하며, 손실을 눈앞에서 확인해도 '매도'를 회피하게 만든다.

인지 부조화(Cognitive Dissonance)

"내가 산 집이 잘못될 리 없어." 사람은 자신의 믿음과 현실 사이에 모순이 생기면, 현실보다 믿음을 고수하는 쪽을 택한다.

'이 지역은 괜찮아', '정부가 뭔가 하겠지'라는 말은 감정이 만든 방어선이다.

희망적 사고(Wishful Thinking)

실제 상황이 나빠질수록, 오히려 반등을 바라는 심리는 강해진다.

"바닥 찍었대요."라는 말 한마디에 사람들은 근거 없는 기대에 다시 매달린다.

⇨ 감정(심리)의 흐름: 공포 → 부정 → 체념 공포(Fear)

뉴스에선 연일 금리 인상과 거래 절벽, 미분양 폭탄을 이야기한다.

"혹시 나도 팔지 못하는 거 아닐까?"

심장은 빨라지고, 손은 마우스에 머문다. 클릭할 용기를 내지 못한 채 시간만 흐른다.

---

9) Shefrin, H., & Statman, M. (1985).The disposition to sell winners too early and ride losers too long: Theory and evidence. The Journal of Finance, 40(3), 777-790.

부정(Denial)

사람들은 하락을 '일시적인 조정'으로 받아들이려 한다.
"지금은 파는 타이밍이 아니야." "이건 지나가는 바람일 뿐이야."
이러한 말은 타인에게가 아니라 자신에게 하는 자기방어적 속삭임이다.

체념(Resignation)

가격이 반등하지 않고 장기 침체 국면에 접어들면, 마음은 무기력해진다.
"어쩔 수 없지 뭐. 그냥 버티자."
"There's nothing we can do. Let's just endure it."

이 시점에서는 매도도, 매수도, 리밸런싱도 하지 않는다.
감정이 완전히 지쳐, 아무런 행동도 하지 않게 되는 것이다.

> 💡 **한 걸음 물러나 생각해 보기**
>
> **하락장에서 중요한 건 '가격'이 아니라 '구조와 현실'입니다.**
>
> 지금처럼 시장이 흔들릴 땐, 마음이 먼저 불안해지기 마련입니다.
> "이러다 더 떨어지면 어쩌지?" "지금이라도 팔아야 하는 거 아냐?"
> 그런데 중요한 건, 감정은 자연스럽게 올라와도 결정은 구조적으로 해야 한다는 것입니다. 공포는 감정입니다. 하지만 결정은 분석으로 내려야 합니다.
> 그저 **"곧 괜찮아지겠지…"** 라는 말로 스스로를 위로하기 전에, 데이터와 현실을 다시 들여다보세요. 지금은 도망칠 타이밍이 아니라, 내 전략을 다시 점검할 타이밍일 수 있습니다.
>
> **"얼마나 떨어졌냐"가 아니라**
> **"내 투자 구조가 얼마나 견딜 수 있느냐"**
> 감정은 이해해도 괜찮습니다. 하지만 결정은 감정이 아닌, 구조와 숫자 위에서 내려야 당신을 지켜낼 수 있습니다.

| 심리학 용어 키워드 |

9장. 하락장에서의 심리 조절: 공포, 부정, 체념의 3단계

"사람들은 두려울 때 사고, 더 두려울 때 판다."

▶ **패닉 바잉(Panic Buying)**
가격이 더 오를 것 같은 공포로 인해 냉정함 없이 충동적으로 매수하는 행동.
→ *Emotion-driven purchasing based on the fear of missing out due to anticipated price surges.*

▶ **패닉 셀링(Panic Selling)**
손해를 감수하고도 공포에 휩싸여 급히 매도하는 심리 상태.
→ *Selling in haste during market downturns due to fear of further losses.*

▶ **공포 반응(Fear Response)**
위협을 느낄 때 심리적·생리적으로 즉각 반응하는 인간의 본능.
→ *An instinctive reaction—both mental and physical—to perceived threats or danger.*

▶ **비이성적 손절(Irrational Loss Cutting)**
논리보다 감정에 따라 손해를 감수하며 급히 자산을 처분하는 심리.
→ *Emotionally driven liquidation of assets to avoid further perceived losses.*

▶ **감정 폭주(Emotional Override)**
공포가 이성을 압도해 비합리적인 판단으로 이어지는 상태.
→ *A condition where fear overwhelms logic, resulting in irrational decisions.*

▶ **불확실성 회피(Ambiguity Aversion)**
미래가 불확실할수록 결정을 미루거나 충동적으로 행동하는 경향.
→ *A tendency to avoid decisions or act reflexively in ambiguous or unclear situations.*

▶ **하락 프레이밍 효과(Loss-Framing Effect)**
동일한 정보라도 손실 관점에서 보면 훨씬 더 부정적으로 인식됨.
→ *Information interpreted through a loss lens tends to trigger stronger negative emotions.*

▶ **도미노 반응 심리(Cascade Effect)**

일부의 공포 행동이 연쇄적으로 퍼지며 시장 전체를 흔드는 심리 작용.

→ *A chain reaction where the fear-driven actions of a few influence the behavior of many.*

▶ **기준점 이동 편향(Anchoring Shift Bias)**

상승기에는 고점에 기준을 두다가, 하락기에는 급격히 기준점을 낮추며 판단이 흔들리는 심리.

→ *A bias where reference points shift dramatically depending on market movement, leading to distorted judgment.*

10장

지속 가능한 투자심리: 장기 관점을 유지한다는 것

"지금은 힘들어도, 결국은 오른다."
"It's tough now, but eventually, it will rise."

⇨ 심리 작동의 시작: '지금'에 흔들리지 않고 '먼 훗날'을 바라보는 사람들
　시장은 흔들리지만, 어떤 사람들은 조용히 기다린다.

　뉴스가 부정적으로 쏟아져도, 금리가 오르든 떨어지든, 그들은 조급하지 않다.
　왜냐하면 그들의 시선은 단기 시세표가 아니라 5년 후, 10년 후의 그림에 머물기 때문이다.
　장기 투자의 본질은 심리적 거리두기(Psychological Distancing)에 있다.
　매일 시장의 소음에서 한 발짝 떨어져 '시간 복리'라는 가장 강력한 무기를 믿는 사람들. 이들은 정보를 쫓지 않고 구조를 본다. 유행을 따르지 않고 원칙을 지킨다.
　그들이 믿는 건 시장이 아니라, 스스로에 대한 신뢰(self-discipline)다.

⇨ 심리 작동 방식과 원인: 감정 반응의 지연과 심리적 근력

　감정 반응 지연(Delayed Affective Response)
　급등락, 기사, 유혹적 기회 앞에서 즉시 반응하지 않는다.
　1시간, 하루, 일주일… 감정을 '시간 뒤에 생각'하게 만들며 사고를 재정렬한다.

심리적 근력(Emotional Resilience)

흔들리는 시장에서도 감정이 무너지지 않는 내면의 힘. 통제력을 유지하며 자신이 세운 기준을 무너지지 않게 붙잡는 능력. Compound Time Perspective(복리적 시간 사고) "이번 달 수익"보다 "5년 후 총 자산"에 주목한다.

수익을 '속도'가 아닌 '누적 구조'로 인식하며 일관성을 추구한다.

⇨ 감정의 흐름: 불안 → 통제 → 일관성 → 자기 확신

불안(Anxiety)[10]

"요즘 시장 너무 안 좋던데?"
가격 하락, 금리 상승, 규제 뉴스가 심리를 흔든다.

통제(Control)

"내 기준이 있고, 거기 따라가면 돼."
외부 환경보다 내 계획이 우선되는 상태.

일관성(Consistency)

시장이 좋을 때도, 나쁠 때도 같은 태도로 투자에 임한다.
충동 매수·매도 대신, 정기적인 점검과 유지로 감정을 평정시킨다.

자기 확신(Self-trust)

"나는 시장이 아니라 나를 믿는다."
장기 투자를 통해 외부보다 내면의 신뢰가 깊어진다.

---

10) Kahneman, D., & Tversky, A. (1979). Prospect theory: An analysis of decision under risk. Econometrica, 47(2), 263-291.Shefrin, H. (2002). Beyond Greed and Fear: Understanding Behavioral Finance and the Psychology of Investing. Harvard Business School Press.

💡 한 걸음 물러나 생각해 보기

장기 투자는 단순히 '버티는 것'이 아닙니다.
계획 없이 버티는 건 **인내가 아니라, 미련입니다.**

진짜 장기 투자는 '기준'을 지키며 기다리는 겁니다.
"시장이 어떻게 될까?"를 고민하기 전에,
"내 계획은 잘 가고 있는가?"를 먼저 물어보세요.

시간이 흘러도 내 감정, 내 기준, 내 전략은
계속 점검되어야 합니다.

결국 시장을 이기는 사람은,
시장을 쫓는 사람이 아니라, 자신을 믿고 지키는 사람입니다.

In the long run, discipline beats excitement.
(장기적으로는, 흥분보다 꾸준함이 이깁니다.)

| 심리학 용어 키워드 |

10장. 지속 가능한 투자심리: 장기 관점을 유지한다는 것

▶ **장기 관점(Long-Term Perspective)**
단기 변동보다 구조와 흐름, 방향성에 집중하는 심리.
→ *A mindset focused on macro trends and fundamental structures rather than short-term fluctuations.*

▶ **감정 반응 지연(Delayed Affective Response)**
급변 상황에서도 감정을 가라앉히고 일정 시간 뒤에 판단하는 전략.
→ *A strategic delay in emotional reactions, allowing for clearer decision-making.*

▶ **심리적 근력(Emotional Resilience)**

시장의 혼란 속에서도 감정적으로 무너지지 않는 내면의 힘.

→ The psychological strength to remain stable and disciplined amid market turbulence.

▶ **복리적 사고(Compound Time Perspective)**

수익을 단기 이벤트가 아닌 장기 누적 구조로 이해하는 투자 사고.

→ A belief that investment results build like compound interest over time.

▶ **자기 신뢰(Self-Trust)**

외부 영향보다 자신의 판단과 계획을 신뢰하는 심리 자산.

→ Confidence in one's own reasoning and long-term strategy despite external noise.

▶ **자기 규율(Self-Regulation)**

자신의 원칙과 계획을 감정적으로 흔들리지 않고 지키는 능력.

→ The ability to stick to one's investment rules without being swayed by emotional triggers.

▶ **감정적 투자 회피(Emotion-Free Investing)**

충동보다 이성을 우선시하며 냉정하게 전략을 수행하는 투자 자세.

→ Investing with logic and discipline while minimizing emotional interference.

▶ **장기 신뢰 기반(Long-Term Trust Orientation)**

단기 결과보다 장기적인 관점에서 투자 시장과 자신에 대한 신뢰를 구축하는 태도.

→ Building trust in the long game—both in the market and personal investment process.

▶ **시장 노이즈 무시 전략(Noise Filtering)**

뉴스, 루머, 단기 변수에 흔들리지 않고 본질에 집중하는 태도.

→ The ability to ignore market "noise" and focus on core fundamentals.

PART 3

기대, 낙관, 그리고 판단의 왜곡

인간의 기대와 감정이 투자 판단을
왜곡시키는 심리 메커니즘

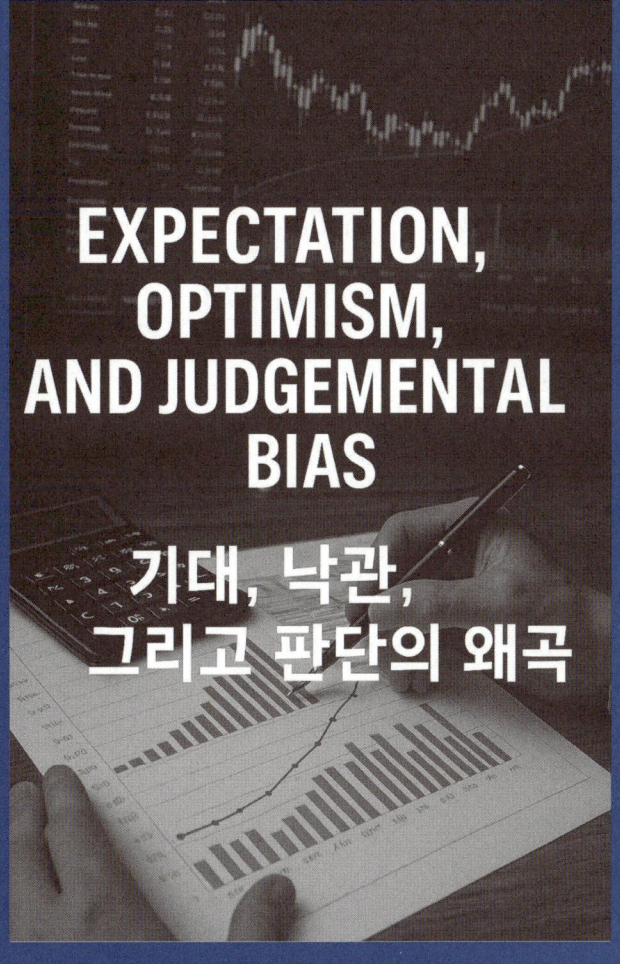

11장

전문가 의존과 권위의 심리: 누구 말을 믿는가

"전문가가 오른다니까 사야죠."
"The expert said it will go up, so I should buy."

⇨ 심리 작동의 시작

부동산 시장에서 의사결정이 필요한 순간, 많은 사람들은 스스로의 판단 대신 권위 있는 타인의 말에 의존한다. 박사, 교수, 칼럼니스트, 인기 유튜버…

그들의 말은 어느새 판단의 근거(reason)가 아니라 심리적 방어막(emotional shield)이 되어 버린다. 왜냐하면 그 말 뒤에 숨은 진짜 심리는 이렇다.

"If I'm wrong, at least I'm not the only one."

특히 시장이 불확실하거나 변동성이 클 때일수록 사람들은 불안을 감당하기보단 책임을 외주화(outsource responsibility) 하려 한다.

⇨ 심리 작동 방식과 원인

권위 편향(Authority Bias)[11]

People tend to accept opinions from authority figures without question, even when the content lacks depth or evidence. "He's a professor, so he must be right."

권위 있는 사람의 말은 사실 여부보다 '신뢰감'으로 먼저 받아들여진다.

심리적 외주화(Psychological Outsourcing)

To avoid emotional burden, people often delegate decision-making to someone else.

이 방식은 잘못될 경우 내 책임이 아니라는 심리적 면책을 스스로 허용하게 만든다.
"It wasn't my decision — I just followed what the expert said."

정보 비대칭 환경에서의 의존 본능

부동산은 정보 접근이 제한된 분야다.

이로 인해 "내가 모르는 건 전문가가 알겠지"라는 인지적 단순화(cognitive shortcut)가 작동한다.

The more complex the data, the more we rely on others to interpret it.

⇨ 감정(심리)의 흐름

불안(Uncertainty)

"I don't know what to do in this market."

---

11) Milgram, S. (1963). Behavioral study of obedience. Journal of Abnormal and Social Psychology, 67(4), 371-378.

의존(Dependence)

"That person is famous and experienced—I'll just follow them."

정당화(Justification)

"I didn't make the decision, they did."

방어(Defensive detachment)

결과가 나빠도 감정적 부담은 줄어든다.
"Even experts can be wrong—so I'm not to blame."

> ### 💡 한 걸음 물러나 생각해 보기
>
> **전문가 말, 어떻게 받아들여야 할까?**
> 전문가는 도움은 줄 수 있어도, 책임까지 대신 지지 않습니다.
> 조언은 보장(guarantee)이 아니라, 하나의 관점(perspective)일 뿐이에요.
>
> **누가 말했느냐보다,
> 왜 그렇게 말했는가를 따져 보세요.**
>
> 정보를 믿고 싶다면,
> 말한 사람보다, 그 말이 어떤 구조로 이루어졌는지를 분석해 보세요.
> "얼굴을 따르지 말고, 사실을 따르라."
> → *Don't follow the face. Follow the facts.*
>
> **그리고 이런 질문도 꼭 해 보세요:**
> "이 판단, 내가 불안해서 내린 건가?
> 아니면 정말 근거를 갖고 내린 판단인가?"
>
> 가장 위험한 투자자는
> 스스로 생각하지 않고, 권위에 기대는 사람입니다.

| 심리학 용어 키워드 |

11장. 전문가 의존과 권위의 심리: 누구 말을 믿는가

▶ **권위 편향(Authority Bias)**

지위나 타이틀이 있는 사람의 말은 자동적으로 신뢰하게 되는 경향.

→ *The tendency to assign excessive credibility to those with perceived authority or status.*

▶ **책임 회피 심리(Responsibility Avoidance)**

판단에 따른 결과에 책임지고 싶지 않아 결정을 타인에게 넘기는 심리.

→ *A psychological drive to shift decision-making responsibility to avoid blame.*

▶ **심리적 외주화(Psychological Outsourcing)**

중요한 결정을 스스로 내리지 않고, 신뢰 가능한 타인에게 맡기려는 행위.

→ *Delegating judgment to others as a means to reduce emotional stress or anxiety.*

▶ **정보 비대칭 상황(Information Asymmetry)**

소비자와 전문가 간 정보 격차로 인해 비판 없이 수용하는 환경.

→ *A context where one party lacks access to the full information, leading to overreliance on experts.*

▶ **인지적 단순화(Cognitive Simplification)**

복잡한 상황에서 판단을 줄이고 쉽게 보이는 해답에 의존하려는 경향.

→ *Reducing mental load by defaulting to simple heuristics or others' opinions.*

▶ **집단 추종 효과(Bandwagon Effect)**

다수가 믿는 권위자의 말을 따르면 안전하다는 집단적 믿음.

→ *A collective tendency to follow perceived authority simply because others do.*

▶ **전문가 맹신 증후군(Expert Worship Syndrome)**[12]

전문가의 말이라면 비판 없이 무조건 따르는 맹신적 태도.

---

12) Kruglanski, A. W., & Webster, D. M. (1996). Motivated closing of the mind: "Seizing" and "freezing." Psychological Review, 103(2), 263-283.

→ *A blind trust in experts, assuming they are infallible.*

▶ **위기 시 권위 의존 강화(Authority Dependence under Uncertainty)**

시장 불안정 시 스스로 판단하지 못하고 권위자에게 기대는 심리.

→ *A heightened reliance on authority during uncertain or crisis situations.*

12장

소유의 집착과 실거주의 감정: '사는 집'이 아니라 '사는 이유'

"전세는 내 집이 아니라서 불안해요."
"Renting feels insecure—because it's not mine."

⇨ 심리 작동의 시작

부동산에서 사람들은 단순히 '사는 공간(a place to live)'이 아닌, '내 공간(my space)'을 원한다. 한국 사회에서 '소유'는 단지 재산이 아니라, 신분의 증표, 성공의 상징, 삶의 통제권으로 여겨진다. 그래서 사람들은 실거주(real residence)라는 표현 속에 자산 가치, 자기 확신, 사회적 안정감을 함께 담는다. 결국 이 감정은 집을 사는 이유(reason to own)를 흐리게 만든다.

"I don't just live in a house—I become the house."

⇨ 심리 작동 방식과 원인

통제감 회복 욕구(Need for Control)

혼란한 사회, 불안한 경제. 이런 시기일수록 사람들은 물리적 공간을 소유함으로써 삶을 통제하는 느낌을 가지려 한다.

"If I own it, I'm safe."

자아 확장 이론(Self-Extension Theory)

소유물은 자아의 일부가 된다. 사람들은 자신이 사는 집을 자신의 신분(identity)과 동일시하며,

집값이 오르면 자존감이 상승하고, 하락하면 자신이 부정당한 듯 느낀다.

"My home is part of me."

사회적 인정 프레임(Social Validation Framing)

"결혼 전에 집은 있어야지", "집 있어야 어른이지"

이러한 집단적 기준이 실거주에 대한 소유 압박을 강화하고, 자율적 판단을 방해한다.

⇨ 감정(심리)의 흐름

불안(Anxiety)

"언제 나가야 할지 모르겠어."
전세·월세처럼 '내 것이 아닌 공간'은 감정적 불안을 자극한다.

소유 욕구(Desire to Own)

"그래도 내 집이 있어야 마음이 편하지."
내 공간이라는 통제감이 심리적 안정감으로 이어진다.

동일시(Identification)

집은 단순한 공간이 아닌 '자신의 일부'가 되고, "집값이 떨어지는 건 내 가치가 떨어지는 느낌"이라는 과잉 동일시가 일어난다.

과잉 집착(Overattachment)

시장 변화에도 유연하지 못하고, 가격 하락이나 구조적 문제에도 "그래도 내 집인데…"라는

감정으로 판단이 마비된다.

> ### 💡 한 걸음 물러나 생각해 보기
>
> 집을 소유하고 싶은 마음, 그건 아주 자연스러운 감정의 영역입니다.
> 하지만 집을 사는 선택은 감정이 아니라 계획과 전략의 결과여야 합니다.
>
> **"Don't buy emotions—buy plans."**
> (감정을 사지 말고, 계획을 사세요.)
>
> "나는 왜 집을 갖고 싶은 걸까?" 자신에게 진지하게 물어보세요.
> 이 집은 나의 삶을 위한 공간인가요, 아니면 남들 눈치를 본 선택인가요?
>
> 진짜 실거주는 그냥 '사는 장소'가 아니라, 내 삶의 방향을 지키는 중심입니다.
> *"Real living isn't about owning the house-it's about owning your direction."*
>
> (진짜 삶은 집을 소유하는 것이 아니라, 나의 방향을 소유하는 것입니다.)
> 그리고 잊지 마세요.
>
> '가지고 있는 것'에만 매달리면, 변화에 유연하게 대응할 힘을 잃게 됩니다.
> 특히 요즘 같은 불확실한 시대엔, 무거운 소유보다 가볍게 움직일 수 있는 선택지가 더 큰 힘이 됩니다.
>
> 집은 감정으로 원할 수 있지만, 선택은 계획으로 해야 한다. 소유보다 중요한 건 '내 삶의 방향'이다.
>
> **변화의 시대엔, 유연한 선택이 진짜 자산이다.**

| 심리학 용어 키워드 |

12장. 소유의 집착과 실거주의 감정: '사는 집'이 아니라 '사는 이유'

▶ **소유 본능(Ownership Instinct)**

인간은 무언가를 소유할 때 통제감과 안정감을 느낀다.

→ *A natural human tendency to feel secure and in control through ownership.*

▶ **정체성 투영(Identity Projection)**

거주 공간이 곧 자신의 가치, 성향, 라이프스타일을 보여 준다고 느끼는 심리.

→ *The belief that one's home reflects personal identity and values.*

▶ **심리적 귀속감(Psychological Attachment)**

집을 '자산'이 아닌 '내 공간'으로 인식하며 형성되는 정서적 유대.

→ *An emotional bond to one's living space beyond its financial value.*

▶ **애착 공간 효과(Place Attachment Effect)**

머물던 공간에 애정과 안정을 느끼며 심리적으로 머무는 경향.

→ *Emotional connection and accumulated affection toward a specific place.*

▶ **실거주 중심 사고(Home-as-Haven Mentality)**

집을 투자 대상보다 '삶의 터전'으로 인식하는 가치 지향.

→ *Valuing the home as a haven or life base, not merely as an investment.*

▶ **소유 집착(Possessive Fixation)**

소유한 자산에 과도한 애착을 가지며 객관적 판단이 흐려지는 상태.

→ *Over-attachment to owned property leading to biased or irrational decisions.*

▶ **역투자 심리(Anti-Investor Sentiment)**

실거주 감정이 강해질수록 투자 논리를 거부하고 소유만을 고집하는 심리.

→ *A mindset where emotional attachment overrides market logic or timing.*

▶ **상징 자산화(Symbolic Capitalization)**

주거공간을 사회적 성공, 신분의 상징으로 간주하는 경향.

→ *Treating one's home as a symbol of social status or personal achievement.*

▶ **주거 감정 이입(Residential Empathy)**

집에 감정을 투영하고, 그 공간과 자신을 동일시하는 반응.

→ *Projecting one's emotions onto the home and identifying with the space.*

▶ **감정 기반 의사결정(Emotion-Based Decision-Making)**

실거주 만족이나 애착이 투자 판단보다 우선하는 의사결정 방식.

→ *Making housing decisions primarily driven by emotional comfort or attachment.*

13장

결론: 부동산 심리를 이해한다는 것의 의미

"왜 그런 결정을 했을까?"
"Why did I make that choice?"

⇨ 심리 작동의 시작

부동산 가격이 떨어지거나, 기대만큼 오르지 않았을 때 많은 투자자들은 자신에게 이렇게 묻는다. 하지만 이 질문의 진짜 답은 '정보 부족'이나 '판단 미스'가 아니라, 그 결정 당시 작동한 심리의 흐름에 있다. 사람들은 흔히 "나는 이성적으로 투자한다."고 믿지만, 실제로는 '신뢰, 기대, 불안, 탐욕, 권위' 같은 감정이 먼저 결정의 방향을 잡는다.

즉, 부동산 투자란 수치와 차트보다도 심리와 감정의 지도 위에서 이루어진다.

"The real market isn't made of numbers—it's made of feelings."

⇨ 심리 작동 방식과 원인

감정 우선 작동(Affective Precedence)

우리는 정보를 보고 판단한다고 믿지만, 실제로는 먼저 감정이 작동하고, 그 뒤에 논리를 덧붙이는 경향이 있다. 예: "오를 것 같아" → "왜냐하면 전문가가 말했으니까."

투자 판단 프레이밍(Framed Decision-Making)

같은 정보를 보고도 사람마다 다르게 반응하는 이유는, 각자의 심리적 프레임(불안, 확신, 권위 신뢰 등)이 다르기 때문이다. 예: 누군가는 '이 가격이면 저점'이라고 판단하고, 다른 이는 '이 정도면 아직 위험'이라고 회피한다.

감정의 자동화(Auto-Pilot of Emotion)

반복된 감정 반응은 습관이 되고, '불안하면 매도', '기대되면 매수' 같은 패턴은 자동화된다. 이때 판단은 의식적 분석이 아니라 감정에 의해 주도되는 자동 반응이 된다.

⇨ 감정(심리)의 흐름

감정은 순환하며, 판단을 왜곡한다.

신뢰(Trust)

"전문가가 말했으니 괜찮을 거야."
→ 감정적 의존으로 시작

기대(Hope)

"이번엔 진짜 오를 것 같아."
→ 감정적 확신이 투자 결정을 앞당김

불안(Anxiety)

"왜 안 오르지? 뉴스에선 다 좋다는데…"
→ 신뢰가 흔들리고 감정의 중심이 무너짐

방어 또는 후회(Defense or Regret)

"팔 걸 그랬어…" "그 사람 말 믿지 말 걸…"

→ 외부 탓 또는 자기 부정, 감정의 왜곡이 극대화됨

"From belief to blame—the emotional loop of a misjudged investment."

💡 한 걸음 물러나 생각해 보기

감정을 알아야 시장이 보인다. 사람들은 흔히 이렇게 말하죠.
"데이터가 말해 준다." 하지만 데이터는 결과일 뿐,
그 전에 먼저 움직이는 건 사람의 감정입니다.

숫자만 보면 시장이 보일 것 같지만, 정작 시장을 움직이는 건
사람들의 두려움, 기대, 불안, 확신 같은 감정입니다.

그래서 이렇게 물어야 합니다.
"왜 다들 불안해했을까?"
"왜 저 사람 말을 믿었을까?"
**이런 질문을 스스로 던지는 메타인지(자신의 생각에 대해 판단하는 능력)가
진짜 분석의 시작입니다.**

감정에서 한 걸음 떨어질 수 있을 때, 비로소 판단이 또렷해집니다.

감정을 아는 사람은 '타인의 말'보다 '자신만의 기준'을 따릅니다.

그런 사람은 불확실성 속에서도 조급해하지 않고, 남 따라 사지 않고, 자신만의 원칙에 따라 움직입니다.

"He who understands emotion, doesn't get lost in motion."
감정을 아는 사람은, 흐름에 휘둘리지 않습니다.

| 심리학 용어 키워드 |

13장. 결론: 부동산 심리를 이해한다는 것의 의미

"이제 우리는 가격이 아니라, 마음을 읽을 수 있게 되었다."

▶ **감정 기반 의사결정(Emotion-Based Decision-Making)**

인간의 판단은 논리보다 감정에 훨씬 더 큰 영향을 받는 경향이 있다.

→ *Human decisions are often guided more by feelings than logic.*

▶ **인지적 편향(Cognitive Bias)**

반복되는 사고 습관이 판단을 왜곡하거나 비합리적으로 흐르게 만든다.

→ *A systematic deviation from rationality in judgment or thinking.*

▶ **군중 심리(Herd Psychology)**

다수가 움직일 때, 본인도 따라야 할 것 같은 압박을 느끼는 심리.

→ *A subconscious urge to follow the majority, especially under uncertainty.*

▶ **불확실성 회피 성향(Uncertainty Aversion)**

예측이 어려운 상황을 피하려는 본능적 반응.

→ *The instinct to avoid ambiguous or unpredictable outcomes.*

▶ **심리적 안전 추구(Psychological Safety Seeking)**

이익보다 마음의 평안, 안정감, 확신을 우선시하는 판단 성향.

→ *The prioritization of emotional security over financial gain.*

▶ **프레이밍 효과(Framing Effect)**

같은 정보라도 제시 방식에 따라 전혀 다르게 인식되는 현상.

→ *A phenomenon where perception changes depending on how information is presented.*

▶ **감정의 나침반(Emotional Compass)**

사람은 자신도 모르게 감정에 따라 행동의 방향을 정하는 경향이 있다.

→ *An internal emotional guide that unconsciously steers decisions.*

▶ 확증 편향(Confirmation Bias)

기존 신념을 뒷받침하는 정보만 받아들이고, 반대 정보는 무시한다.

→ *The tendency to seek, interpret, and remember information that confirms one's beliefs.*

▶ 신뢰 결정 구조(Trust-Based Structure)

누가 말했는가에 따라 부동산 선택이 달라지는 의사결정 구조.

→ *A decision-making model heavily influenced by perceived trust and credibility.*

▶ 심리의 시장화(Psychologization of Market)

시장의 흐름이 숫자가 아니라 감정, 불안, 기대 심리 등에 따라 움직인다.

→ *The transformation of markets into emotional arenas where sentiment drives movement.*

14장

주택 유형에 대한 선호 심리: 형태는 감정의 언어다

⇨ 심리 작동의 시작

"타운하우스 보면 왠지 진짜 내 집 같아요."
People don't just choose a home based on price or square footage.

요즘 사람들은 '마당이 있다', '현관이 따로 있다', '이웃집과 벽을 공유하지 않는다.'는 단순한 구조 이상의 정서적 안정감(emotional security)을 중요하게 여긴다.

Especially today, standardized apartment life feels restrictive. More people are looking for a home that reflects their own rhythm and values.

주택은 단지 거주 공간이 아니라, 삶의 방식(lifestyle)과 정체성(identity)을 드러내는 감정의 언어가 된다.

⇨ 심리 작동 방식과 원인

공간 민감성(Spatial Affective Bias)
어떤 구조, 입구, 마당 배치냐에 따라 emotional response to space가 달라진다.
→ 같은 평수라도 "나만의 공간(my own space)"으로 느껴지느냐가 주거 만족도를 좌우한다.

동일시 작용(Identification Effect)

특정 유형의 주택(예: 타운하우스, 전원주택)에 나의 삶의 이상(ideal lifestyle)을 투사한다.

→ "그 집에 살면 나도 그렇게 살 것 같다"는 감정의 동일화.

→ *"If I live there, I'll become that version of myself."*

심리적 독립 욕구(Psychological Autonomy Drive)

집단 주거에서 벗어나 independent and personalized living을 추구하는 심리적 본능. 층간소음, 엘리베이터 대기 등 아파트 생활에서 느끼는 피로는 "emotional overload"로 이어진다.

⇨ 감정(심리)의 흐름: 피로감 → 갈망 → 동일시 → 정착

피로감(Fatigue)

"층간소음, 엘리베이터… 정말 지쳤다."

→ *Emotional burnout from collective housing*

갈망(Longing)

"나만의 마당과 조용한 환경에서 살고 싶다."

→ *Craving for a peaceful, private space*

동일시(Identification)

"유튜브에서 본 그 집이 바로 내 이상형이야."

→ *Fantasizing a better life through symbolic space*

정착(Settlement)

구조보다 감정(emotion)에 맞는 집을 택하게 되고, 그 집을 진짜 내 집(my true home)이라 느낀다.

💡 한 걸음 물러나 생각해 보기

당신의 집, 당신의 가치관을 보여 줍니다.
Your home is a reflection of your values.

집은 단순히 비바람을 피하는 공간이 아닙니다. 그 안에는 당신의 삶의 방식, 가치관, 인생의 우선순위가 담겨 있습니다. 집은 삶의 선언(statement of life) 이기도 합니다.

감정이 집을 고르지만, 이성이 결정을 검토해야 합니다.
"Feel with your heart, decide with your head."
→ 마음이 끌리는 집이 있을 수 있습니다.

하지만 그 선택이 정말 '나에게 맞는 결정'인지, 이성적으로 한 번 더 살펴보세요.
그 집처럼 살고 싶다? 그건 '영감'일 수도 있지만, 단순한 모방(imitation)일 수도 있습니다.

"Are you inspired or just influenced?"
→ 남들이 사는 모습이 멋져 보여서
그 집을 선택하고 싶은 마음, 누구에게나 있습니다.

하지만 그 선택이 진짜 나의 삶과 조건에 맞는지 꼭 점검해 보세요.
유행은 마음을 흔들지만, 선택은 우선순위로 해야 합니다.
→ 지금 인기 있는 지역, 스타일, 구조…
그 모든 것은 시간이 지나면 바뀝니다.

트렌드(trend)보다 중요한 건 나의 삶에 진짜 중요한 것(true standard)입니다.

집은 단순한 구조물이 아니라, 나의 가치와 삶의 기준을 보여 주는 '거울'입니다.
감정으로 끌리더라도, 이성으로 점검하세요.
유행보다 당신의 삶에 맞는 기준으로 선택하세요.
"Don't follow the trend. Follow your values."

| 심리학 용어 키워드 |

14장. 주택 유형에 대한 선호 심리: 형태는 감정의 언어다

▶ **공간감에 대한 심리적 민감성(Spatial Affective Bias)**

물리적 공간 구조(동선, 채광, 마당 등)에 따라 감정 반응이 달라지는 심리적 경향. 집의 구조가 주는 느낌이 만족도와 연결됨.

→ *The emotional sensitivity to spatial elements, where layout, light, and openness shape subjective satisfaction with a home.*

▶ **동일시 작용(Identification Effect)**

특정 공간이나 삶의 방식에 자신을 투사하여, 그 삶을 선택함으로써 '그 사람처럼 살고 있다'는 감정적 안정감을 얻는 심리.

→ *The projection of the self into a lifestyle represented by a space, creating emotional security through symbolic alignment.*

▶ **심리적 독립 욕구(Psychological Autonomy Drive)**

규격화된 집단 거주형태에서 벗어나, 개별화되고 독립적인 삶을 살고자 하는 욕구.

→ *A desire to escape uniform residential systems and pursue individualized, autonomous living environments.*

▶ **정체성 투영(Identity Projection through Housing)**

주거 형태를 통해 자신의 사회적 위치, 성향, 가치관을 표현하고자 하는 심리.

→ *The use of residential choice as a medium for expressing personal identity, social status, and core values.*

▶ **주거 피로감(Residential Fatigue)**

아파트 중심 주거 패턴에서 느끼는 반복성과 제약에 대한 심리적 피로.

→ *Emotional exhaustion caused by the monotony and restrictions of standardized apartment living.*

> ▶ **삶의 방식 동일화(Lifestyle Identification)**
>
> 공간을 선택함으로써 특정한 삶의 방식(자연친화, 프라이버시, 여유로움 등)을 '획득한 것처럼' 느끼는 심리 작용.
>
> → *The psychological mechanism of acquiring a desired lifestyle by choosing spaces that symbolize that way of life.*
>
> ▶ **감정 중심 주거 선택(Emotion-Oriented Housing Preference)**
>
> 면적, 위치보다 감정적 만족도와 자기 삶의 이미지에 기반하여 주택을 선택하는 성향.
>
> → *A tendency to choose homes based on emotional resonance and personal imagery, rather than on size or location.*

15장

미래 가치에 대한 심리적 기대:
불확실성 위에 세운 확신

The Psychology of Future Value: Confidence Built on Uncertainty

"지금 사 두면 언젠간 오를 거라고 믿지 않았는가?"
You thought, 'If I buy now, it will surely go up someday.'

➪ 심리 작동의 시작

우리는 현재의 가격보다 미래의 가능성(future potential)을 더 크게 보는 경향이 있습니다.
하지만 그 가능성은 종종 자료(data)가 아니라 기대(expectation)에 기반합니다.
문제는 그 기대가 어느 순간 '믿음(belief)'으로 굳어질 때입니다.
그 믿음은 데이터를 거부하고, 시간을 왜곡하며, 선택을 정당화하는 감정의 필터(emotional filter)가 됩니다.

➪ 심리 작동 방식과 원인

기대 심리(Expectation Bias)

미래가 나아질 것이라는 본능적 확신(a deep-seated desire for a better future).
예: "곧 이 지역은 개발될 거야."라는 믿음은 통계보다 희망의 투사(projection of hope)일 수 있음.

확증 편향(Confirmation Bias)

내 믿음을 지지하는 정보만 받아들이고, 반대 증거는 무시하는 경향.

"뉴스에서도 그렇게 말했잖아."

You tend to cherry-pick information that confirms your belief.

장기 낙관주의(Long-Term Optimism)

시간(time)이 모든 것을 해결해 줄 것이라는 막연한 신념(vague faith).

→ 화살표 삭제단기 손실은 무시하고, 결국 오를 거라는 emotional coping strategy로 자신을 위로함.

⇨ 감정(심리)의 흐름

기대(Hope)

"여기 곧 오를 거야."

투자(Commitment)

"지금 안 사면 늦어."

확신(Conviction)

"내 판단은 틀리지 않았어."(I must be right.)

외면(Denial)

하락 신호, 정책 변화, 수요 둔화 등을 무시

집착(Obsession)

현실보다 희망의 지속(persistence of hope)에 심리적 에너지

💡 한 걸음 물러나 생각해 보기

기대는 전략이 아닙니다. 감정일 뿐입니다.
"언젠가는 오를 거야." 이 말, 자주 들으시죠?

하지만 이건 분석이 아니라, 자기 위안의 주문(mantra)일 수 있습니다.
기대는 감정(Emotion)이고, 투자는 준비(Preparation)입니다.
예측(prediction)만 믿고 투자하면, 결국 후회만 남게 될 수 있습니다.

확신이 진짜가 되려면?
→ 검증 가능한 정보(verifiable data)가 바탕이 되어야 합니다.
그래서 중요한 건 이것입니다:
기대와 현실을 분리하세요. *(Separate expectation from reality.)*

기대는 투자 전략이 아닙니다. 감정의 표현일 수 있습니다.
"언젠가는 오른다"는 믿음보다 "왜 오를 수 있는가"를 따지세요.

**감정을 바탕으로 한 선택은 후회를 남기고,
분석을 바탕으로 한 선택은 근거를 남깁니다.**

Investing isn't about hope. It's about preparation.
(투자는 희망이 아니라 준비입니다.)

| 심리학 용어 키워드 |

15장. 미래 가치에 대한 심리적 기대: 불확실성 위에 세운 확신

▶ **기대 심리(Expectation Bias)**
미래에 대한 긍정적 전망에 따라 현재 판단이 과도하게 낙관적으로 왜곡되는 심리.
특히 '곧 개발된다', '곧 오른다'는 믿음에서 강하게 작동.

→ *A psychological distortion where optimistic future expectations inflate present decisions, often rooted in speculative beliefs like "It's about to skyrocket."*

▶ 확증 편향(Confirmation Bias)

기존의 믿음을 강화시키는 정보만 받아들이고, 반대 정보를 무시하는 인지적 왜곡.

→ *A cognitive distortion in which individuals favor information that confirms their existing beliefs while ignoring contradicting evidence.*

▶ 장기 낙관주의(Long-Term Optimism)

장기간 보유하면 결국 오를 것이라는 믿음에 따라 단기적 위험 요소나 구조적 변화를 외면하는 심리.

→ *An investment mindset that ignores short-term risks or structural changes under the belief that "time will fix everything."*

▶ 미래 가정 오류(Future Assumption Fallacy)

'곧 생길 것이다', '확정적이다'는 전제 하에 투자 결정을 내리는 오류적 사고.

→ *A flawed reasoning pattern where assumptions about future development are treated as certainties, leading to overconfident investment choices.*

▶ 심리적 매몰 비용(Emotional Sunk Cost)

잘못된 판단이라는 사실을 알면서도, 이미 투자한 감정과 기대 때문에 결정을 철회하지 못하는 상태.

→ *The emotional inability to abandon a poor decision due to the psychological investment already made, despite clear signs of loss.*

▶ 희망적 사고(Wishful Thinking)

바람직한 결과를 바탕으로 실제 가능성보다 낙관적으로 판단하는 경향.

→ *A tendency to evaluate possibilities based on desired outcomes rather than realistic probabilities.*

▶ 정당화 욕구(Justification Instinct)

이미 투자한 선택을 정당화하기 위해 추가 근거를 찾고, 부정적 정보를 외면하는 심리 작용.

→ *A defensive psychological reaction where individuals seek confirming reasons to legitimize past choices while dismissing contrary evidence.*

16장

거래 절벽의 심리: 거래량 감소가 만들어 내는 공포

The Psychology of a Transaction Freeze: When Volume Vanishes, Fear Rises

"거래가 없다는 건, 뭔가 잘못됐다는 뜻 아니야?"
"If there are no deals happening, isn't that a sign something's wrong?"

⇨ 심리 작동의 시작

이 한 문장은 시장 참여자의 심리를 정지시키기에 충분하다.

우리는 가격 하락보다 거래량의 침묵에 더 큰 위기감을 느낀다.

가격이 멈춰 있는 상황은 어느 정도 받아들일 수 있지만, 거래가 '완전히' 끊긴 시장은 심리적으로 마치 숨이 멎은 것 같은 공포를 유발한다.

뉴스에서 '거래 절벽'이라는 단어가 반복될 때, 투자자들은 자신도 모르게 '기다려야 하나?', '뭔가 문제가 있나?'라는 감정에 휘말린다.

그 감정은 곧 행동을 멈추게 한다.

거래가 없다는 사실 그 자체가 정보의 공백(blank of confidence)처럼 느껴지며, 참여자들은 침묵을 두려움의 증거로 읽기 시작한다.

이처럼 거래 절벽은 단순한 수치의 문제가 아니다.

집단 심리가 스스로를 멈추게 만드는 공포의 구조(fear loop)이며, 이 공포는 시장의 작동을 멈추게 하고, 기대마저 마르게 한다.

⇨ 심리 작동 방식과 원인

미래 회피적 추론(Anticipatory Fear Bias)

사람들은 거래 부진을 마주할 때, 아직 발생하지 않은 미래의 손실을 선행적으로 상상하고 이를 피하려는 경향이 있다.

예를 들어 "지금 사면 나만 바보 되는 것 아닐까?"라고 생각하며, 합리적인 가격일지라도 피하는 행동을 한다.

이는 현실적 판단보다 감정 기반의 방어적 회피(defensive avoidance)로 연결된다.

자기 강화적 공포 순환(Self-Reinforcing Fear Loop)

거래 감소는 곧 하락 신호로 읽히고 → 투자자들이 관망에 들어가며 → 거래는 더 줄고 → 언론은 위기론을 강화 → 결국 감정이 감정을 낳는 순환(fear feeding fear) 구조가 완성된다.

이로 인해 시장은 스스로를 멈추게 만들고, 심리는 점점 더 얼어붙는다.

시장 신뢰 붕괴 감각(Market Distrust Signal)

거래 부진은 단지 수요 부족 때문만은 아니다.

그보다는 '이 시장이 믿을 수 없다는 신호(signal of distrust)'로 해석되며, 이는 가격의 문제가 아닌 정서의 문제로 이어진다. 사람들은 가격이 아니라 '분위기'(sentiment)를 기준으로 움직이고, 거래량은 그 분위기의 바로미터가 된다.

⇨ 감정의 흐름: 불안 → 의심 → 관망 → 무기력

불안(Anxiety)

"왜 이렇게 거래가 없지…?" 거래가 줄어드는 현상을 처음 목격했을 때, 사람들은 본능적으로 이상 신호로 감지한다.

의심(Suspicion)

"혹시 지금 가격이 너무 비정상적인 건 아닐까?"

합리적 근거보다 심리적 불일치가 작용하며, 투자자는 자신의 판단을 믿지 못하게 된다.

관망(Wait-and-See Mode)

"조금만 더 기다려보자. 떨어질지도 몰라."

시장 참여가 유예되면서, 집단적으로 '관망하는 분위기'가 퍼진다.

무기력(Paralysis)

"지금은 아무것도 하면 안 되겠어."

이내 시장은 멈춘다. 심리적 정지 상태(psychological freeze)에 빠지며, 아무런 선택도 하지 않는 것이 가장 안전하다고 느껴진다.

> 💡 **한 걸음 물러나 생각해 보기**

거래가 끊긴 건, 수요가 없어서가 아니라 미래의 신뢰가 없어서입니다.
요즘 부동산 시장을 보면 "왜 다들 안 살까?"라는 생각이 들죠.
그런데 진짜 중요한 질문은 이겁니다:
"사람들이 왜 믿지 못하는 걸까?" 사람들이 집을 안 사는 건 돈이 없어서만이 아니라, 미래가 불안해서입니다. 믿을 수 없으면, 누구도 쉽게 움직이지 않습니다.

두려움은 판단을 흐리게 하고, 관망은 기회를 사라지게 만듭니다.
이럴 땐 단순히 숫자만 보지 말고, 그 뒤에 숨겨진 감정을 읽어야 합니다.
"Don't just read the numbers — read the sentiment behind them."
(숫자만 보지 말고, 그 안에 담긴 감정을 읽으세요.)

신뢰를 회복하려면 3가지가 필요합니다:
정보가 투명해야 하고(clarity of information)

정책이 예측 가능해야 하며(predictability of regulation)
가격이 현실적이어야 합니다.(reality-based pricing)

이 3가지가 갖춰져야 지금의 거래 절벽도 기회로 바뀔 수 있습니다.

거래 절벽은 '사람이 없는 시장'이 아니라, '믿음을 잃은 시장'입니다.
즉, 행동이 없는 게 아니라, 미래의 신뢰가 비어 있는 상태입니다.
We're not facing a lack of buyers—we're facing a trust vacuum.

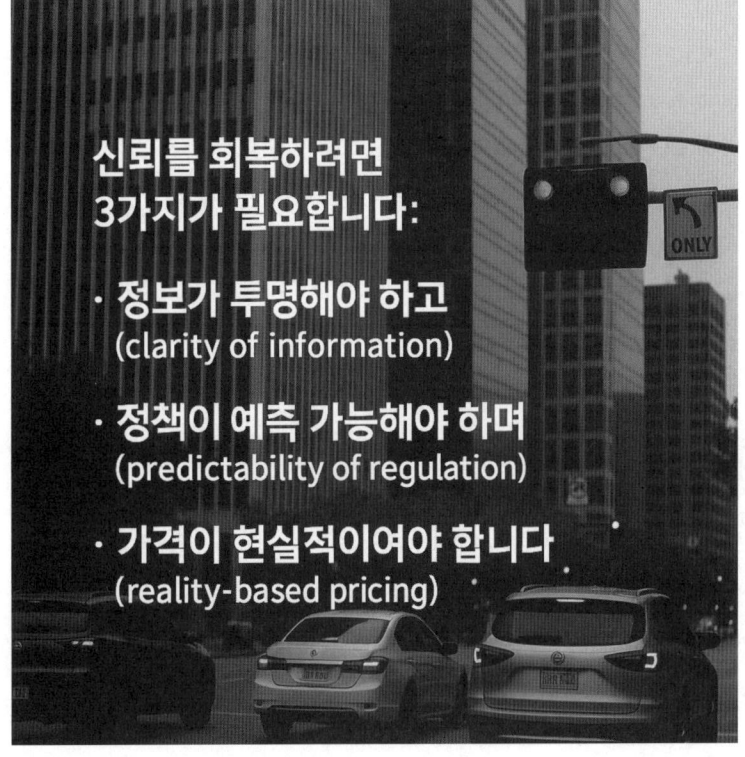

| 심리학 용어 키워드 |

16장. 거래 절벽의 심리: 거래량 감소가 만들어 내는 공포

▶ **미래 회피적 추론(Anticipatory Fear Bias)**

아직 발생하지 않은 손실을 미리 두려워하며 행동을 중단하거나 지연시키는 심리.

→ *A cognitive tendency to avoid decisions due to fear of future loss, where preventive anxiety overrides rational opportunity.*

▶ **자기 강화적 공포(Self-Reinforcing Fear Loop)**

불안이 실제 현상을 만들어 내고, 그 결과가 다시 불안을 증폭시키는 악순환적 심리 구조.

→ *A cyclical pattern where fear influences market behavior, creating outcomes that validate and intensify the original fear.*

▶ **거래 절벽 공포(Transaction Void Anxiety)**

거래가 없다는 현상을 단순히 침체가 아닌 '붕괴 전조'처럼 인식하게 되는 감정적 불안.

→ *An emotional interpretation of market inactivity as a harbinger of collapse, rather than a temporary lull.*

▶ **시장 신뢰 붕괴(Market Distrust Effect)**

수치상 가격보다, 시장 참여자들의 신뢰 상실이 더 큰 하락 요인으로 작용하는 상태.

→ *A market condition where distrust among participants leads to stagnation or decline, regardless of objective valuations.*

▶ **집단 회피 심리(Herd Aversion Psychology)**

대다수가 시장에서 빠져 있을 때, '나도 빠져야 안전하다'고 믿는 회피 심리.

→ *A fear-driven tendency to follow collective withdrawal, believing safety lies in avoiding participation.*

▶ **관망주의 확산(Spread of Wait-and-See Bias)**

다른 사람들도 움직이지 않으니 '지금은 때가 아니다'라는 태도가 확산되며, 시장 전체가 멈추는 현상.

→ *The social amplification of inertia where widespread passivity fosters a belief that inaction is the safest strategy.*

▶ **불안 기반 비합리성(Fear-Driven Irrationality)**

근거 없는 공포가 합리적 판단을 압도하고, 타이밍을 잃게 만드는 심리.

→ *Irrational decision paralysis driven by anxiety, often leading to missed opportunities and distorted risk assessment.*

▶ **심리적 유동성 부족(Emotional Liquidity Freeze)**

실제 수요는 존재하지만, 심리적 불신과 공포로 인해 시장이 정지된 것처럼 보이는 상태.

→ *A psychological phenomenon where fear suppresses activity despite the presence of latent demand—akin to an emotional freeze in liquidity.*

17장

수익률 기대 심리: 얼마나 벌 수 있을까에 대한 본능

The Psychology of Return Expectations: The Instinct to Ask, "How Much Can I Make?"

"이 집을 사면 얼마나 벌 수 있을까?"
"If I buy this house, how much profit can I make?"

⇨ 심리 작동의 시작

이 질문은 수많은 투자자들의 행동을 결정짓는 출발점이 된다. 부동산은 더 이상 단순한 주거 공간이 아니다. 현대의 많은 사람들에게 집은 생활의 기반(home)이자, 동시에 수익의 도구(asset for gain)다. 특히 시장이 불안정할수록 사람들은 더 큰 보상을 요구한다. '이왕이면 이익이 나야 하지 않을까?'라는 보상 중심 사고(reward-oriented thinking)는 자연스러운 심리 기제로 작동한다. 하지만 그 기대가 커질수록, 투자 판단은 점차 수익의 숫자가 아닌 희망의 감정에 의해 이끌리기 시작한다.

⇨ 심리 작동 방식과 원인

보상 추구 편향(Reward-Seeking Bias)

사람들은 자신의 위험 감수(risk-taking)에 상응하는 큰 보상(high reward)을 심리적으로 요구한다.

예: "이 동네는 3년 안에 두 배 오를 수 있어."

이 말은 사실상의 기대 투영(expectation projection)이며, 객관적 수치보다 주관적 확신(subjective conviction)에 가까운 경우가 많다.

선택적 관심 왜곡(Selective Attention Distortion)

수익률이 높은 지역에만 주목하고, 낮은 지역은 무시하는 경향.

→ 이는 데이터 기반 판단(data-driven judgment)이 아니라, 감정적 편향(emotional bias)에 기초한 선택이 될 수 있다.

손실 무시 효과(Neglect of Loss Risk)

수익에 대한 기대가 커질수록, 반대로 위험에 대한 감각은 무뎌진다.

→ "이 정도 수익률이면, 약간의 위험은 감수할 수 있잖아."

그러나 현실은 '고수익 = 고위험'(high return = high risk)의 원칙을 따르며, 이 감정은 자주 손실 충격(loss shock)으로 돌아온다.

⇨ 감정(심리)의 흐름

기대(Anticipation)

"여기 투자하면 큰돈 벌 수 있겠는데?"

확신(Belief)

"요즘 다 여기에 투자하잖아. 나도 해야지."

몰입(Immersion)

수익률 수치에 집착하며 리스크 요인은 무시

과잉 확신(Overconfidence)

자신만의 성공 시나리오에 몰두

충격(Emotional Shock)

예상보다 낮은 수익 혹은 손실 시 감정적 붕괴

→ *"The higher the expectation, the deeper the disappointment."*

> ### 💡 한 걸음 물러나 생각해 보기
>
> 기대 수익률에 눈이 가나요? 그게 판단을 흐릴 수도 있습니다.
> "이 투자로 얼마나 벌 수 있을까?" 이 질문은 누구나 합니다.
> 하지만 정말 중요한 건 "얼마나 잃을 수도 있을까?"입니다.
>
> *"How much can I lose?"*
> (얼마나 벌 수 있을까?보다, 얼마나 잃을 수 있는가를 먼저 물어보세요.)
>
> 실제 수익은 단순한 숫자가 아닙니다.
> 시장의 구조
> 세금
> 수요와 공급
> 정책 변화 등 수많은 변수들이 영향을 줍니다.
> 그런데도
> "10% 오른다더라!"는 말에만 매달린다면, 정작 중요한 리스크 관리의 눈을 잃게 됩니다.
> 수익률이 높아 보인다고요? 그게 정말 현실적인가요?
> 지속 가능한가요?
> 그걸 따져 보지 않는다면, 그 기대는 '감정'일 뿐이고,
> 그 투자는 '도박'이 될 수 있습니다.

Expectations are emotions. Investing without checking is gambling.
(기대는 감정이고, 검증 없는 투자는 도박입니다.)

수익보다 먼저 손실 가능성을 계산하세요. 수익률은 숫자가 아닌 '구조의 결과'입니다. 기대만 앞서면, 투자 아닌 감정의 게임이 됩니다.

| 심리학 용어 키워드 |

17장. 수익률 기대 심리: 얼마나 벌 수 있을까에 대한 본능

▶ **보상 추구 편향(Reward-Seeking Bias)**
감수한 위험에 상응하는 높은 수익을 기대하며, 투자 판단이 감정 중심으로 기울어지는 심리.
→ *The tendency to emotionally expect disproportionate rewards in return for risk taken, often overriding objective assessment.*

▶ **선택적 관심 왜곡(Selective Attention Distortion)**
수익률이 높다고 알려진 지역에만 주목하고, 낮은 곳은 무시하는 정보 선택 편향.
→ *A cognitive bias where attention is drawn only to high-performing areas, while underperforming or emerging ones are ignored.*

▶ **손실 무시 효과(Neglect of Loss Risk)**
수익 기대에 집중한 나머지, 투자에 따르는 리스크를 과소평가하거나 무시하는 심리.
→ *A mental tendency to downplay or overlook potential losses when focusing intensely on gains.*

▶ **수익률 환상(Return Illusion)**
실제 수익 가능성과 무관하게, 심리적으로 과장된 수익을 상상하는 상태.
→ *A psychological overestimation of potential returns, often disconnected from real market fundamentals.*

▶ 과잉 확신(Overconfidence Bias)
자신의 투자 판단이 옳다고 믿으며 리스크를 정당화하거나 부정하는 경향.
→ *An inflated belief in one's own decision-making abilities, leading to dismissal or rationalization of associated risks.*

▶ 기대 투영(Expectation Projection)
자신의 희망이나 바람을 미래 가격이나 수익률에 투영하는 심리적 경향.
→ *The projection of personal desires onto future outcomes, assuming the market will align with one's wishes.*

▶ 감정 기반 수익 판단(Emotion-Based Yield Judgment)
숫자보다 감정과 분위기로 수익을 판단하는 비이성적 접근.
→ *An irrational method of evaluating returns based on mood, sentiment, or market hype rather than data.*

18장

고수익 지역 쏠림 심리: 수익률이 높은 곳에 마음도 몰린다

The Psychology of Yield Clustering: Where the Returns Go, Minds Follow

"여긴 수익률 6% 나온다더라."
"I heard this area yields over 6% in rent."

⇨ 심리 작동의 시작

이 한마디는 마치 투자자들의 머릿속에 알람처럼 울린다.

사람들은 단순히 숫자를 계산하는 것이 아니라, 그 숫자에 감정적으로 반응한다.

특정 지역에 수익률이 높다는 정보가 퍼지면, 그곳은 '기회 지역(opportunity zone)'에서 '심리적 안정지대(emotional safe zone)'로 전환된다.

"거기 사람들이 다 들어간대."

"이미 임대 수요가 꽉 찼다더라."

이런 이야기들은 수익 이상의 확신(confidence)을 전달하며, 사람들은 확인된 수익보다 공유된 감정(shared belief)에 반응한다.

하지만 그 '확신'은 진짜 안전이 아니라, 심리적 도파민 자극(dopaminergic rush)에 가깝다.

⇨ 심리 작동 방식과 원인

도파민 동기 강화 효과(Dopaminergic Expectation Bias)

높은 수익률 정보는 뇌의 도파민 시스템(dopaminergic system)을 자극하여, 투자에 대한 기대-충동(expectation-urge)을 강화시킨다.
→ "놓치면 손해 보겠지"라는 조급한 감정(urgency)이 생기며, 실제 분석보다 심리적 보상(imagined reward)에 집중하게 된다.

군중 심리(Herd Behavior)

"다들 저기 투자했대."라는 말은 강력한 심리적 안도감(psychological safety)을 제공한다.
→ 정보가 아닌 사람의 움직임을 근거로 판단하게 되며, 이는 자율적 분석 능력(cognitive autonomy)을 저하시킨다.

수익 안정 착각(Illusion of Safety through Yield)

높은 수익률이 '안정성'의 상징처럼 보이는 심리적 착시.
→ 실제로는 수요/공급 불균형, 개발 호재 등 일시적 요인임에도 지속 가능성(sustainability)을 맹신하게 됨.

후행적 확신 강화(Post-Hoc Confidence Bias)

"이미 많이 올랐다더라."는 소문은 마치 사후 검증(post-hoc validation)처럼 작용하며, 심리적 진입 장벽을 낮춤.

⇨ 감정(심리)의 흐름

흥분(Excitement)

"6% 나온다더라!"

확신(Conviction)

"이 정도면 확실한 기회야."

모방(Imitation)

"사람들이 다 저기 들어간다는데?"

몰입(Over-commitment)

분석보다 심리에 이끌려 진입

불균형(Imbalance)

과잉 집중으로 시장이 왜곡됨

→ *"What feels safest may actually be the most fragile."*

💡 한 걸음 물러나 생각해 보기

고수익 지역(high-yield area)에 투자자가 몰리는 것은 수익 때문이 아니라, 심리적 안전감을 믿기 때문이다. 수익률은 분석의 시작점이지, 판단의 결론이 되어선 안 된다.
→ *"Yield is a signal, not a verdict."*
높은 수익률의 이면에는 반드시 그만한 이유가 있다.
→ 임대 수요의 일시적 집중? 공급 부족? 규제의 사각지대?
→ 감정이 아닌 구조를 읽을 수 있어야 진짜 투자자다.
사람들이 몰리는 곳엔 검증된 기회보다, 종종 공포 회피용 심리적 피난처(collective shelter)가 숨어 있다.

| 심리학 용어 키워드 |

18장. 고수익 지역 쏠림 심리: 수익률이 높은 곳에 마음도 몰린다

▶ 도파민 동기 강화 효과(Dopaminergic Expectation Bias)

수익률이 높다는 정보가 뇌의 도파민 보상 회로를 자극해, 충동적인 기대와 투자를 유도하는 심리.

→ *A neural bias where information about high returns activates the brain's dopamine reward system, triggering impulsive expectations and risk-taking.*

▶ 군중 심리(Herd Behavior)

다른 사람들의 선택을 따라가는 경향. 분석보다 심리적 안도감을 선택하게 만드는 집단 심리.

→ *The tendency to follow the crowd's decisions, seeking emotional reassurance rather than conducting independent analysis.*

▶ 수익 안정 착각(Illusion of Safety through Yield)

높은 수익률이 곧 안전하다는 잘못된 인식. 실제 위험 요소를 간과하게 만듦.

→ *A false perception that high returns imply safety, which leads to neglecting underlying investment risks.*

▶ 후행적 확신 강화(Post-Hoc Confidence Bias)

이미 오른 지역이라는 정보가 심리적 확신을 강화시켜 투자 판단을 빠르게 만드는 편향.

→ *A retrospective bias where knowledge of past price increases reinforces investor confidence, accelerating decisions without fresh analysis.*

▶ 집중 투자 편향(Concentration Bias)

소수의 고수익 지역에만 심리적으로 과잉 집중하게 되는 경향.

→ *An emotional inclination to over-concentrate investment attention on a few high-return areas, ignoring diversification.*

▶ 기회 착각(False Perception of Opportunity)

다른 사람들이 진입한 지역을 과도하게 기회로 인식하는 심리.

→ *A cognitive distortion where others' participation is misinterpreted as proof of opportunity.*

▶ 감정 기반 수익 추정(Emotion-Based Yield Estimation)

수익률 수치보다 분위기나 확신에 따라 수익 가능성을 판단하는 심리적 오류.

→ *A misjudgment of returns based on emotional climate or market sentiment rather than factual indicators.*

19장

대체 자산과의 비교 심리:
'그래도 부동산이 낫지'의 정서

The Psychology of Asset Comparison: "Real Estate Still Feels Safer"

"비트코인도 불안하고, 주식은 너무 흔들려. 역시 부동산이지."
"Crypto is too volatile, and stocks are unstable. Real estate still feels right."

⇨ 심리 작동의 시작

이 말은 단순한 투자 의견이 아니라, 정서적 안정감을 향한 선택의 언어다.

사람들은 수많은 자산 가운데 부동산을 선택할 때, 수익률보다 먼저 신뢰감(trust)과 안정성(stability)을 찾는다. 주식은 보이지만 불안하고, 코인은 더 이상 믿기 어렵다고 느껴질 때, '눈에 보이고 손에 잡히는(real and tangible)' 부동산은 마음의 피난처(safe haven)가 된다. 이 심리의 저변에는 단순한 수익 비교가 아니라, 감정 중심의 비교 평가(emotion-based comparison)가 작동하고 있다. 특히 불확실성이 클수록 사람들은 '이해할 수 있는 것'에 마음이 끌리고, 그 대표가 바로 부동산이다.

⇨ 심리 작동 방식과 원인

보수적 안정성 편향(Conservatism Bias)

사람들은 기존에 알고 있던 자산의 안정성을 과도하게 믿으며, 새롭거나 불확실한 자산에는 경계심을 갖는다.

→ "부동산은 적어도 사라지지는 않잖아."

이는 심리적으로 물리적 실체에 대한 선호(preference for the physical)와 연결된다.

물리적 실재 신뢰(Tangible Trust Effect)

실물 자산은 소유 감정(possession feeling)을 자극하며, 손에 잡히지 않는 디지털 자산보다 심리적 확신(psychological conviction)을 준다.

→ "집은 그래도 눈으로 볼 수 있잖아."

사회적 모방 비교(Symbolic Comparison Bias)

부모, 친구, 지인 등 주변 인물들의 투자 행태를 통해
'성공 = 부동산'이라는 사회적 신호(social reinforcement)를 반복 학습한다.

→ "우리 부모님도 결국엔 부동산으로 자산을 지켰지."

감정 기반 비교 판단(Emotion-Based Comparison)

동일한 리스크가 있어도, 자산에 따라 다른 심리적 기준을 적용하는 현상.

→ 코인 하락: "빼야겠어, 무서워." / 부동산 하락: "원래 오래 들고 가는 거지."

이는 이성적 비교가 아닌, 정서적 선택(emotional rationalization)이다.

⇨ 감정(심리)의 흐름

혼란(Confusion)

"어디에 투자해야 하지?"

회피(Avoidance)

"주식은 왠지 불안하고, 코인은 잘 모르겠어."

기대(Hope for Safety)

"그래도 집은 믿을 수 있잖아."

안착(Emotional Settlement)

부동산을 선택하며 정서적 안정을 느낌

합리화(Post-Decision Justification)

"결국은 다들 부동산이야."

→ *"When uncertain, we choose what feels familiar, not necessarily what's best."*

💡 한 걸음 물러나 생각해 보기

자산 비교는 감정이 아니라 '이성'으로 해야 합니다. 사람들은 종종 이렇게 말합니다. "그래도 부동산이 제일 안전하지 않나요?"
하지만 잘 들여다보면, 그 말 속엔 숫자보다 감정이 먼저 작동하고 있습니다.

심리적 안정감(emotional safety)은 중요합니다.
그런데 그 안정감이 논리적 우위(logical superiority)를 뜻하지는 않습니다.
왜 부동산이 그렇게 든든해 보일까요? 꼭 진짜로 안전해서일까요?
아니면 그냥 '안전하다고 느끼는 것(perceived safety)'일까요?
사람은 낯선 자산엔 쉽게 거부감을 느낍니다. 새로운 투자 방식이나 자산이
위험해서가 아니라, 익숙하지 않아서 거리를 두는 거죠.

그래서 우리는 자산의 본질보다, 그 자산을 향한 내 감정에 따라 판단하는 경우가 많습니다.

그런데 진짜로 중요한 건,
"이 자산이 나에게 어떤 감정을 주느냐"가 아니라,
"이 자산이 실제로 어떤 구조를 갖고 있느냐"입니다.

"Feeling safe is not the same as being safe."
'안전하게 느끼는 것'과 '진짜 안전한 것'은 다릅니다.

| 심리학 용어 키워드 |

19장. 대체 자산과의 비교 심리: '그래도 부동산이 낫지'의 정서

"주식보다 낫고, 코인보단 안전하니까"

▶ **보수적 안정성 편향(Conservatism Bias)**
기존 자산을 더 안정적으로 평가하고 새로운 자산을 과도하게 불안하게 보는 인지 편향.
→ *A cognitive bias in which familiar assets are perceived as safer, while new or unfamiliar options are viewed with excessive caution.*

▶ **물리적 실재 신뢰(Tangible Trust Effect)**
손에 잡히고 눈에 보이는 자산이 심리적으로 더 신뢰감을 주는 경향.
→ *The psychological tendency to trust tangible, visible assets more than abstract or digital ones.*

▶ **사회적 모방 비교(Symbolic Comparison Bias)**
주변 사회의 자산 선택을 따라 심리적 선호를 형성하는 경향.
→ *A social bias where individual preferences are shaped by observing and comparing others' asset choices.*

▶ **감정 기반 비교 판단(Emotion-Based Comparison)**
동일한 리스크라도 감정적 친숙도에 따라 다르게 평가하는 심리.
→ *A psychological pattern where risk is evaluated differently depending on emotional familiarity rather than objective metrics.*

▶ **인지된 안정감(Perceived Safety)**
실제가 아닌 심리적으로 느끼는 안정성. 판단의 기준이 감정에 따라 움직일 수 있음.
→ *A subjective sense of safety that may not reflect actual risk, often driven by emotional cues rather than data.*

> ▶ **정서적 자산 선택(Emotion-Driven Asset Choice)**
> 수익률이나 리스크보다 정서적 안정을 우선시하는 투자 결정 방식.
> → *An investment tendency to prioritize emotional comfort over potential returns or calculated risks.*
>
> ▶ **후행적 정당화(Post-Decision Rationalization)**
> 이미 선택한 자산을 감정적으로 계속 정당화하려는 심리 메커니즘.
> → *A psychological process of emotionally reinforcing and rationalizing one's past investment decisions, regardless of performance.*

20장

부동산의 안정성 신화:
'부동산은 결국 오른다'는 믿음의 심리구조

The Myth of Real Estate Stability: The Psychology Behind "It Always Goes Up"

"부동산은 결국 우상향이야."
"Real estate always goes up in the end."

⇨ 심리 작동의 시작

이 말은 사실(fact)이 아니라, 집단 신념(collective belief)이다. 특히 한국 사회에서 부동산은 단순한 투자 대상이 아니라, 기대와 생존, 그리고 자산 계승의 상징(symbol of security and legacy)이기도 하다. 사람들은 현재의 가격 하락보다 과거의 회복 경험을 더 강하게 기억한다. 2000년대 중반의 급등기, 2008년 이후의 반등, 2020년대 초의 폭등장은 많은 사람들에게 하나의 패턴처럼 각인(engraved pattern)되어 있다. 그래서 가격이 하락해도 사람들은 다음 반등을 기정사실화(predetermined rebound)한다. 이 믿음은 분석이 아닌 정서적 신념(emotional conviction)으로 작동한다.

즉, '반등'은 논리가 아니라 '위안의 언어'가 된다.

⇨ 심리 작동 방식과 원인

가격 회복 신화(Rebound Myth)

부동산 가격은 시간이 지나면 반드시 회복된다는 신념 구조(belief structure)
→ 과거의 회복 사례들을 바탕으로 미래도 반드시 그럴 것이라 믿는 경향.

기억된 보상(Recalled Return Bias)

실제 손익보다 과거에 경험한 보상적 기억을 중심으로 투자 판단을 내리는 심리.
→ "그때 샀으면 2배였잖아"라는 회상 중심 사고(retrospective thinking)가 반복됨.

기저선 오류(Base Rate Neglect)

시장에는 조정기, 장기 침체, 정체기가 수없이 반복되었음에도 불구하고,
이런 기초 확률(base rate)은 무시한 채, 전체 우상향 추세만 기억하는 경향.
→ 상승의 간격과 조건은 무시되고, 단순한 결과만 기억됨.

감정적 동일시(Affective Identification)

부동산은 '내 삶의 터전'이자 '가족의 상징'이기 때문에, 가격 하락을 개인 실패처럼 느끼는 감정 이입이 일어남.
→ "지금 떨어졌지만, 곧 다시 오를 거야."는 경제적 분석보다 감정적 방어기제(emotional defense)로 작동함.

⇨ 감정(심리)의 흐름

기억(Memory)

"예전에도 잠깐 떨어졌다가 다 회복됐잖아."

확신(Conviction)

"시간만 지나면 반드시 다시 오를 거야."

부정(Denial)

"지금 하락장은 일시적이야."

자기 위안(Self-Comfort)

"부동산은 원래 길게 봐야 해."

판단 보류(Decision Freeze)

분석보다 신념에 의존한 정체 상태

→ *"Hope replaces analysis when belief becomes habit."*

💡 한 걸음 물러나 생각해 보기

부동산은 반드시 오른다는 믿음은 통계가 아니라 감정의 산물일 수 있다.

과거가 반복된다고 믿는 순간, 투자자는 과거의 감정에 현재의 판단을 의탁하게 된다.

"지금은 바닥이다", "언젠가는 반등한다."는 말은
데이터를 바탕으로 한 분석인가? 아니면 불안을 덜기 위한 심리적 주문(mantra for comfort)인가?

시장은 심리로 움직이지만, 그 심리가 팩트 기반 분석과 결합되지 않으면
거품은 심리로 형성되고, 심리로 붕괴된다.

따라서 투자자에게 필요한 것은 '기억'이 아니라 기저선(base rate)에 대한 이해다.

→ *"Don't just recall the reward. Remember the risk and the rhythm."*

투자는 과거의 감정에 현재의 판단을 의탁하게 된다

"지금은 바닥이다」, "언젠가는 반등한다."
는 말은
데이터로 바탕으로 한 분석인가?
아니면 불안을 덜기 위한 심리적 주문

| 심리학 용어 키워드 |

20장. 부동산의 안정성 신화: '부동산은 결국 오른다'는 믿음의 심리구조

▶ **가격 회복 신화(Rebound Myth)**

시간이 지나면 부동산 가격은 반드시 회복된다는 신념적 사고.

→ *The belief-driven assumption that real estate prices inevitably rebound over time, regardless of market fundamentals.*

▶ **기억된 보상 편향(Recalled Return Bias)**

실제 수익률보다 과거 보상의 감정적 기억에 기반하여 투자 판단을 내리는 경향.

→ *An emotional bias where decisions are influenced more by how past gains felt than by their actual financial value.*

▶ **기저선 오류(Base Rate Neglect)**

장기 통계적 확률을 무시하고 최근 상승 사례나 결과만을 근거로 삼는 인지 오류.

→ *The cognitive mistake of ignoring historical probabilities in favor of recent, vivid examples of price increases.*

▶ **감정적 동일시(Affective Identification)**

자산 가격을 자신의 정체성이나 감정과 동일시하여 객관적 판단이 어려워지는 상태.

→ *A psychological state where asset values are tied to personal identity or emotion, distorting objective reasoning.*

▶ **심리적 위안 주문(Emotional Reassurance Mantra)**

데이터보다 정서적 안정을 위해 반복하는 위로성 문장. "곧 오를 거야" 같은 표현.

→ *The repetition of emotionally comforting phrases to maintain hope, often overriding ▶data or realistic assessment.*

▶ **신념 기반 투자 판단(Belief-Based Decision Making)**

객관적 분석보다 내면의 믿음과 기대에 따라 의사결정을 내리는 투자 태도.

→ *An investment approach driven more by internal beliefs and expectations than by empirical analysis.*

▶ **과거 회귀 기대(Retroactive Hope Bias)**

이전 상승장을 바탕으로 유사한 회복을 기대하며 현재 상황을 해석하는 경향.

→ *A hopeful tendency to interpret current market conditions through the lens of past recovery cycles, often ignoring structural changes.*

PART 4

지역과 공간에 대한 인식과 선택

지역, 주택, 공간 선택을 이끄는
심리적 선호와 이미지 작용

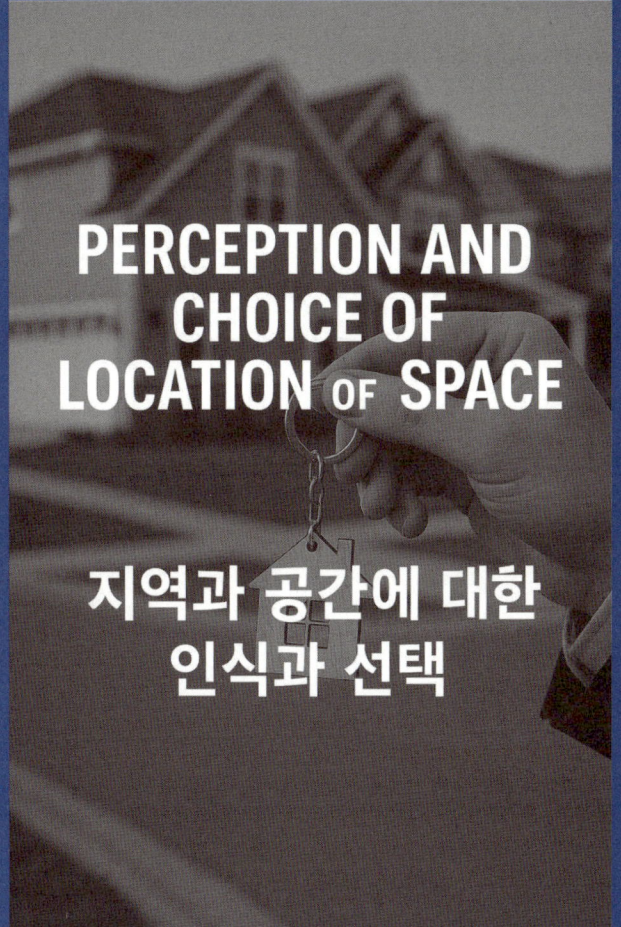

21장

지역 선호의 심리:
우리는 왜 특정 동네를 더 좋아하는가?

The Psychology of Location Preference: Why Do We Feel Drawn to Certain Neighborhoods?

"이 동네는 그냥 느낌이 좋아."
"This neighborhood just feels right."

⇨ 심리 작동의 시작

이 말은 매우 자주 들리지만, 거의 언제나 구체적인 이유 없이 말해진다.

교통, 학군, 상권 같은 이성적 지표 외에도 사람들은 어느 순간부터 특정 지역에 막연한 애착(implicit affection)을 갖는다. 그 애착은 반복된 방문, 좋은 기억, 친숙한 분위기, 주변 사람의 존재에서 비롯된다. 이러한 감정은 부동산 선택의 방향을 결정짓는 강력한 정서적 기준(emotional compass)이 되며, 이성적인 분석보다 먼저 "느낌"이 마음을 움직인다.

⇨ 심리 작동 방식과 원인

정서적 접근성 감각(Emotional Proximity Bias)

자주 가봤거나, 익숙한 동네, 긍정적으로 소개된 지역에 대해 심리적 거리(psychological distance)가 가까워지고, 안전감(sense of safety)을 느끼게 됨.

→ "예전에 몇 번 가봤는데, 왠지 마음이 편했어."

사회적 동조성(Social Conformity Bias)

다수가 선호하는 지역에 개인도 무의식적으로 끌리는 현상.

→ "요즘 다 그 동네에 집 알아보던데, 나도 그쪽 봐야 하나?"

→ 지역은 단순한 위치가 아니라, 소속감을 나타내는 상징(symbol of social belonging)이 된다.

이미지 투영 효과(Place Projection Effect)

지역의 분위기나 이미지에 자기 정체성(self-identity)을 투영하는 경향.

→ "이 동네는 내 스타일이야." → 실제보다 감정적으로 과대평가(overvaluation)하게 됨.

정서적 신뢰 오해(Affective Trust Illusion)

마음이 편한 곳이 곧 '수익성도 안전하다'고 느끼는 인식 오류.

→ 이 편안함이 리스크 무시(risk neglect)로 이어질 수 있음.

⇨ 감정(심리)의 흐름

친숙함(Familiarity)

"여기 자주 와 봤는데 참 좋아."

호감(Liking)

"이 동네는 참 느낌이 좋네."

확신(Conviction)

"여기면 후회 없을 것 같아."

선택(Commitment)

감정적 친밀감에 기반하여 투자 결정

정당화(Justification)

"분위기가 좋으니까 오를 거야."

→ *"We don't just invest in a place—we invest in how it makes us feel."*

💡 **한 걸음 물러나 생각해 보기**

우리는 지역을 선택할 때, 정보보다 인상(impression)에 더 크게 영향을 받는다.
이 인상은 기억, 사회적 분위기, 뉴스, 유행에 의해 형성되며,
때로는 객관적 가치보다 감정적 호감으로 선택이 이루어지기도 한다.
"느낌이 좋다"는 말은 감정에 솔직하다는 뜻이지만,
투자에서는 느낌과 수익을 분리할 줄 알아야 한다.

→ *"Emotional attachment is natural—but it shouldn't override rational judgment."*
특히 지역 선호는 시장 내 버블의 단초가 되기도 한다.
너무 많은 사람들이 정서적으로 끌리면, 수요는 증가하고 심리적 호감이 가격을 왜곡시킨다.

| 심리학 용어 키워드 |

21장. 지역 선호의 심리: 우리는 왜 특정 동네를 더 좋아하는가?

▶ **정서적 접근성 감각(Emotional Proximity Bias)**
자주 가본, 익숙한 지역에 더 안전하다고 느끼는 심리적 착각.
→ *The illusion that frequently visited or familiar areas are inherently safer or more reliable for investment.*

▶ **사회적 동조성 편향(Social Conformity Bias)**
다른 사람들이 선호하거나 거주하는 지역을 따라가려는 심리 경향.
→ *A tendency to follow others' residential or investment preferences due to a desire for social belonging or validation.*

▶ 이미지 투영 효과(Place Projection Effect)
특정 지역에 자신의 정체성과 이미지를 투영하면서 과도한 호감을 갖는 심리.
→ *The projection of one's identity or ideals onto a place, resulting in emotional overvaluation of the area.*

▶ 정서적 신뢰 오해(Affective Trust Illusion)
편안한 감정이 그 지역의 안정성과 수익성까지 보장한다고 착각하는 심리.
→ *The mistaken belief that emotional comfort with a location implies financial security or investment potential.*

▶ 호감 기반 투자 판단(Liking-Based Investment Judgment)
객관적 분석보다 감정적 호감을 우선시하여 투자 결정을 내리는 경향.
→ *A non-rational investment approach where emotional liking overrides data-driven evaluation.*

▶ 지역 이미지 환상(Neighborhood Image Fallacy)
특정 지역에 대해 과장된 이미지나 기대를 갖고 판단하는 오류.
→ *A cognitive error where distorted or romanticized images of a neighborhood shape unrealistic expectations.*

▶ 심리적 버블 촉발 요소(Psychological Bubble Trigger)
정서적 쏠림이 과도해지며 수요와 가격이 비합리적으로 상승하는 계기.
→ *An emotionally driven concentration of attention that inflates demand and prices beyond rational limits—triggering a psychological bubble.*

22장

긍정적 이미지 효과: 동네 평판이 부동산 가치를 바꾸는 이유

The Positive Image Effect: Why Neighborhood Reputation Alters Real Estate Value

"그 동네는 왠지 살기 좋아 보여."
"That area just feels like a good place to live."

⇨ 심리 작동의 시작

이 말은 경험보다 인상, 사실보다 이미지에서 비롯된다. 특정 지역이 깨끗하다, 고급스럽다, 교육열이 높다는 식의 평판(reputation)은 실제 인프라나 가격 지표보다 더 큰 영향을 미친다. 사람들은 종종 실제보다 느껴지는 분위기(perceived atmosphere)에 따라 주거지를 판단한다. 이때 작동하는 심리 메커니즘은 바로 후광 효과(Halo Effect)이다. 좋은 학군, 한 연예인의 거주, 명문대 출신 주민의 이미지, 지역 브랜딩… 이러한 하나의 강점이 전체 지역에 과잉 일반화된 긍정적 인상을 만든다.

⇨ 심리 작동 방식과 원인

후광 효과(Halo Effect)
한 가지 긍정적 요소가 전체 지역의 인상을 지배하는 심리 편향.

예: "유명 연예인이 산대." → "그 동네는 뭔가 다를 거야."

→ ***Good parts lead us to believe in a good whole.***

이미지 기반 판단(Image-Based Evaluation)

실제 교통, 인프라보다 '느낌', '브랜드', '미디어 이미지'로 지역을 판단하는 경향.

→ 눈에 보이지 않는 감정적 정보가 객관적 수치보다 설득력을 가질 수 있음.

사회적 증거(Social Proof)

블로그 후기, 유튜브 콘텐츠, 부동산 커뮤니티 등 타인의 평가를 따라 판단을 내리는 현상.

→ "다들 거기 좋다고 하니까."

→ 다수가 반복하는 말은 사실처럼 느껴지는 신념으로 고정(fixed belief)됨.

이미지 과잉 일반화(Image Overgeneralization)

일부 특성이 지역 전체의 질, 향후 가치, 투자 안정성까지 대표한다고 믿는 경향.

→ 실체보다 평판이 시장 가격을 선도하게 됨.

⇨ 감정(심리)의 흐름

인상 수용(Impression Acceptance)

"그 동네는 뭔가 세련돼 보여."

호감 형성(Positive Bias)

"여기 살면 나도 괜찮은 삶을 살 것 같아."

확신(Emotional Belief)

"지금 안 사면 기회를 놓치는 거야."

행동(Market Entry)

실체보다 이미지에 이끌려 매수

착시 지속(Confirmation Cycle)

지역의 실질 변화와 무관하게 이미지가 신념을 강화

→ *"A beautiful illusion often sells faster than a boring reality."*

💡 한 걸음 물러나 생각해 보기

이미지는 감정이다. 감정은 의사결정의 촉매가 될 수 있지만, 판단의 기준이 되기에는 위험하다. 후광 효과는 빠르게 퍼지지만, 실체가 없으면 무너지는 것도 순식간이다.

→ '이미지'로 움직인 시장은 '신뢰 붕괴'에도 매우 취약하다.
"그 동네는 이미지가 좋아."
이 말을 들었다면, 반드시 '왜?'와 '무엇이 실제인가?'를 질문해야 한다.
→ *"Trust the data, not the décor."*

이미지에 의해 투자 결정을 내리는 것이 아니라,
이미지와 실체를 구분해 평가할 수 있을 때 진짜 투자자가 된다.

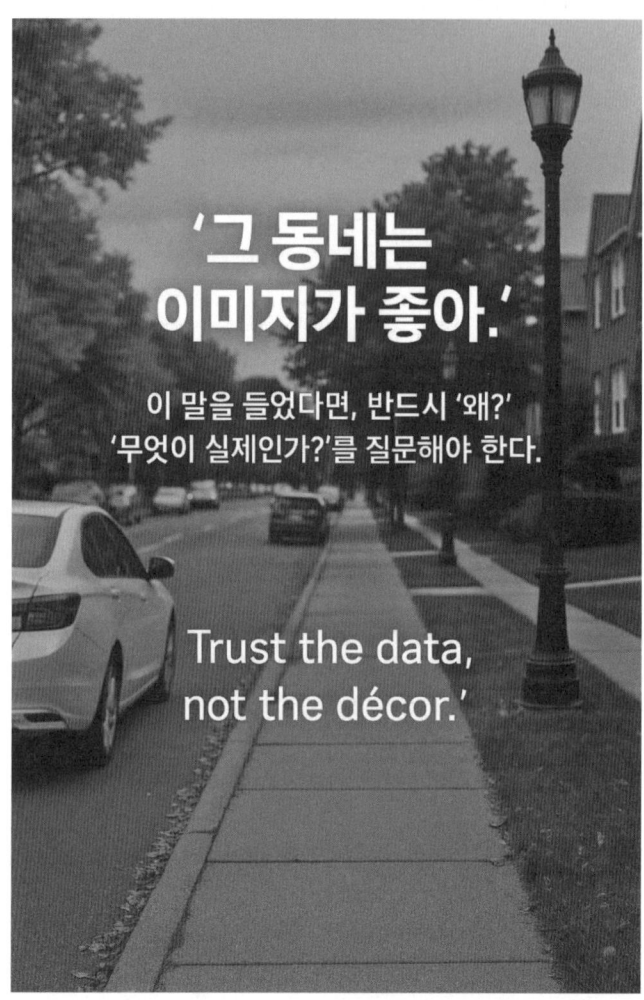

| 심리학 용어 키워드 |

22장. 긍정적 이미지 효과: 동네 평판이 부동산 가치를 바꾸는 이유

▶ **후광 효과(Halo Effect)**
하나의 긍정적 특성이 전체 지역에 과잉 일반화되어 긍정적 인상을 만드는 심리 작용.
→ *A cognitive bias where one positive attribute of an area leads to an overly favorable perception of its overall value.*

▶ **이미지 기반 판단(Image-Based Evaluation)**
실질적 요소보다 외형, 분위기, 브랜드 이미지에 근거한 투자 판단.
→ *An investment decision based more on visual cues, ambiance, or perceived brand image than on objective data.*

▶ **사회적 증거(Social Proof)**
다수의 평가나 입소문을 기준 삼아 투자 결정을 내리는 심리.
→ *The tendency to rely on the behavior or opinions of others as a guide for one's own investment choices.*

▶ **이미지 과잉 일반화(Image Overgeneralization)**
한 가지 인상이나 평판으로 지역의 전체 가치와 안정성을 오판하는 오류.
→ *An overextension of a single image or reputation to define the entire worth and security of a neighborhood.*

▶ **감정 중심 투자 선택(Emotion-Driven Location Choice)**
데이터보다 정서적 인상에 따라 지역을 선택하는 심리.
→ *A tendency to choose locations based on emotional impressions rather than quantitative indicators.*

▶ **명성 착시 효과(Reputation Illusion)**
지역의 평판이 실제 가치를 왜곡하여 과도한 투자 열기를 유발하는 심리 구조.
→ *A psychological distortion where a location's fame inflates perceived value, leading to overinvestment.*

▶ **확신 반복 순환(Confirmation Cycle)**
반복되는 이미지 노출이 투자자의 신념을 강화하고 오판을 고착화시키는 메커니즘.
→ *A reinforcing loop where repeated exposure to positive images or narratives solidifies biased investment beliefs.*

23장

주택 유형 선호의 심리: 공간이 말해 주는 삶의 방식

The Psychology of Housing Type Preference: How Spaces Reflect Our Lives

"단독주택은 뭔가 마음이 편해."
"A detached house just feels more comfortable."

⇨ 심리 작동의 시작

이 말은 면적, 구조, 가격 이상의 감정을 담고 있다. 사람들은 집을 선택할 때 단순히 면적과 예산을 계산하지 않는다. 그 집이 주는 느낌, 상징성, 자율성, 통제감 같은 정서적 가치(emotional value)가 깊이 개입된다. 주택은 삶의 물리적 틀일 뿐 아니라, 정체성의 투영물(identity mirror)이기도 하다. 공간은 단지 우리가 머무는 곳이 아니라, 우리가 어떻게 살고 싶은지를 말해 주는 심리적 언어다.

⇨ 심리 작동 방식과 원인

공간 동일시(Identity-by-Space)

사람은 자신이 사는 공간을 통해 자아(self)를 정의하고, 삶의 방식에 맞는 공간을 선택하려는 경향이 있다.

→ "나는 마당이 있어야 나 같아."

→ 이는 단순한 구조 선호가 아닌, 삶에 대한 철학의 표현(expression of life philosophy)이다.

삶의 리듬 최적화 본능(Spatial Rhythm Preference)

사람마다 삶의 동선, 생활시간, 프라이버시 요구 수준이 다르기에, 그에 맞는 구조를 '본능적으로' 선호하게 된다.

예: 아파트의 일률적인 구조는 효율적이지만, 단독 혹은 복층 구조는 개별 리듬에 더 잘 맞는 공간 자율성을 제공함.

사회적 역할 반영(Social Identity Cueing)

가족, 1인 가구, 은퇴자, 신혼부부 등 사회적 역할에 따라
주택 구조에 대한 선호가 달라진다.
→ 가족: 소통과 분리의 균형 / 1인 가구: 관리 효율성과 접근성

세대 트렌드 내면화(Generational Trend Internalization)

특히 MZ세대는 개별성과 심플함, 프라이버시를 중시하며, 타운하우스, 소형 단독, 미니멀 신축 아파트 등에 더 큰 선호를 보인다.

이는 단순 유행이 아니라, 세대적 가치관의 반영(generational value shift)이다.

⇨ 감정(심리)의 흐름

직관적 끌림(Instant Affinity)

"이 구조, 뭔가 나한테 맞아."

감정 투영(Emotional Projection)

"여기서 살면 내가 더 나아질 것 같아."

자아 동조(Self-Mirroring)

집의 구조를 자기 정체성과 동일시

선택 확신(Commitment through Identity)

평수보다 감정이 선택을 이끎

→ *"You don't just choose a house—you choose who you want to be in it."*

> 💡 **한 걸음 물러나 생각해 보기**
>
> 집은 단순한 거주 공간이 아니라 자아의 공간적 확장이다.
> 투자자든 실거주자든, 사람들은 자신의 방식에 맞는 공간을 찾는다.
> → *"A house is not a box. It's a behavioral frame."*
> 주택 유형 선호를 이해하려면, 수치보다 감정을 읽어야 한다.
> 어떤 구조가 인기인지보다, 왜 그 구조가 호감을 얻는지를 해석할 수 있어야 시장의 본질이 보인다.

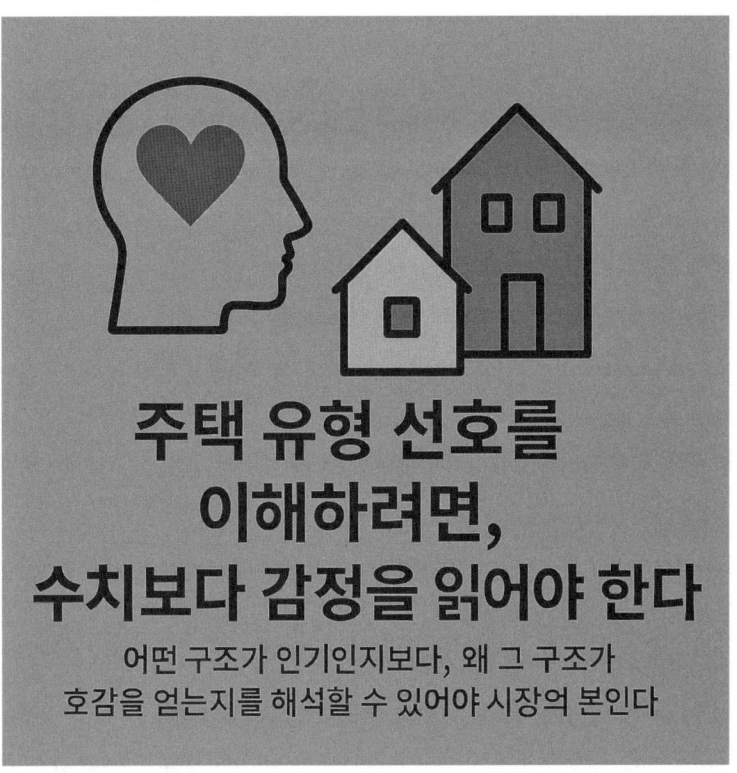

| 심리학 용어 키워드 |

23장. 주택 유형 선호의 심리: 공간이 말해 주는 삶의 방식

▶ 공간 동일시(Identity-by-Space)

사람이 주거 공간을 통해 자신의 정체성을 표현하고 감정적으로 동일시하는 심리.

→ *The psychological process of emotionally identifying with one's living space as an extension or representation of personal identity.*

▶ 삶의 리듬 선호 본능(Spatial Rhythm Preference)

개인의 생활 방식과 일상 동선에 따라 공간 구조를 선호하는 심리.

→ *A natural inclination to prefer spatial layouts that align with one's daily rhythms, habits, and lifestyle needs.*

▶ **사회적 역할 반영**(Social Identity Cueing)

가족 구성, 생애 주기 등 사회적 정체성에 따라 주택 유형을 선택하는 경향.

→ *A tendency to choose housing types that reflect social roles such as parenthood, marital status, or life stage.*

▶ **세대 트렌드 내면화**(Generational Trend Internalization)

세대적 가치관이나 라이프스타일이 주택 구조 선호에 반영되는 현상.

→ *The internalization of generational values or aesthetics that influence preferences for certain housing styles or features.*

▶ **감정 기반 공간 선택**(Emotion-Based Spatial Choice)

기능보다 정서적 만족감을 기준으로 공간을 선택하는 심리.

→ *A decision-making bias that prioritizes emotional comfort and attachment over functionality in selecting spaces.*

▶ **정체성 공간화**(Spatialization of Identity)

공간이 단순한 주거가 아니라 자아의 일부로 인식되는 심리적 구조.

→ *A psychological state in which space becomes an integral reflection of one's inner self and identity.*

▶ **구조에 대한 철학적 반영**(Philosophical Preference for Form)

주택 구조를 개인의 삶의 철학과 세계관의 연장으로 바라보는 시각.

→ *The view that housing design embodies and communicates one's worldview, values, and life philosophy.*

24장

신축과 타운하우스 선호 심리: 새것과 다름에 끌리는 마음

The Psychology of New Builds and Townhouses: Drawn to Novelty and Uniqueness

"신축 아파트라서 안심돼요." "타운하우스는 진짜 내 집 같아요."
"I feel safe because it's a newly built apartment." "The townhouse feels like my home."

⇨ 심리 작동의 시작

사람들은 집을 바라보며 단지 가격이나 면적, 입지만 보는 것이 아니다. 그 공간이 주는 감정의 질감, 새로움의 청량감, 독립성의 실재감이 선택을 지배한다.

'신축'이라는 단어는 위생적, 안전한, 고급스러운 이미지를 자동으로 불러오고,

'타운하우스'는 나만의 땅, 개별 진입로, 층간소음 없음이라는 요소로 심리적 해방감을 만들어 낸다. 이는 단순한 구조의 문제가 아니라, 자율성의 심리와 차별화된 정체성 욕구가 반영된 것이다.

⇨ 심리 작동 방식과 원인

새로운 것에 대한 쾌감 - 새로움 편향(Novelty Bias)

신축 주택은 물리적 기능뿐 아니라 심리적 리셋(mental refresh)을 제공한다.
→ "오래된 집은 뭔가 불안하지만, 신축은 깨끗하고 안심돼."
→ 이는 불확실성 시대에 내가 통제할 수 있는 영역을 새것으로 확보하려는 욕구에서 비롯된다.

땅 위에 사는 실체감 - 토지 기반 소유감(Grounded Ownership Effect)

타운하우스, 단독형 저층은 "건물이 아닌, 토지를 산다는 느낌"을 준다.
→ 이는 심리적 안정과 장기 자산 보존에 대한 직관적 신뢰로 연결됨.

프라이버시 가치 내면화(Internalized Privacy Value)

층간소음, 공유 복도, 엘리베이터 대기 등의 경험에서 벗어나고자 하는 심리는
개별 진입-거주 구조에서 해방감을 느끼게 한다.
→ "문 열면 바로 내 공간이 시작돼요."

차별화 욕구 - 공간적 정체성(Spatial Individuality)

획일화된 아파트 구조에서 벗어나고 싶은 심리는
타운하우스를 자기만의 방식으로 사는 공간으로 인식하게 만든다.

⇨ 감정(심리)의 흐름

기대(Expectation)

"신축이면 뭔가 더 좋겠지."

신뢰(Trust)

"새집이니까 하자도 적고 관리비도 낮을 거야."

몰입(Emotional Bonding)

"여긴 내가 진짜 소유하는 느낌이야."

자율(Autonomy)

"엘리베이터 기다릴 필요도, 층간소음도 없어."

해방감(Liberation)

정서적 독립성 확립

→ *"A new home is not just a place—it's a psychological reset."*

💡 한 걸음 물러나 생각해 보기

신축은 기능이 아니라, 감정의 선택입니다. 많은 사람들이 신축을 선호합니다. 왜일까요?

그게 꼭 더 튼튼해서일까요? 더 실용적이어서일까요? 사실, 신축이 좋다는 마음에는 단순한 청결이나 기술 이상의 심리가 숨어 있습니다. '새로움'은 나만의 삶의 경계를 다시 그리려는 심리적 전략입니다. 특히 불확실한 시대일수록, 사람들은 "처음부터 내가 정한 공간"을 원합니다. 내가 시작하고, 내가 만든 공간에서 조금이라도 더 심리적 안정을 느끼고 싶은 것이죠. 타운하우스는 경험입니다. 엘리베이터를 타지 않아도 되고, 마당이 있으며, 도심 안에서도 독립된 느낌을 줍니다. 이런 요소는 단순히 구조가 아닌, '자율적인 삶에 대한 욕망'을 공간으로 표현한 것입니다.

결국,
신축과 타운하우스를 선택하는 이유는 이성적인 계산도 있지만, 그보다 더 중요한 건 "내가 안전하다고 느낄 수 있는 감정의 공간"을 찾는 것입니다.

"We choose with logic, but we commit with emotion."
선택은 이성으로 시작하지만, 결정은 감정으로 완성됩니다.

| 심리학 용어 키워드 |

24장. 신축과 타운하우스 선호 심리: 새것과 다름에 끌리는 마음

▶ **새로움 편향(Novelty Bias)**
'새것'이 주는 심리적 쾌감과 통제감을 중시하는 선택 경향.
→ *A cognitive inclination to prefer new or unfamiliar options due to the emotional thrill and perceived control they offer.*

▶ **토지 기반 소유감(Grounded Ownership Effect)**
건물보다 토지 소유에 심리적 안정감을 느끼는 현상.
→ *A psychological tendency to feel more secure and grounded when owning land rather than just a building or unit.*

▶ **프라이버시 가치 내면화(Internalized Privacy Value)**
독립적 출입, 조용한 구조에 대한 정서적 선호.
→ *An internalized preference for housing that ensures personal entry, separation, and acoustic or visual privacy.*

▶ **공간적 정체성(Spatial Individuality)**
주거 공간을 통해 개인의 삶의 방식과 독립성을 표현하려는 경향.
→ *The drive to express one's individuality and lifestyle through a unique and personally tailored living space.*

▶ **심리적 해방감(Sense of Psychological Liberation)**
공유 구조에서 벗어난 자율적 생활이 주는 해방감.
→ *The emotional relief and freedom derived from escaping communal structures and gaining full autonomy in living.*

▶ **주거 공간 리셋 욕구(Desire for Residential Reset)**

기존 삶과 감정을 리셋하기 위해 새 공간을 찾는 심리.

→ *A psychological impulse to reset personal narratives or emotions by moving into a new residential environment.*

▶ **비획일적 주거 욕구(Anti-Uniform Living Desire)**

아파트의 일률성에서 벗어난 주거 유형에 대한 정서적 갈망.

→ *An emotional desire for non-standardized, non-uniform housing that breaks away from repetitive apartment structures.*

25장

미래 가치에 대한 심리적 기대:
보이지 않아도 믿고 싶은 마음

The Psychology of Future Value Expectations: Believing Beyond What's Visible

"지금은 별로지만, 나중에 개발되면 여긴 떼돈 벌 거야."
"It's not much now, but once they develop it, I'll make a fortune."

⇨ 심리 작동의 시작

이 말은 한국 부동산 시장에서 너무나 익숙하다. 사람들은 현재 가치보다 미래 가능성에 더 큰 비중을 둔다. 그 가능성은 때로 구체적인 계획이나 통계보다, 감정적 상상력(emotional imagination)에서 비롯된다. 아직 시작되지 않은 개발 계획, 확정되지 않은 교통망, 언론 보도의 "2030년까지 ○○ 예정" 같은 표현은 사람들에게 마치 미래 보증 수표처럼 받아들여진다. 그리하여 현재의 위험은 축소되고, 미래의 수익은 과장된다.

⇨ 심리 작동 방식과 원인

심리적 보상 지연(Deferred Reward Bias)

사람은 미래의 큰 보상을 상상하며, 현재의 불편함이나 불확실성을 감정적으로 덜 느끼려 한다.
→ "지금은 불편해도 나중에 오르면 되잖아."

→ 이는 "나중에의 확실성"이라는 감정적 허상(emotional illusion of certainty)을 만든다.

기대감 유발 오류(Expectancy Projection Error)

희망하고 바라는 미래가 실제로 올 것이라고 믿는 심리 오류.

→ "이 구역은 곧 재개발될 거야."

→ 실제 계획이 아니라 심리적 낙관을 기반으로 한 자기 강화 기대(self-confirming hope)에 가까움.

미래 확신 효과(Future Certainty Illusion)

불확실성을 불편해하는 뇌는 미래를 더 단순하고 확고하게 믿으려는 경향을 가진다.

→ "정부가 한다고 했으니 언젠간 되겠지."

→ 그러나 정책은 변할 수 있고, 개발은 연기될 수 있으며, 수요는 변동적이다.

희망 왜곡 필터(Hope Distortion Filter)

미래에 대한 강한 희망이 데이터나 현실의 위험을 '보이지 않게' 만든다.

→ 이는 투자 결정에서 리스크를 의식적/무의식적으로 제거해 버리는 심리 구조다.

⇨ 감정(심리)의 흐름

낙관(Optimism)

"여긴 나중에 진짜 좋아질 거야."

확신(Conviction)

"정보도 다 확인했어. 여기야."

합리화(Justification)

"지금 불편한 건 다 감수할 수 있어."

현실 무시(Disregard)

개발 지연, 인허가 문제 등 리스크를 무시

심리적 의존(Emotional Reliance)

기대만이 투자 근거가 됨

→ *"Hope becomes dangerous when it replaces due diligence."*

💡 한 걸음 물러나 생각해 보기

미래를 기대하는 것은 자연스러운 본능이다.
하지만 기대는 계획이 아니라, 감정일 수 있다.
'언젠가는'이라는 말 속에는 심리적 회피와 정서적 자기 위안이 들어 있다.
→ *"When analysis stops, imagination begins."*

진짜 투자자는 불확실성을 인정하면서도, 그 안에서 확률을 계산한다.
미래는 보이지 않기에, 더욱 냉정하게 들여다보아야 한다.
"미래에 오를 거야."라는 말은 정보에 기반한 결론인가,
아니면 감정에 기대고 싶은 자기 확신인가?

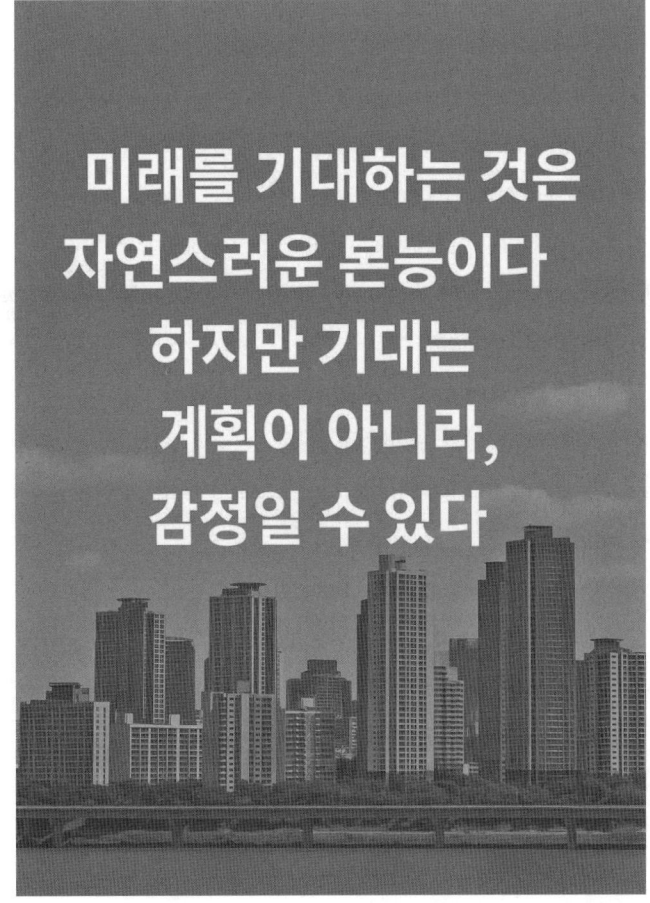

| 심리학 용어 키워드 |

25장. 미래 가치에 대한 심리적 기대: 보이지 않아도 믿고 싶은 마음

▶ **심리적 보상 지연(Deferred Reward Bias)**
미래 보상을 현재 가치보다 더 크게 믿으며, 불확실성을 과소평가하는 심리.
→ *A bias in which individuals overvalue future rewards and underestimate the uncertainty involved in achieving them.*

▶ **기대감 유발 오류(Expectancy Projection Error)**
희망하는 일이 마치 확정된 미래처럼 느껴지는 인지 오류.
→ *A cognitive error where desired outcomes are mistakenly felt as inevitable, blurring the line between hope and certainty.*

▶ **미래 확신 효과(Future Certainty Illusion)**
아직 일어나지 않은 미래를 지나치게 확정적으로 받아들이는 심리 구조.
→ *A psychological illusion that treats the uncertain future as predetermined, reinforcing rigid investment decisions.*

▶ **희망 왜곡 필터(Hope Distortion Filter)**
강한 희망이 현실 리스크나 경고 신호를 왜곡하거나 무시하게 만드는 심리.
→ *A mental filter where intense hope overrides risk signals or rational warnings, leading to selective perception.*

▶ **감정 기반 투자 확신(Emotion-Based Investment Confidence)**
데이터보다 희망과 기대감에 의존한 투자 결정 구조.
→ *An emotionally driven investment confidence that relies more on internal expectations than on analytical evidence.*

▶ **개발 기대 착시(Development Expectation Fallacy)**
계획 중이거나 불확실한 개발을 실제로 이루어질 것처럼 착각하는 심리 오류.
→ *A mistaken belief that anticipated or speculative development projects will certainly materialize, often fueling premature investment.*

26장

가격 상승 기대 매수 심리: 지금 아니면 늦는다는 착각

Buying out of Fear of Missing Out: The Illusion of "Now or Never"

"지금 안 사면 더 비싸질 것 같아서요."
"If I don't buy now, it'll be more expensive later."

⇨ 심리 작동의 시작

이 문장은 부동산 시장에서 가장 자주 들리는 말 중 하나이며, 가장 강력한 매수 심리의 트리거(trigger) 역할을 한다. 사람들은 가격이 오를 것이라는 확신이 생기면, 스스로를 설득하는 동시에 불안해지기 시작한다.

이때 작동하는 심리는 단순한 기대가 아니라, 불안과 확신이 공존하는 상태(anxiety-confident duality)이다.

⇨ 심리 작동 방식과 원인

즉시성 편향(Urgency Bias)

"Limited time only"와 같은 마케팅 문구처럼, 시간의 압박은 사람들의 판단을 감정적으로 만든다. 금리 인하, 공급 감소, 청약 경쟁률 상승 등의 뉴스는 "지금 아니면 늦는다(It's now or never)"는 감정을 자극한다.

자기 확신과 손실 회피 심리(Overconfidence & Loss Aversion)

스스로 '이제는 타이밍이 왔다'고 느끼면서도, '더 오르면 나는 손해'라는 두려움이 동시에 작동한다. 이는 투자자들이 냉철한 분석보다 감정적 타이밍(emotional timing)에 의존하게 만든다.

사회적 비교 편향(Social Comparison Bias)

"지인이 작년에 사서 3억 벌었다더라."는 말 한 마디는, 시장 데이터보다 훨씬 강한 설득력을 가진다. 비교는 부러움과 불안을 동시에 자극하며, 따라잡기 위한 매수를 유도한다.

확증 편향과 정당화(Confirmation Bias & Rationalization)

이미 고민한 시간이 길어질수록 '이젠 사야 해'라는 생각은 더 강해진다. 이때 사람들은 자기에게 유리한 정보만 받아들이며, 결정의 이유를 '이성적으로' 정당화한다.

⇨ 감정(심리)의 흐름

처음엔 기대와 희망이 앞선다. "이제 나도 집을 가질 수 있겠어." 곧이어 불안이 끼어든다. "더 오르면 어떡하지?" 결정의 순간에는 조급함이 지배한다.

"Think fast, not deep." 매수 이후에는 복합적 감정(심리): 올라가면 "다행이다."
떨어지면 "왜 그렇게 급했을까?"라는 후회가 따라온다.

> 💡 **한 걸음 물러나 생각해 보기**
>
> "나는 가격이 오를 것 같아서 사는가,
> 아니면 정말 필요한 시점이어서 사는가?"
>
> **분위기가 압도할 때, 우리는 진짜 원하는 것을 잊는다.**
> **심리학에서는 이것을 감정적 동조(emotional contagion)라 부른다.**

> 분위기와 집단 정서에 휘말릴수록, 내 결정의 주체성(self-agency)은 사라진다.
>
> *Take a step back. Ask again:*
> *"Is this urgency mine, or borrowed from others?"*

| 심리학 용어 키워드 |

26장. 가격 상승 기대 매수 심리: 지금 아니면 늦는다는 착각

▶ **즉시성 편향(Present Bias)**
'지금 당장 하지 않으면 손해'라는 압박감. 미래보다 현재의 선택을 과대평가하는 심리.
→ *The tendency to prioritize immediate decisions or actions over future ones, often due to a sense of urgency or fear of missing out.*

▶ **사회적 비교 편향(Social Comparison Bias)**
타인의 성공 사례와 자신을 비교하며 따라잡으려는 심리. '나만 뒤처질까 봐' 생기는 압박.
→ *A psychological pressure to emulate others' perceived success, driven by fear of falling behind in social or financial terms.*

▶ **감정적 타이밍(Emotional Timing)**
시장 분석보다 감정에 따라 결정 시점을 정하는 경향. 불안이나 기대가 판단을 지배함.
→ *The inclination to make timing decisions based on emotional states like fear or hope rather than rational market analysis.*

▶ **확증 편향(Confirmation Bias)**
자신이 믿고 싶은 정보만 받아들이고 반대 정보는 무시하는 선택적 인식.
→ *A cognitive bias where one seeks out and gives more weight to information that confirms pre-existing beliefs.*

▶ **손실 회피 심리(Loss Aversion)**
얻는 것보다 잃는 것에 더 큰 감정적 반응을 보이는 경향. '놓치면 손해'라는 심리 작용.
→ *A psychological principle where the pain of losing is felt more strongly than the pleasure of gaining, often leading to risk-averse or hasty decisions.*

27장

지역 발전 기대감의 심리: '곧 좋아질 동네'에 끌리는 이유

The Psychology of Anticipated Growth: Why We're Drawn to "Up-and-Coming Areas"

"여긴 아직 뜨진 않았지만 곧 개발된다더라."
"It's not open yet, but I heard it will be developed soon."

⇨ 심리 작동의 시작

이 말은 사람들의 상상력을 자극한다. 아직 현실화되지 않은 개발 계획, 모호한 지역 확장 가능성, 유망하다는 주변의 말 한마디는, **미래에 대한 감정적 투자**(emotional projection)를 촉발시킨다. '지금은 조용하지만 곧 사람들이 몰릴 것'이라는 믿음은, 객관적 분석이 아니라 주관적 기대에서 비롯된 경우가 많다.

투자자들은 현재의 정적보다 미래의 역동성을 상상하며 결정을 내린다.

⇨ 심리 작동 방식과 원인

미래 투영 심리(Future Projection Bias)
인간은 현재보다 미래에 대한 희망을 더 크게 느끼는 경향이 있다.
"재개발 예정", "역세권 개발 검토 중" 같은 표현은 이미 확정된 것처럼 인식된다.

낙관적 확신(Optimism Bias)

위험 요소는 축소되고, 수익 가능성은 과장된다.

_"지금 사 두면 나중에 크게 오른다."_는 확신은 종종 근거보다 감정에 기반한다.

잠재 가치 투영(Latent Value Illusion)

아직 실현되지 않은 가치를 마치 눈앞에 있는 것처럼 평가하게 된다.

마치 그 지역이 이미 발전된 것처럼 느껴지는 착시가 발생한다.

감정 기반 선매수(Emotion-Driven Preemptive Buying)

실제 수요가 없어도, 미래 수요를 상상하며 미리 사는 현상.

이는 시장 왜곡을 일으키고, 비합리적 가격 상승을 유도할 수 있다.

⇨ 감정(심리)의 흐름

처음엔 '나만 아는 정보'라는 희열이 있다: "이 동네, 곧 터질 거래." 이어서 선점 욕구가 생긴다. "지금 안 사면 늦는다." 주변에 아무도 주목하지 않을수록 더 특별한 기회처럼 느껴진다. 그러나 현실이 기대를 따라오지 않으면 실망 → 분노 → 후회의 감정 흐름이 시작된다.

💡 한 걸음 물러나 생각해 보기

"그 동네가 정말 개발될 것인지, 아니면 내가 그렇게 믿고 싶은 것인지?"
투자는 상상력과 정보의 경계에서 결정된다.
'곧 개발된다.'는 말이 얼마나 구체적인 계획과 예산, 일정에 의해 뒷받침되고 있는지,

그 팩트 기반의 검증(fact-checking)이 이뤄지지 않으면 그것은 희망일 뿐이다.
기대는 감정이지만, 선택은 검증된 냉정이어야 한다.

"Possible doesn't mean probable."
가능성이 있다는 것과 실제로 그렇게 될 확률은 다르다.

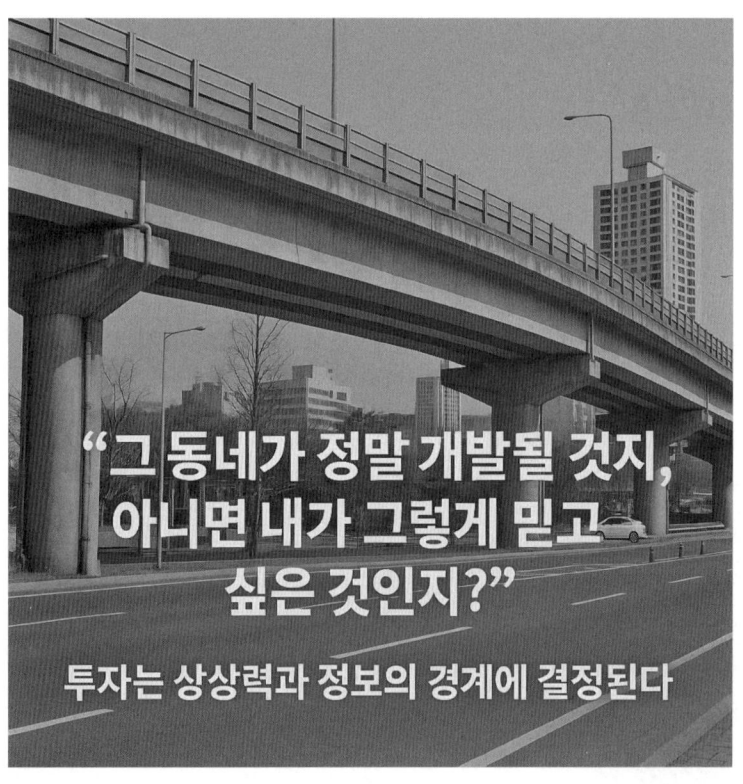

| 심리학 용어 키워드 |

27장. 지역 발전 기대감의 심리: '곧 좋아질 동네'에 끌리는 이유

▶ **미래 투영 심리**(Future Projection Bias)

아직 실현되지 않은 미래를 과도하게 낙관적으로 상상하며 현재 결정을 내리는 심리.

→ *The cognitive tendency to envision an overly positive future and let that imagined outcome drive present investment decisions.*

▶ **낙관적 확신**(Optimism Bias)

위험보다 긍정적인 결과만을 기대하며 판단이 편향되는 경향.

→ *A mental bias where individuals expect favorable outcomes while downplaying or ignoring potential risks.*

▶ **잠재 가치 착시**(Latent Value Illusion)

실제 실현되지 않은 가치를 현실처럼 여기며 가격을 판단하는 심리적 오류.

→ *A psychological illusion where perceived future value is treated as if it already exists, distorting price assessment.*

▶ **선매수 심리**(Emotion-Driven Preemptive Buying)

미래 개발 기대만으로 미리 매수하게 되는 감정 중심의 투자 행동.

→ *An emotional drive to buy property preemptively based solely on expectations of future development.*

▶ **기대 기반 투자**(Hope-Driven Investment)

검증된 정보보다 개인의 희망과 기대에 의존한 투자 결정 방식.

→ *An investment behavior based more on hope and personal belief than on validated or empirical information.*

28장

교통망과 재개발 심리: 인프라가 곧 가격이라는 믿음

The Infrastructure Illusion: "New Subway Means Higher Price"

"여기 곧 지하철 생긴다니까 지금 사야지."
"They say a subway will be built here soon, so I should buy it now."

⇨ 심리 작동의 시작

많은 투자자들이 이 말에 강하게 반응한다. 교통망 확충, 재개발 구역 지정, 광역 개발계획 발표 등은 시장에서 즉각적인 기대 심리(immediate anticipatory reaction)를 자극한다. 특히 과거의 성공 사례, 예컨대 신도시나 역세권이 가격을 끌어올렸던 기억은, '이번에도 똑같을 것'이라는 연상 작용(association)을 강화한다.

⇨ 심리 작동 방식과 원인

연상 작용(Association Bias)

'지하철 = 가격 상승', '재개발 = 시세 폭등'처럼 원인과 결과를 단순하게 연결하는 인지적 반응이다. 이 연상은 빠르고 강렬하다.

유추 판단(Analogical Reasoning)

"강동구도 지하철 생기고 떴잖아. 여기도 마찬가지지."
유사 사례를 근거로 삼지만, 세부 조건이 다른 경우에도 동일한 결과를 기대한다.

확정성 환상(Illusion of Certainty)

"재개발 구역 추진 중", "교통 호재 예정"이라는 말이 이미 확정된 사실처럼 받아들여지는 현상이다. 아직 행정적 승인도 나지 않았는데 마치 곧 완공될 것처럼 인식된다.

정보 반복 효과(Repetition Effect)

언론, 블로그, 중개업자가 반복해서 "프리미엄", "호재"라는 말을 강조하면 사람들은 그 내용을 '객관적 정보'로 받아들인다. 반복은 진실을 가장한 착각을 만든다.

⇨ 감정(심리)의 흐름

기대 → 흥분 → 조급함의 순으로 정서가 고조된다. "지금 사야지. 나중엔 못 사."
가격이 아직 오르기 전이라면 내가 선점한 것 같은 우월감도 생긴다. 그러나 계획이 지연되거나 무산되면 허탈감, 불만, 손해 본 느낌이 감정을 지배한다.
특히 "괜히 믿었어."라는 후회는 심리적 회복을 어렵게 만든다.

💡 **한 걸음 물러나 생각해 보기**

**"그 지하철, 정말 생기는 걸까?
아니면, 내가 그렇게 믿고 싶은 걸까?"**
'호재'는 언제나 감정을 먼저 자극한다. 그러나 진짜 투자자는 묻는다.

"언제? 예산은? 주민 반대는? 정책은 일관적인가?"
감정은 인프라에 과잉 반응하지만, 현명한 투자는 속도·정책·실행력을 본다.

| 심리학 용어 키워드 |

28장. 교통망과 재개발 심리: 인프라가 곧 가격이라는 믿음

▶ **연상 작용(Association Bias)**

과거의 성공 사례를 떠올리며, 비슷한 상황에 자동으로 동일한 결과를 기대하는 심리 반응.

→ *A psychological tendency to recall past success and automatically expect similar outcomes in comparable situations.*

▶ **유추 판단(Analogical Reasoning)**

이전과 유사한 사례를 근거로 이번에도 같은 결과가 나올 것이라고 판단하는 사고 방식.

→ *A reasoning pattern where decisions are based on perceived similarities to past events, assuming the same outcomes will follow.*

▶ **확정성 환상(Illusion of Certainty)**

불확실한 계획이나 발표를 이미 확정된 사실처럼 받아들이는 착각.

→ *A cognitive illusion that treats uncertain proposals or announcements as if they were guaranteed outcomes.*

▶ **정보 반복 효과(Repetition Effect)**

반복적으로 들은 정보가 진실처럼 느껴지는 현상. 익숙함이 신뢰로 바뀌는 심리 작용.

→ *The phenomenon where frequently repeated information is perceived as more credible or true due to its familiarity.*

▶ **프리미엄 기대 심리(Premium Expectation Bias)**

개발 또는 교통 인프라가 생기면 자동으로 가격이 오른다고 믿는 기대 중심의 심리.

→ *A belief-driven bias where the presence of development plans or infrastructure leads to an automatic assumption of price increases.*

29장

상승 지속 기대 심리: 끝이 없을 것 같은 상승장의 착각

끝없는 상승이라는 착각: 상승장이 영원할 것처럼 느껴질 때
The Illusion of Endless Growth: When the Boom Feels Permanent

⇨ 심리 작동의 시작

"이제는 부동산이 떨어질 일이 없을 것 같아요."

이 말은 상승장이 장기간 지속될 때 자주 등장한다.

사람들은 과거 상승률을 자연스럽게 미래로 확장하고, 그 속도나 방향이 계속 유지될 것이라 믿는다. 이러한 믿음은 지속적 상승 착각(permanence illusion)에 기반하며, 한 번 생긴 낙관은 쉽게 꺾이지 않는다.

⇨ 심리 작동 방식과 원인

트렌드 연장 오류(Trend Extrapolation Bias)

최근 몇 년간 가격이 오르면, 사람들은 '앞으로도 계속 오를 것'이라 가정한다.
이는 '추세는 계속된다.'는 생각에 기반한 단순 추정의 오류다.

지속성 착각(Permanence Illusion)

변화가 없는 상태가 마치 영원히 지속될 것처럼 느껴지는 심리적 착각이다.

상승세가 익숙해질수록 '이제는 안 떨어진다.'는 믿음이 강화된다.

사회적 증폭 효과(Social Amplification Effect)

주변에서 성공한 사례가 많아질수록, 개인은 자신도 늦지 않았다고 믿는다.
이는 비이성적 자신감(overconfidence)으로 이어진다.

정책 불신과 수요 과잉 서사(Narrative Bias)

"정부가 못 잡는다.", "공급보다 수요가 많다"는 반복적인 메시지는
합리적 의심 대신 낙관적 확신을 강화한다.

⇨ 감정(심리)의 흐름

초반엔 '내가 좋은 흐름에 탔다'는 기쁨이 있다.
이어서 '조금만 더 기다리면 더 오르겠지'라는 기대감의 중독이 발생한다.
그러나 시장이 꺾일 기미가 보여도, 사람들은 '설마 여기서 떨어지겠어?'라며 현실을 부정한다.
결국 하락이 시작되면 충격은 급격하고 정서적으로 깊게 다가온다.

💡 한 걸음 물러나 생각해 보기

"이 상승이 과연 언제까지 지속될 수 있을까?"
"과거에도 이런 흐름은 끝이 있었다."

상승장은 끝을 알기 어려운 구조를 가진다.
그렇기 때문에 경계심은 상승기일수록 더 절실하다.
부동산 시장은 선형(linear)이 아닌 사이클(cycle)이다.

상승은 반복되지만, 한 번도 똑같은 방식으로 반복되지는 않았다.
"When everyone believes it's endless, that's when the end begins."

| 심리학 용어 키워드 |

29장. 상승 지속 기대 심리: 끝이 없을 것 같은 상승장의 착각

▶ 트렌드 연장 오류(Trend Extrapolation Bias)

과거의 추세가 미래에도 동일하게 이어질 것이라고 단순 확신하는 심리.

→ *The faulty belief that past trends will continue unchanged into the future, leading to overconfident projections.*

▶ 지속성 착각(Permanence Illusion)

현재의 상태가 영원히 유지될 것처럼 느끼는 심리적 오류.

→ *A psychological illusion where current market conditions are perceived as permanent, disregarding volatility or change.*

▶ 사회적 증폭 효과(Social Amplification Effect)

주변의 성공 경험이 개인의 판단에 과도한 낙관을 불러오는 현상.

→ *An effect where others' success stories amplify one's own optimism, often inflating expectations and risk-taking.*

▶ 정책 불신 서사(Narrative Bias of Policy Distrust)

정부 정책의 무력함을 전제로 한 일방적 기대 형성.

→ *A narrative bias where distrust in public policy leads to dismissing regulatory influence and forming biased expectations.*

▶ 과신 편향(Overconfidence Bias)

자신의 판단이나 시장 흐름에 대해 지나치게 확신을 가지는 심리.

→ *A cognitive bias characterized by an inflated belief in one's own judgments, leading to underestimation of risk or opposing views.*

▶ 확정성 환상(Illusion of Certainty)(앞서 제시된 유사 개념 포함)

불확실한 계획이나 발표를 이미 확정된 사실처럼 받아들이는 착각.

→ *The false perception that uncertain events or announcements are definite, often fueling premature investment decisions.*

30장

과거 추세 반복 기대 심리:
과거처럼 오를 거라는 자기 암시

반복의 함정: "예전에도 올랐으니 이번에도 오른다"는 착각
The Repetition Trap: "It Rose Before, So It'll Rise Again"

"그때도 올랐으니까 지금도 오를 거야."
"It went up then, so it will go up now."

⇨ 심리 작동의 시작

이 말은 과거의 성공 경험을 토대로 현재를 판단하는 전형적인 심리적 자동반응(mental shortcut)이다.

사람들은 '성공했던 기억(successful memory)'이 하나라도 있으면, 그 패턴이 반복될 것이라는 믿음을 갖기 쉽다.

특히 과거에 부동산으로 수익을 냈던 경험이 있다면, ***"Once a winner, always a winner"*** 라는 착각에 빠지기도 한다.

⇨ 심리 작동 방식과 원인

패턴 반복 편향(Pattern Repetition Bias)
과거의 성공이 반복될 것이라고 믿는 심리.

과거의 상승 패턴을 단순한 반복 가능성(repeatability)으로 인식한다.
예: "그땐 2억이 4억 됐으니까, 이번엔 6억 되겠지."

기억된 보상 효과(Recalled Gain Effect)

인간의 뇌는 긍정적 경험은 크게, 부정적 경험은 작게 기억하는 경향이 있다.
실패는 잊히고, 성공은 미화된다.
"I remember my wins more than my losses."

학습된 신념(Learned Belief)

반복된 성공이 축적되면, 그것은 신념(belief)이 된다.
"부동산은 결국 오른다."는 생각은 개인의 투자 철학처럼 자리 잡는다.
그러나 belief는 fact가 아니다.

과거 집착 오류(Historical Anchoring)

시장 상황이 전혀 달라졌음에도, 과거 데이터를 현재의 기준으로 삼는 실수.
"The past becomes the lens for the present", 하지만 렌즈가 흐릿할 수 있다.

⇨ 감정(심리)의 흐름

과거 성공 → 현재 낙관 → 미래 확신이라는 감정의 흐름이 형성된다.
사람들은 스스로를 '검증된 투자자'라고 느끼며,
"I've done this before. I know how it works."
라는 자기 확신(self-assurance)에 빠진다.
그러나 실제로는 시장조건, 금리, 수요, 세대 인식 등
모든 것이 변해 있을 수 있다.
이 변화의 무시가 가장 위험한 심리적 오류를 낳는다.

💡 한 걸음 물러나 생각해 보기

"지금의 시장은 정말 과거와 같은가?"
"내가 믿고 있는 것은 경험인가, 환상인가?"

기억은 투자에 있어 가장 감정적인 나침반(emotional compass)이다.
그러나 그 나침반은 늘 정확한 방향을 가리키는 것은 아니다.

과거는 유용한 참고 자료일 수 있지만,
그 자체로 미래의 보증 수표(guarantee)는 아니다.

"History informs, but it does not dictate."

| 심리학 용어 키워드 |

30장. 과거 추세 반복 기대 심리: 과거처럼 오를 거라는 자기 암시

▶ **패턴 반복 편향(Pattern Repetition Bias)**
과거 성공 패턴이 미래에도 동일하게 반복될 것이라는 심리.
→ *The belief that previously successful patterns will reliably repeat in the future, regardless of changing conditions.*

▶ **기억된 보상 효과(Recalled Gain Effect)**
성공 경험은 크게, 실패 경험은 작게 기억하는 심리적 경향.
→ *A psychological tendency to vividly recall gains while minimizing or forgetting losses, distorting true performance memory.*

▶ **학습된 신념(Learned Belief)**
반복된 성공을 통해 형성된 투자 신념. 경험이 고정관념이 되는 과정.
→ *A belief system shaped by repeated past success, which can evolve into rigid assumptions over time.*

▶ **과거 집착 오류(Historical Anchoring)**
시장 변화에도 불구하고 과거 데이터를 판단 기준으로 삼는 오류.
→ *A cognitive error where outdated data or historical price points are used as anchors for current decision-making.*

▶ **경험 의존 심리(Experience Dependence)**
현재 분석보다 과거 개인 경험에 의존하는 결정 습관.
→ *The behavioral habit of relying on personal past experiences rather than objective or updated analysis.*

PART 5

하락과 군중 심리의 역동

시장 하락 시기, 사람들의 공포 반응과 군중을 따르는 경향

31장

하락에 대한 공포:
부동산도 무너질 수 있다는 불안

The Fear of Decline: When Real Estate Feels Unsafe

"예전처럼 갑자기 떨어지는 건 아닐까…"
"I wonder if it will suddenly fall like before…"

⇨ 심리 작동의 시작

많은 이들은 부동산을 안정적인 자산(safe asset)이라고 생각한다. 그러나 동시에 마음 한편에는 폭락의 기억(fear of collapse)이 자리 잡고 있다.

이 두 감정이 충돌하면, 사람들은 불확실성을 피하고자 하는 방향(uncertainty avoidance)으로 움직인다.

⇨ 심리 작동 방식과 원인

손실 회피 편향(Loss Aversion)

심리학자 대니얼 카너먼(Daniel Kahneman)은 아래와 같이 말했다.

"Losses loom larger than gains."

즉, 사람은 같은 양의 이익보다 손실을 두 배 이상 더 크게 느낀다. 예: 1억 원을 벌었을 때보다 1억 원을 잃었을 때 더 큰 고통을 느낀다. 심리적 트라우마의 잔존(Residual Trauma from Crashes) IMF, 2008년 금융위기 등 과거의 시장 붕괴 경험은 장기 기억으로 남는다. 이 경험은 이후에도 시장 진입을 방해하거나 타이밍을 왜곡시킨다.

사회적 공포 전염(Social Contagion of Fear)

뉴스, 커뮤니티, 지인의 실패 사례가 공포를 바이러스처럼 확산시킨다.

"Fear spreads faster than facts."

부정적 정보 과잉 소비(Negativity Bias)

사람들은 긍정적 뉴스보다 부정적 뉴스에 더 주목하고, 더 오래 기억한다.
이는 '가격 하락'에 대한 공포를 더욱 강화시킨다.

⇨ 감정(심리)의 흐름

초반에는 단순한 걱정이다. "혹시 지금 고점일까?"
곧이어 "그때처럼 무너질 수도 있다"는 공포가 자라난다.
공포는 감염된다. 누군가 매도하면,

"Maybe they know something I don't."

라는 생각에 따라 행동하게 된다.
결과적으로, 실질 하락이 오기 전부터 거래가 얼어붙거나 공포 매도(fear selling)가 발생한다.
하락이 현실이 되기 전, 심리가 먼저 무너지는 것이다.

💡 한 걸음 물러나 생각해 보기

내가 보고 있는 건 진짜 위험일까?
아니면 과거의 그림자일까?
우리는 종종 시장이 떨어질까 봐 두려워합니다.

하지만 진짜 위험보다 더 무서운 건, 공포 그 자체가 현실이 되어 버리는 것입니다. 시장은 떨어질 수도 있습니다.
그런데 언제나 더 빨리 반응하는 건 숫자보다 사람의 심리입니다.
불안, 조급함, 공포… 이 감정들이 먼저 움직이기 시작하죠.
그래서 투자자는 꼭 스스로에게 물어야 합니다.

"지금 내가 느끼는 이 불안, 진짜 데이터에 근거한 걸까?
아니면 감정이 튀어나온 반사작용일까?"
"Is this fear based on actual data, or is it an emotional reflex?"

감정을 부정할 필요는 없습니다. 하지만 감정이 판단의 기준이 되어서는 안 됩니다. 공포를 느끼는 건 자연스러운 일이지만, 결정은 숫자와 구조, 그리고 나의 기준 위에서 내려야 합니다.

| 심리학 용어 키워드 |

31장. 하락에 대한 공포: 부동산도 무너질 수 있다는 불안

▶ **손실 회피 편향(Loss Aversion)**

같은 크기의 손실이 이익보다 더 크게 느껴지는 심리적 반응.

→ *The psychological tendency to feel the pain of losses more intensely than the pleasure of equivalent gains.*

▶ **시장 트라우마(Market Crash Trauma)**

과거 폭락 경험이 심리적 트라우마로 남아 미래 결정에 영향.

→ *Emotional scars from past market crashes that shape or distort future investment decisions.*

▶ **사회적 공포 전염(Social Contagion of Fear)**

한 사람의 불안이 다수에게 퍼지며 시장 전반에 영향을 미치는 현상.

→ *The spread of fear from one individual to others, leading to collective market reactions.*

▶ **부정성 편향(Negativity Bias)**

긍정보다 부정적 정보에 더 민감하고 집중하는 인간의 심리적 성향.

→ *The human tendency to give more weight to negative information than to positive inputs.*

▶ **공포 매도 심리(Fear-Driven Selling)**

실질 하락 이전에 공포심만으로 매도하거나 거래를 피하는 행위.

→ *Selling assets or avoiding trades purely out of fear, even before any real downturn occurs.*

▶ **경험 의존 심리(Experience Dependence)**

현재 분석보다 과거 개인 경험에 의존하는 결정 습관.

→ *The behavioral habit of relying on personal past experiences rather than objective or updated analysis.*

32장

하락세 지속에 대한 두려움: 더 떨어질까 봐 아무것도 못하는 심리

The Fear of Further Decline: When Waiting Feels Safer than Buying

"지금 사면 더 떨어질 것 같아서요."
"I think the price will fall further if I buy it now."

⇨ 심리 작동의 시작

하락장이 이어질수록 사람들은 가격 그 자체보다 방향성(direction)에 더 민감하게 반응한다. 아무리 싸 보여도, "떨어지는 칼날은 잡지 마라(Don't catch a falling knife)"는 말이 떠오르며, 심리는 행동보다 기다림(waiting)을 선택하게 된다.

⇨ 심리 작동 방식과 원인

추세 회피 편향(Trend-Averse Bias)
시장이 하락 중일 땐, 심리적으로 매수를 꺼리는 경향이 강해진다.
"Even if it's cheap, it might get cheaper."
가격보다 방향의 부정성이 더 강하게 영향을 준다.

예측된 후회 심리(Anticipated Regret)

"지금 샀다가 더 떨어지면 어쩌지?"

손실을 직접 경험하지 않았더라도, 미리 후회할 가능성을 상상하며 의사결정을 보류한다.

부정적 정보 편향(Negativity Bias)

하락장이 길어질수록 언론, 커뮤니티, 사람들의 대화 모두가 비관적 전망으로 채워진다.

사람들은 긍정적 전망보다 부정적 신호에 더 민감하고 반응적이다.

심리적 마비 상태(Emotional Paralysis)

지나친 불안은 판단을 멈추게 만든다.

"Sometimes, no action feels safer than the wrong action."

행동하지 않는 것이 심리적으로 더 안전하게 느껴진다.

⇨ 감정(심리)의 흐름

처음엔 불안이 시작된다. "이제 바닥일까?"

다음엔 망설임이 커진다. "조금 더 기다릴까?" 결국 행동은 멈춘다.

아무것도 하지 않는 사이,

"기회를 놓치는 두려움(*Fear of missing the bottom*)"과

"실수할까 봐 멈추는 두려움(*Fear of making the wrong move*)"이 교차된다.

아이러니하게도, 가장 싸게 살 수 있는 순간은 심리적으로 가장 무거운 시기다.

💡 한 걸음 물러나 생각해 보기

"지금 내가 느끼는 공포는
진짜 현실일까, 아니면 불확실성이 만들어 낸 그림자일까?"
시장이 떨어질 때 우리가 진짜로 무서워하는 건 '하락' 그 자체가 아닙니다.

"이 하락이 끝나지 않을 것 같다"는 마음
그 막막함, 그 감정이 더 큰 공포를 만듭니다.
사실 하락장은 투자자라면 누구나 겪는 통과의례입니다. 하지만 그 끝자락에서 행동할 수 있는 사람은 많지 않습니다.

왜냐하면, 그때는 모든 뉴스가 부정적이고, 주변 사람들도 "지금은 아니야"라고 말하니까요. 그래서 진짜 '용기(courage)'는 오르고 있을 때가 아니라,
떨어질 대로 떨어졌을 때 필요한 것입니다.
"The best time to buy feels like the worst time to act."

가장 좋은 매수 시점은, 가장 두려운 순간처럼 느껴집니다. 시장은 결국 회복합니다. 하지만 그 회복의 시작점은 항상 두려움이 가장 클 때였습니다.
지금, 두려움을 느끼는 당신은 이미 '투자의 문 앞에 서 있는 것입니다.

| 심리학 용어 키워드 |

32장. 하락세 지속에 대한 두려움: 더 떨어질까 봐 아무것도 못하는 심리

▶ **추세 회피 편향(Trend-Averse Bias)**

하락 추세가 지속될 때, 현재 가격이 저렴해도 매수를 꺼리는 심리.

→ *A psychological aversion to buying during a downtrend, even when prices appear attractively low.*

▶ **예측된 후회(Anticipated Regret)**

행동 후에 일어날 수 있는 부정적 결과를 미리 걱정하며 결정을 보류하는 심리.

→ *The emotional tendency to avoid decisions due to fear of future regret over potential negative outcomes.*

▶ **부정적 정보 편향(Negativity Bias)**

긍정보다 부정적인 정보에 더 민감하게 반응하는 심리적 경향.

→ *A bias where negative news or data weighs more heavily on judgment than equally valid positive information.*

▶ **심리적 마비(Emotional Paralysis)**

불안과 공포로 인해 판단과 행동이 정지되는 심리적 상태.

→ *A state of cognitive and behavioral freeze caused by overwhelming fear or anxiety.*

▶ **최저점 회피 심리(Fear of Catching the Bottom Wrong)**

바닥을 잘못 예측할까 봐 행동을 미루는 감정 중심의 결정 회피 경향.

→ *An emotionally driven hesitation to act due to fear of misjudging the market bottom.*

33장

사회적 증명 효과: 남들이 사니까 나도 사야 할 것 같은 심리

사회적 증명의 힘: '다들 사니까 나도 사야 할 것 같은' 착각
The Power of Social Proof: "Everyone's Buying, So Should I"

"주변 사람들 다 집 샀대요. 저도 늦은 건 아닐까요?"
"Everyone around me has bought a house. Am I too late?"

⇨ 심리 작동의 시작

이런 말은 상승장 후반부에 자주 등장한다. 불확실한 정보 상황에서 사람들은 타인의 선택을 정답처럼 받아들인다. 이는 심리학에서 말하는 사회적 증명(Social Proof)의 전형적인 작동 방식이다.

"If everyone is doing it, it must be the right thing."
(다들 하는 걸 보니, 맞는 일인가 보다.)

⇨ 심리 작동 방식과 원인

정보 대리 판단(Delegate Judgment)
나보다 먼저 행동한 사람들의 판단을 신뢰 가능한 지표처럼 간주한다.
"They must know something I don't."

이로 인해 판단력이 스스로가 아닌 집단에 의존하게 된다.

지각적 타이밍 오류(Perceptual Timing Error)

사람들은 가격이 상당히 오른 후에야 '다른 사람들도 샀다'는 사실을 인지한다.
그 결과, 늦은 시점에 매수에 뛰어들게 되는 오류가 발생한다.
"The fear of being late overrides the logic of being late."

심리적 정당화 기제(Psychological Justification)

'남들도 샀으니까'라는 이유는 실패에 대한 책임 회피 수단이 되기도 한다.
"Even if I fail, I won't be alone."
정보 부족 상태에서의 대중 의존(Heuristic Reliance)
복잡한 정보나 분석이 어려울 때, 사람들은
"다수가 행동한 것 = 옳은 판단"이라는 단순한 규칙에 따라 행동한다.

⇨ 감정(심리)의 흐름

초기엔 별다른 감정이 없다: "나중에 사도 되겠지."
그러나 주변에서 하나둘씩 집을 사기 시작하면
"뭔가 놓치고 있는 건 아닐까?" 하는 불안이 생긴다.
불안은 곧 조급함(urgency)이 되고, "지금 안 사면 나만 뒤처질 것 같아."라고 생각한다.
그 결과, 내 결정이 아니라 타인의 흐름에 휩쓸려 행동하게 된다.

> 💡 **한 걸음 물러나 생각해 보기**
>
> "나는 지금 내 판단을 따르고 있는가? 아니면, 남들의 판단에 편승하고 있는가?" 사회적 증명은 때때로 유용하다. 하지만 그것이 비판적 사고 없는 모방(blind imitation)이 되면, 결과는 집단 실수(collective misjudgment)로 이어질 수 있다.

"What's right for them may not be right for you."
당신의 재정 상황, 가족계획, 인생 목표는 '남들'과 같지 않다.
그래서 판단도 달라야 한다.

| 심리학 용어 키워드 |

33장. 사회적 증명 효과: 남들이 사니까 나도 사야 할 것 같은 심리

▶ **사회적 증명(Social Proof)**
불확실한 상황에서 타인의 행동을 기준 삼아 결정을 내리는 심리.
→ *The tendency to use others' behaviors as a guide for one's own decisions, especially in uncertain or ambiguous situations.*

▶ **정보 대리 판단(Delegate Judgment)**
스스로 판단하기보다, 타인의 선택을 믿고 따르는 심리적 위임.
→ *A psychological habit of outsourcing decision-making to others perceived as more informed or confident.*

▶ **지각적 타이밍 오류(Perceptual Timing Error)**
상승이 한참 지난 뒤에야 따라붙는 심리적 시차 오류.
→ *A timing misjudgment where one enters the market too late, following trends long after they've begun.*

▶ **정당화 심리(Justification Mechanism)**
실패에 대한 책임을 회피하려는 무의식적 자기방어 전략.
→ *An unconscious defense mechanism to rationalize decisions and avoid personal accountability for negative outcomes.*

▶ **집단 의존 결정(Herd-Based Decision Making)**
정보 부족 속에서 다수의 선택을 맹목적으로 따르는 행동 경향.
→ *The behavioral tendency to follow the majority's actions without critical evaluation, especially in low-information environments.*

34장

모방 심리:
옆 사람이 사니까 나도 사고 싶어진다

모방의 심리: '저 사람이 샀으니 나도 사야 할 것 같은 마음'
The Psychology of Imitation: "If They Bought, Maybe I Should Too"

"친구가 얼마 벌었다는데 나도 해 봐야겠어요."
"My friend made a lot of money, so I should try it too."

⇨ 심리 작동의 시작

이 말은 단순한 유행 따라잡기가 아니다.
그 속에는 불안 속에서 확신을 찾으려는 인간의 본능이 숨겨져 있다.
"If they made money, maybe I can too."
이러한 생각은 판단이 아닌 감정 기반의 추종(emotional imitation)에서 출발한다.

⇨ 심리 작동 방식과 원인

행동 준거 의존(Behavioral Referencing)

위험 부담이 크고 정보가 복잡할수록,
사람들은 타인의 행동을 기준(reference point)으로 삼는다.
"He already bought, so he probably knows what he's doing."

정보 부족 → 모방 심화(Information Deficiency → Imitation Bias)

시장 정보가 부족할 때 사람들은 먼저 움직인 사람을 '정답'처럼 여긴다.

마치 선지자(the early buyer as a prophet)처럼 보이며,

그의 행위를 따라가면 안전하다고 느낀다.

후광 효과(Halo Effect)

부동산에 성공한 사람은 모든 면에서 유능하게 보이는 인지 편향이 발생한다.

친구, 지인, 유튜버의 말에 분석 없이 믿음이 부여되는 현상.

"She bought that house? Then it must be a good one."

판단의 위임(Delegation of Judgment)

"그 사람이 했으니까 괜찮겠지."

이는 스스로의 판단을 멈추고, 의사결정을 타인에게 넘겨 버리는 심리이다.

⇨ 감정(심리)의 흐름

처음엔 가벼운 자극이다: "그 사람도 샀다고?" 이어서 비교가 생긴다.

"나만 안 하고 있는 건가?" 그리고 확신 없는 추종이 시작된다.

"그 사람 따라 해 보자."

이 모든 흐름의 핵심은 "나는 생각을 멈추었고, 판단은 그 사람에게 맡겼다."

> 💡 **한 걸음 물러나 생각해 보기**
>
> "나는 지금 누구를 따라가고 있는가?"
> "그 사람의 판단이 아니라, 나의 판단인가?"

> 모방은 위험하지 않다. 문제는, 그것이 '나의 결정'이라고 착각하는 순간부터다.
> *"Following others is not the same as thinking for yourself."*
> 부동산에서 진짜 위험은, 판단의 주인이 내가 아님을 모를 때 시작된다.

| 심리학 용어 키워드 |

34장. 모방 심리: 옆 사람이 사니까 나도 사고 싶어진다

▶ **행동 준거 의존(Behavioral Referencing)**
타인의 행동을 자신의 판단 기준으로 삼는 심리.
→ *The tendency to use others' behaviors as reference points for one's own decisions, especially in uncertain contexts.*

▶ **모방 편향(Imitation Bias)**
분석보다 타인의 행동을 따르는 비판 없는 추종 경향.
→ *A bias that favors copying others' actions without independent evaluation or critical reasoning.*

▶ **후광 효과(Halo Effect)**
성공한 사람에게 자동으로 신뢰를 부여하는 인지 오류.
→ *A cognitive bias where perceived success in one area leads to overgeneralized trust in other unrelated domains.*

▶ **판단 위임(Delegation of Judgment)**
스스로의 결정을 타인에게 넘기고 의존하는 심리.
→ *A psychological inclination to relinquish personal decision-making responsibility by deferring to others' choices.*

▶ **정보 결핍 기반 추종(Information-Based Following)**
정보 부족 상황에서 생기는 무비판적 모방 행위.
→ *A behavior pattern where individuals imitate others due to limited access to reliable or complete information.*

35장

대중무리 효과(Herd Effect): 다들 하니까 나도 하게 되는 심리

무리의 심리: 다들 하니까 나도 하게 되는 착각
The Herd Effect: "Everyone's Doing It, So I Should Too"

"요즘 다들 저 지역에 투자하던데요?"
"Isn't everyone investing in that area these days?"

⇨ 심리 작동의 시작

부동산 시장에서 반복적으로 나타나는 '묻지마 투자' 현상(blind investing)의 이면에는 대중무리 효과(Herd Effect)가 자리 잡고 있다.
사람은 본능적으로 집단에 속하고 싶어 하며(belonging instinct),
혼자보다 다수의 판단을 더 안전하게 느낀다.
"If everyone's doing it, it can't be wrong."

⇨ 심리 작동 방식과 원인

무리 행동 심리(Herd Behavior)
타인의 행동을 보고 따라 하는 심리.
논리보다 분위기, 정보보다 숫자가 사람들의 판단을 이끈다.

"So many people can't be wrong, right?"

불확실성 회피(Ambiguity Aversion)

정보가 부족하거나 혼란스러울수록 사람들은 집단의 흐름에 따라가는 것을 더 안전하게 느낀다.

심리적 안전망(Psychological Safety Net)

"다 같이 하면 덜 무서울 거야"라는 감정은 실제 리스크를 감정적으로 축소시킨다.
이는 투자 실패 시 책임 분산의 심리로 이어진다.
"Even if it fails, at least I wasn't alone."

확산 촉진 요인

부동산의 감정 우선성 부동산 시장은 데이터보다 감정(emotion-driven)이 먼저 움직이는 영역이다. 그래서 군중 흐름은 순식간에 확산되며 가격에 반영된다.

⇨ 감정(심리)의 흐름

주변에서 투자한다는 소식이 들릴 때, "혹시 나만 가만히 있는 건 아닐까?" 하는 불안이 시작된다. 이어서 '함께 가야 안전하다'는 집단 심리가 작동한다. 그 결과, 투자 이유는 사라지고 "나도 그냥 따라가야겠다."는 감정이 결정의 핵심이 된다. 하지만 군중이 잘못된 방향으로 향하고 있을 때, "그들과 함께 망하는 리스크"는 더 커진다.

> 💡 **한 걸음 물러나 생각해 보기**
>
> "나는 지금 무엇을 보고 결정하는가?"
> "정보인가, 아니면 사람들인가?"

대중과 함께 있을 때 느끼는 안도감은 진짜 안전이 아닐 수 있다. 집단은 때로 힘이 되지만, 판단력을 잃는 대가를 치르게 만든다.
"The comfort of the crowd often comes at the cost of your judgment."

| 심리학 용어 키워드 |

35장. 대중무리 효과(Herd Effect): 다들 하니까 나도 하게 되는 심리

▶ 무리 효과(Herd Effect)
주변 다수가 하는 행동을 따르려는 심리적 경향.
→ *The psychological tendency to follow the actions of the majority, often without independent analysis.*

▶ 무리 행동 심리(Herd Behavior)
집단의 감정과 흐름에 판단을 맡기는 행동 양식.
→ *A behavioral pattern where decisions are driven by group sentiment and momentum rather than personal judgment.*

▶ 불확실성 회피(Ambiguity Aversion)
정보 부족 상황에서 명확한 결정보다 회피를 선택하는 경향.
→ *The tendency to avoid decision-making when outcomes are uncertain or information is incomplete.*

▶ 심리적 안전망(Psychological Safety Net)
집단 속에 있을 때 느끼는 안도감이 위험을 감추는 심리.
→ *A false sense of security gained from being part of a group, which can mask underlying risks.*

▶ 군중 추종 위험(Risk of Collective Misjudgment)
다수가 틀릴 경우 함께 실패할 수 있는 구조적 리스크.
→ *The structural risk that arises when many follow the same flawed judgment, increasing the scale of potential loss.*

36장

군중 심리의 결정:
모두가 사면 나도 사고, 모두가 팔면 나도 판다

군중 따라 결정하기: 사람들이 사면 사고, 팔면 파는 심리의 작동
Crowd-Driven Decisions: Buying When Others Buy, Selling When Others Sell

"그냥 요즘 분위기가 이래요. 다들 팔더라고요."
"It's just the atmosphere these days. Everyone is selling."

⇨ 심리 작동의 시작

이 말은 판단의 결핍이 아니라, 감정의 복제(copy of emotion)를 의미한다.

군중 심리(crowd psychology)는 가격, 분위기, 감정을 동시에 이끄는 무형의 흐름(invisible force)이다.

개인은 이 흐름에 자신도 모르게 탑승하고, 그 결정이 합리적인 판단이라 착각하게 된다.

"Everyone's doing it. I guess I should too."

⇨ 심리 작동 방식과 원인

추세 추종 성향(Trend-Following Bias)

가격이 오르면 매수, 가격이 내리면 매도.
상승은 더 오를 것 같고, 하락은 끝이 없을 것처럼 느껴진다.

이건 데이터 분석이 아니라, 감정 신호에 반응하는 것이다.
"Price becomes emotion."

사후 정당화(Post-Rationalization)

이미 해 버린 결정을 나중에 "다들 그랬으니까"로 정당화한다.
이는 실패 시 책임을 개인에서 군중으로 분산시키는 자기방어 전략.
"I didn't fail alone, so it's less painful."

비자발적 일치(Unconscious Conformity)

판단은 멈추고, 주변 분위기에 자동으로 순응하는 상태.
스스로는 결정했다고 생각하지만, 실은 군중 속에 녹아든 것이다.
"You think it's your choice, but it's not."

가격의 감정화(Emotionalization of Price)

숫자인 가격이 감정적 신호처럼 작동한다.
오르면 "기회", 떨어지면 "위험"이라는 비이성적 해석이 뒤따른다.

⇨ 감정(심리)의 흐름

분위기가 좋을 땐, "지금 안 사면 나만 뒤처져." 분위기가 나빠지면,
"다들 파는데 나만 들고 있으면 큰일 날 것 같아." 이 흐름 속에서 판단은 흐려지고, 결정은 감정에 따라 자동으로 이루어진다.
그 결과, 군중이 만든 상승장은 군중이 만든 공포로 무너지고,
그 사이에서 판단 없는 투자자는 가장 늦게 진입하고 가장 먼저 손해를 본다.

💡 한 걸음 물러나 생각해 보기

"나는 지금, 진짜 내 판단으로 움직이고 있는가?"
"아니면 분위기의 일부로 흘러가고 있는가?"
진짜 투자자는 군중이 어디로 가는지를 보는 사람이 아니라,
군중이 왜 그 방향으로 가고 있는지를 분석하는 사람이다.
"Don't follow the crowd. Understand it."
이해 없이 따라가는 순간, 당신의 결정은 사라진다.

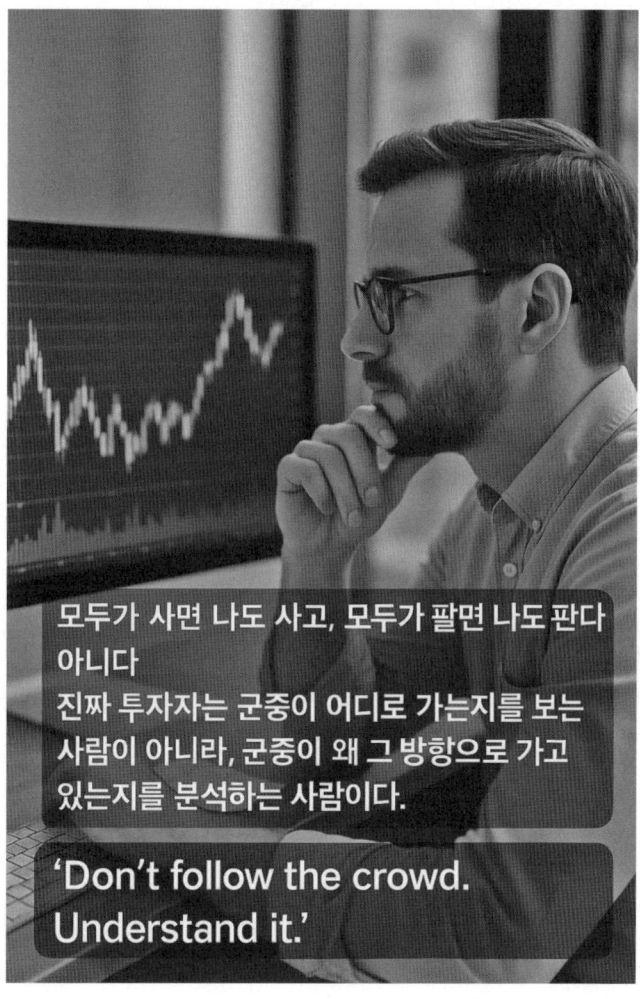

| 심리학 용어 키워드 |

36장. 군중 심리의 결정: 모두가 사면 나도 사고, 모두가 팔면 나도 판다

▶ 군중 심리(Crowd Psychology)

다수의 감정과 분위기에 휩쓸려 개인의 판단이 무력화되는 심리 현상.

→ *A psychological phenomenon where individual judgment is overridden by collective emotion and group dynamics.*

▶ 추세 추종 성향(Trend-Following Bias)

현재 시장 흐름에 따라 무비판적으로 따라가는 투자 심리.

→ *A behavioral bias where one follows prevailing market trends without critical evaluation or independent analysis.*

▶ 사후 정당화(Post-Rationalization)

이미 내린 결정을 나중에 외부 탓으로 정당화하는 심리적 기제.

→ *A defense mechanism in which individuals justify their past decisions by blaming external factors after the fact.*

▶ 비자발적 일치(Unconscious Conformity)

주변 분위기에 자동적으로 순응하는 무의식적 행동.

→ *An unconscious tendency to conform to the attitudes or actions of others without deliberate intent.*

▶ 가격의 감정화(Emotionalization of Price)

가격의 등락을 감정적 신호로 해석해 매수·매도 타이밍을 결정하는 심리.

→ *The tendency to interpret price movements as emotional triggers, leading to reactive investment decisions.*

37장

'똘똘한 한 채' 심리: 가장 안전한 한 곳에 올인하고 싶은 마음

'똘똘한 한 채' 심리: 가장 믿을 수 있는 한 곳에 모든 것을 걸고 싶을 때
The "One Smart Home" Bias: Wanting to Go All-In on a Safe Bet

"여기 하나만 있어도 든든할 것 같아요."
"I think it would be nice to have just one here."

⇨ 심리 작동의 시작

불확실성이 커지면, 사람들은 분산보다 집중을 택한다. 세금, 규제, 금리의 복합 압박 속에서 가장 많이 등장하는 선택지가 바로 '똘똘한 한 채'다.

"I just want one property I can fully trust."

이 말은 단순한 주거의 욕구가 아니라,

심리적 방어 심리(mental sheltering mechanism)의 표현이다.

⇨ 심리 작동 방식과 원인

리스크 회피적 집중 심리(Focused Security Bias)

여러 채를 나눠 갖는 대신, 하나의 자산에 집중해 불안을 줄이려는 성향.

"Better one solid home than many unstable ones."

상대 비교 감정(Social Comparative Utility)

"다들 거기 산다더라." 주변의 판단을 참고삼아 안정감을 느끼는 심리. 타인의 선택은 곧 내 선택의 정당화 기준이 된다.

감정적 안전망 구성(Emotional Safety Seeking)

고립된 시장, 불확실한 미래 앞에서 "가치가 덜 떨어질 곳"에 집중하고자 하는 욕구가 커진다.
"If I have to own only one, it better be the best."

정책 리스크에 대한 자기방어(Policy Aversion Response)

다주택 중과세, 보유세 부담 등 정부 규제는 투자자들의 심리를 '하나의 안전 자산' 중심으로 몰아간다.

⇨ 감정(심리)의 흐름

시장 불안 → 다주택 리스크 인식 규제·세금 증가 → 분산 회피
주변 평가와 언론 부각 → 특정 지역/물건에 대한 집중 심리 강화
"이 한 채만 있으면 충분하다"는 심리적 방어선이 강화된다.
하지만 '모든 걸 한 곳에 걸었다'는 사실은 한 번의 하락이 곧 전체 손실이 될 수 있다는 심리적 폭탄이기도 하다.

> 💡 **한 걸음 물러나 생각해 보기**
>
> "나는 지금 안정감을 원하고 있는가, 아니면 확신의 환상을 쫓고 있는가?"
> '똘똘한 한 채'는 전략일 수 있다.
> 그러나 그것이 모든 결정을 대신하는 감정적 위안의 대체물이 될 경우,
> 우리는 스스로 판단을 멈추는 위험을 감수하게 된다.
> *"Concentration feels safe—but it magnifies the fall."*

| 심리학 용어 키워드 |

37장. '똘똘한 한 채' 심리: 가장 안전한 한 곳에 올인하고 싶은 마음

▶ **핵심 집중 투자 심리(Core Focus Investment)**
안정성이 가장 높다고 판단되는 곳에 자산을 집중하는 경향.
→ *The tendency to concentrate investments in areas perceived as most stable or resilient, minimizing perceived exposure.*

▶ **심리적 피난처 개념(Psychological Safe Haven)**
변동성이 적고 신뢰할 수 있는 자산에 몰리는 정서적 선택.
→ *The emotional preference for low-volatility, familiar assets during uncertainty, acting as a psychological refuge.*

▶ **선택 최적화 욕구(Optimization Urge)**
제한된 자원 안에서 최고의 조건을 갖춘 자산만 고르려는 심리.
→ *A psychological drive to find and invest only in assets believed to offer the most optimal value within constraints.*

▶ **똘똘한 한 채 심리(One Smart Home Bias)**
여러 자산보다 한 곳에 집중해 안정감을 추구하려는 심리.
→ *The inclination to invest heavily in a single, high-quality asset rather than diversify, in pursuit of security and control.*

▶ **리스크 회피적 집중(Focused Security Bias)**
위험 분산보다 심리적 안정을 우선시해 자산을 집중하는 경향.
→ *The behavioral bias of sacrificing diversification for emotional security by concentrating investment in select areas.*

▶ **상대 비교 감정(Social Comparative Utility)**
타인의 선택을 기준으로 삼아 자신의 판단을 정당화하는 심리.
→ *A tendency to measure investment decisions against others' choices for reassurance and social validation.*

▶ 감정적 안전망(Emotional Safety Seeking)
불확실성 속에서 심리적 위안을 주는 한 지점을 중심으로 자산을 모으려는 욕구.
→ *A psychological need to consolidate investments around emotionally comforting options during volatile periods.*

▶ 정책 회피 반응(Policy Aversion Response)
정부 규제나 세금 압박에 대응해 안전 자산 선호가 강해지는 현상.
→ *A behavioral reaction where investors shift toward safer assets in response to regulatory or fiscal constraints.*

38장

자산 집중 심리: 여러 채보다 한 채가 낫다는 확신

자산 집중 심리: 여러 채보다 하나에 올인하는 이유
The Psychology of Asset Concentration: Trusting One Over Many

"여러 채 관리하느니 그냥 입지 좋은 한 채가 편하죠."
"It's more convenient to just have one well-located property than to manage several."

⇨ 심리 작동의 시작

사람들은 분산보다 집중을 택할 때, 단순히 관리가 편해서가 아니라 감정의 단순화(simplification of emotion)를 원하기 때문이다. 이 선택의 핵심에는 소유 심리(possession instinct)와 통제 감각(control illusion)이 결합되어 있다.

"One property, one focus, one peace of mind."

⇨ 심리 작동 방식과 원인

심리적 단순화 욕구(Simplicity Preference)

복잡한 상황에서 사람은 심리적 질서와 명료함(psychological clarity)을 추구한다.

여러 채를 나눠 관리하는 것보다, 한 채에 몰입하는 것이 감정적으로 더 안정적이다.

"Simple feels safe."

인지 자원 절약(Cognitive Resource Saving)

인간의 뇌는 의사결정을 반복할수록 피로해진다.

복수 부동산은 의사결정 피로(decision fatigue)를 유발하므로, 뇌는 "하나만 잘 보자"는 전략으로 자신을 보호한다.

통제 환상(Illusion of Control)

여러 자산보다 한 자산에 집중할 때, 내가 더 잘 통제할 수 있다고 착각하게 된다.

실제로는 리스크가 더 커지지만, 심리적으로는 안정감이 상승한다.

"I can manage this better if it's just one."

효율성과 안전의 착각(Efficiency-Security Fallacy)

자산 집중은 관리 측면에선 효율적이지만, 리스크 측면에선 단일 실패의 충격(single-point failure)을 감수해야 한다.

그러나 투자자는 이를 "입지가 좋으니까 괜찮다"는 자기 확신(self-justification)으로 덮는다.

⇨ 감정(심리)의 흐름

복잡한 시장 → 정보 과잉 → 의사결정 피로
피로 누적 → 심리 단순화 욕구 강화
"여러 채는 피곤하다" → "한 채면 충분하다"
그 결과, 투자자는 심리적 평온을 얻지만
동시에 더 큰 집중 리스크를 짊어진다.

> 💡 **한 걸음 물러나 생각해 보기**
> ......
> "나는 지금 효율을 택한 것인가, 아니면 불안을 피하고 있는 것인가?"

> 집중은 단순하다. 단순함은 편안하다.
> 하지만 그 편안함이 만들어낸 판단은, 불확실성에 가장 취약할 수 있다.
> *"What feels easy now may cost more later."*

| 심리학 용어 키워드 |

38장. 자산 집중 심리: 여러 채보다 한 채가 낫다는 확신

▶ **심리적 단순화 욕구(Simplicity Preference)**
복잡성과 불확실성을 피하고 감정적으로 단순한 선택을 선호하는 심리.
→ *The emotional inclination to avoid complexity and favor simpler decisions in the face of uncertainty.*

▶ **인지 자원 절약(Cognitive Resource Saving)**
판단 에너지를 줄이기 위해 결정을 단순화하려는 심리적 경향.
→ *A tendency to simplify decision-making in order to conserve mental energy and reduce cognitive load.*

▶ **통제 환상(Illusion of Control)**
자산을 하나에 집중함으로써 더 잘 관리할 수 있다는 착각.
→ *The mistaken belief that concentrating assets increases one's control over outcomes or reduces risk.*

▶ **효율성과 안전의 착각(Efficiency-Security Fallacy)**
효율을 추구하다가 리스크 통제를 놓치는 인지적 오류.
→ *A cognitive error where pursuing investment efficiency inadvertently compromises security and diversification.*

▶ **집중 리스크(Concentration Risk)**
하나의 자산에 집중함으로써 전체 손실에 노출될 가능성.
→ *The potential for significant loss due to overexposure to a single asset or investment area.*

39장

도미노 효과의 심리:
한 지역의 변화가 모든 것을 흔들다

"여기가 오르니까 옆 동네도 오른대요."
"This area is rising—so the next neighborhood will too."

⇨ 심리 작동의 시작

가격 상승이 인접 지역으로 '전이된다.'는 믿음

사람들은 특정 지역의 가격이 오르면 자동적으로 "그 옆 동네도 곧 오른다."고 생각한다.

이러한 생각은 실제 수요나 공급과는 무관하게 작동하며, 단순한 연상이나 기대에 근거하는 경우가 많다.

'강남 → 송파', '마곡 → 화곡', '센텀 → 해운대'처럼 지역 간 상상적 연결고리는 투자 심리를 자극한다.

이로 인해 시장은 현실보다 더 빠르게, 더 넓게 움직인다.

Real estate decisions often jump borders—not because of data, but because of imagined connections.

⇨ 심리 작동 방식과 원인: 인접성 연상 + 군중 강화

인접성 연상(Associative Proximity)

사람들은 지리적으로 가까운 지역은 경제적 가치도 함께 움직인다고 생각한다.

이는 연상 작용(association) 기반의 인지 오류로, 지도상의 위치가 곧 가치의 연결성으로 확장된다.

군중 강화(Social Echo Effect)

주변 사람들의 언급, 커뮤니티의 댓글, 유튜브 영상에서 "옆 동네도 곧 오릅니다"라는 말이 반복되면 개인의 확신은 강화된다. 이는 정보 기반이 아니라 심리적 공명에서 비롯된 현상이다.

심리 전염(Psychological Spillover)

한 지역에 대한 기대가 주변으로 퍼지며, 객관적 근거 없이 가격 기대치가 확산된다.
The mind connects places like dominos—one falls, the next must follow.

⇨ 감정(심리)의 흐름: 정보 인지 → 기대 → 연상 → 추종

정보 인지: 특정 지역이 올랐다는 뉴스 또는 사례를 접함

기대 확산: "그럼 옆 지역도 오르겠지"라는 예측이 생김

연상 작용: 두 지역 사이의 연결고리를 과대 해석

추종 행동: 데이터 확인 없이 주변 지역 부동산 검색 및 매수 시도

이 모든 과정은 이성보다는 감정과 군중 심리가 주도한다.

Emotion links what maps don't. Proximity becomes destiny in the investor's mind.

💡 한 걸음 물러나 생각해 보기

지도는 심리와 다르게 움직인다.
물리적 인접성은 가격 전이의 필요조건이 될 수는 있지만, 충분조건은 아니다.
실제 수요, 교통, 생활환경, 정책, 인프라 개발 여부 등이 복합적으로 작용한다.
'같이 오를 것이다'는 기대는 종종 거품의 씨앗이 된다.
인접지역이라는 이유만으로 형성된 투자 기대는 실수요 기반이 약하고, 조정기에 급락할 위험이 크다.
확산보다 구조를 먼저 보라.
지역 간 심리 연결망보다는, 각각의 구조적 기반(교통망, 입지 특성, 공급량)을 따로 분석해야 한다.
Don't let your mind draw lines the market doesn't respect.

| 심리학 용어 키워드 |

39장. 도미노 효과의 심리: 한 지역의 변화가 모든 것을 흔들다

▶ **도미노 효과 심리**(Domino Effect Psychology)

한 지역의 가격 상승이 인접 지역까지 자동적으로 이어질 것이라 믿는 투자 심리.

→ *The belief that price increases in one area will inevitably trigger similar rises in nearby regions, like falling dominoes.*

▶ **인접성 연상**(Associative Proximity)

지리적 인접성을 가치 연동으로 착각하는 심리 작용.

→ *A psychological association that assumes geographic closeness implies economic or value similarity.*

▶ **군중 강화 효과**(Social Echo Effect)

반복되는 언급과 사회적 확신 속에서 확신이 증폭되는 심리 현상.

→ *A feedback loop where repeated messages and social affirmation amplify belief strength, especially in group contexts.*

▶ **심리 전염**(Psychological Spillover)

특정 감정이나 기대가 지역 간에 전이되며 가격 기대에 영향을 미치는 현상.

→ *The emotional or expectation-based influence from one area spreading to others, affecting investment sentiment.*

▶ **비이성적 확산 기대**(Irrational Expansion Expectation)

근거 없는 확신이 인접 지역 투자로 확산되는 심리.

→ *An unfounded expectation that the success of one area guarantees similar returns in adjacent locations.*

▶ **지도형 착각 오류**(Map-Based Fallacy)

지도를 보고 단순한 인접성을 근거로 가격 예측을 하는 인지 오류.

→ *A cognitive fallacy that uses map-based proximity as a flawed proxy for real investment potential.*

40장

가격 전이 기대 심리:
중심지의 열기가 외곽으로 번지는 착시

"거기 너무 비싸서 이쪽이 대안으로 뜬다더라."
"That area's too expensive—so this one's the next hot spot."

⇨ 심리 작동의 시작: 핵심 지역 다음은 외곽이라는 공식

핵심 입지의 가격이 급등하면, 사람들은 자연스럽게 주변 외곽 지역까지 상승 흐름이 이어질 것이라 기대한다.

이는 가격 상승이 지도 위로 확장될 것이라는 심리적 전이 기대(expectation spillover)에서 비롯된다.

중심이 올랐으니, 이제는 외곽 차례라는 식의 기대 공식은 명확한 데이터보다는 가격 간극에 대한 감각에 의해 형성된다.

As central prices surge, minds project that heat outward—even if fundamentals don't.

⇨ 심리 작동 방식과 원인: 상대적 가치 착시 + 투자 순환 공식

상대적 가치 착시(Relative Value Illusion)

중심지는 너무 비싸 보이기 때문에, 그 옆 동네는 상대적으로 싸게 느껴진다.

이때 실제 가치는 고려되지 않고, 가격 간극이 '매력'으로 왜곡되는 것이다.

투자 순환 논리(Cyclical Rotation Logic)

"핵심 지역 → 중간 지역 → 외곽 지역"이라는 전이 순서에 투자자들은 익숙하다.

지금은 '중간', 곧 '외곽'이 뜰 차례라는 심리적 타이밍 착각이 이 흐름을 정당화시킨다.

부동산 가격의 공간 확장 환상

가격은 공간을 따라 움직인다는 착각은 물리적 전파 모델처럼 작동하지만, 실제 시장은 그렇게 단순하지 않다.

Value is felt in comparison, not in fundamentals.

And sequences feel logical—even when they're not real.

⇨ 감정(심리)의 흐름: 중심 급등 → 상대적 매력 인지 → 기대 강화 → 무리한 진입

중심지가 급등하면 외곽은 상대적으로 싸 보이고

"다음은 이 지역"이라는 기대감이 형성된다.

이로 인해 분석 없이 무리한 진입이 일어나며

실제 수요 기반이 약한 외곽 지역까지 거품의 연결이 이어진다.

The further from the center, the higher the hope—and often, the lower the grounding.

💡 한 걸음 물러나 생각해 보기

가격은 전이될 수 있어도, 수요는 옮겨지지 않는다.
가격 상승이 이어진다고 해서, 수요·생활·인프라까지 따라오는 것은 아니다.
심리 공식과 시장 현실은 다르다.
투자자들이 반복적으로 믿는 "핵심 다음은 외곽" 공식은 통계적 일관성을 갖지 않는다.
생활권과 공급력, 실제 수요가 없다면 그 기대는 단순한 착각이다.
지도상의 거리보다, 시장의 깊이를 보라. 가격 간극이 아닌, 삶의 질 격차를 분석해야 한다.

Price spreads don't guarantee demand spreads. What's cheap isn't always valuable.

| 심리학 용어 키워드 |

40장. 가격 전이 기대 심리: 중심지의 열기가 외곽으로 번지는 착시

▶ **가격 전이 기대 심리(Expectation Spillover Psychology)**

중심 지역의 가격 상승이 외곽 지역으로 확산될 것이라 믿는 심리적 기대.

→ *The belief that price increases in core areas will inevitably transfer to peripheral zones, driving preemptive investment.*

▶ **상대적 가치 착시(Relative Value Illusion)**

비싼 지역과 비교하여 주변 지역이 싸 보이게 느껴지는 심리적 왜곡.

→ *A cognitive distortion where peripheral areas appear undervalued simply because of their proximity to higher-priced zones.*

▶ **투자 순환 공식(Cyclical Investment Logic)**

핵심 → 중간 → 외곽으로 이어지는 가격 상승 흐름을 당연하게 믿는 투자자 심리 구조.

→ *An ingrained investment logic that assumes a predictable, cascading sequence of price increases from urban core to fringe.*

▶ **공간 전파 착시(Spatial Transmission Fallacy)**

부동산 가격이 지리적 거리만을 기준으로 확산된다고 오해하는 오류.

→ *A mistaken belief that property prices spread outward solely based on spatial proximity, ignoring functional or demand factors.*

▶ **타이밍 착각(Timing Illusion)**

지금이 곧 외곽의 타이밍이라는 심리적 확신이 실제보다 앞서나가는 현상.

→ *A temporal misjudgment where investors believe the periphery's price rise is imminent, often ahead of real signals.*

▶ **전이 기대 과잉 투자(Overinvestment from Transfer Expectation)**

근거 없는 기대를 기반으로 외곽 지역에 과도한 자금이 몰리는 현상.

→ *A phenomenon where speculative capital floods less-developed zones due to exaggerated beliefs in spillover effects.*

PART 6

거시경제와 실물자산 심리

인플레이션, 금리, 정책 등이
투자 심리에 미치는 간접적 영향

41장

인플레이션 우려의 심리:
지금 안 사면 더 비쌀 것 같은 불안감

지금 안 사면 더 비쌀 것 같은 불안감
The Fear of Inflation: "Buy now, or regret later?"

⇨ 심리 작동의 시작

"지금 안 사면 나중에 더 비싸지 않을까요?"
"If I don't buy now, won't it be even more expensive later?"
이 질문은 단순한 경제적 판단이 아니라, 자산을 지키려는 본능적 불안에서 나온다.
뉴스에서 "물가 상승", "식료품 가격 인상", "기준금리 인상" 같은 단어들이 오르내릴 때,
사람들은 자연스럽게 '집값도 곧 오를 것'이라는 감정적 예측을 하게 된다.
그 결과, 가격의 실제 흐름보다 '지금이 아니면 늦는다.'는 심리적 압박이 우선 작동한다.
이것이 바로 인플레이션 상황에서 부동산이 매력적으로 느껴지는 심리적 구조다.

⇨ 심리 작동 방식과 원인

가치 보존 본능(Preservation Instinct)

인플레이션은 화폐의 구매력을 떨어뜨린다. 사람들은 실물자산, 특히 부동산을 가치 보존의 수단으로 여긴다.
  → "현금은 약해지고, 부동산은 버틴다."는 믿음이 행동을 유도한다.

화폐 회피 심리(Monetary Erosion Fear)

돈의 가치가 떨어진다는 공포는 "돈은 못 믿겠지만 땅은 믿을 수 있어"라는 정서적 반응으로 바뀐다.

→ 이로 인해 부동산은 '실체가 있는 신뢰 자산'으로 심리적으로 포지셔닝된다.

시간 압박 편향(Temporal Urgency Bias)

"가격이 더 오르기 전에 사야 해"라는 조급함.

→ 타이밍에 쫓기는 이 심리는 합리적 판단보다 즉각적인 감정 반응에 투자 결정을 맡기게 만든다.

확증 편향 결합(Confirmation Bias Amplified by Fear)

언론, 주변 사람들의 말, 유튜브 영상까지 모두 '지금 사야 한다.'는 자신만의 판단을 뒷받침하는 증거로 해석하게 된다.

⇨ 감정(심리)의 흐름

불안감(Inflation Anxiety)

→ "물가가 오르면 집값도 곧 오를 거야…"

예상된 후회(Anticipated Regret)

→ "지금 안 사면 나중에 후회할지도 몰라."

감정적 조급함(Emotional Urgency)

→ "시간이 없어. 지금 해야 돼."

행동 정당화(Self-Justification)

→ "이건 투자라기보다 자산을 지키기 위한 조치야."

이성의 무력화(Rational Bypass)

→ 경제적 분석이 아닌 심리적 방어 반응이 행동의 주 원인이 된다.

> 💡 **한 걸음 물러나 생각해 보기**
>
> "지금 안 사면 더 비싸질 것"이라는 말은 시장 분석일까, 불안의 언어일까?
> 인플레이션이 자산 가치를 보호해 주는 것이 아니라, 과잉 기대를 유도하는 심리적 촉매제가 될 수도 있다.
> 화폐가 약해진다는 인식만으로 부동산에 몰입한다면, 판단의 기반은 감정이지 논리가 아닐 수 있다.
> 중요한 것은 물가의 움직임이 아니라, 그 물가를 어떻게 해석하고 반응하느냐의 심리 구조다.

| 심리학 용어 키워드 |

41장. 인플레이션 우려의 심리: 지금 안 사면 더 비쌀 것 같은 불안감

▶ 지금 매수 심리(Buy-Now Pressure)

인플레이션 불안 속 '지금 안 사면 늦는다'는 감정적 압박.

→ An emotional urgency to buy now driven by inflation fears and the belief that waiting will lead to missed opportunities.

▶ 가치 보존 본능(Preservation Instinct)

자산 가치 하락에 대한 방어 본능이 실물자산 선호로 전이.

→ A defensive psychological drive to preserve value, often leading to a preference for tangible assets like real estate.

▶ 화폐 회피 심리(Monetary Erosion Fear)

화폐가치 하락에 대한 불신이 부동산 선호로 연결되는 심리.

→ A distrust in fiat currency during inflation, which triggers a shift toward real assets perceived as value-stable.

▶ 시간 압박 편향(Temporal Urgency Bias)

시간에 쫓겨 감정적으로 행동하는 인지적 왜곡.

→ A cognitive distortion where time pressure accelerates decision-making, often leading to impulsive investments.

▶ 인플레이션 기반 확신(Inflation-Driven Certainty Bias)

물가 상승 뉴스가 모든 자산을 끌어올릴 것이라는 과신.

→ An overconfident belief that inflation will universally increase asset values, regardless of fundamentals.

▶ 감정 기반 투자(Emotion-Based Investment Decision)

경제 논리보다 불안과 기대 심리에 의해 이루어지는 투자 결정.

→ Investment decisions driven more by emotional cues like fear or anticipation than by rational financial analysis.

▽ 42장

화폐가치 하락에 따른 실물자산 선호:
믿을 수 있는 건 땅(부동산)뿐이라는 믿음

믿을 수 있는 건 땅뿐이라는 믿음
When Currency Fades, Trust Turns to Land

"돈은 종이조각이지만, 땅은 안 사라지잖아요."
"Paper money can lose value, but land doesn't disappear."

⇨ 심리 작동의 시작

금리가 요동치고, 원화의 가치가 흔들리며, 인플레이션 뉴스가 넘쳐날 때
사람들은 점차 화폐 자체에 대한 신뢰를 잃어 가기 시작한다.
그리고 그 불신은 어느 순간, '눈에 보이고 만질 수 있는 자산'인 부동산으로 향한다.
이때 사람들은 단순한 수익 계산이 아닌, "믿을 수 있는 것에 대한 심리적 피신처"를 찾는다.
즉, 신뢰는 이성의 산물이 아니라 감각을 통해 형성된 심리적 실체화다.

⇨ 심리 작동 방식과 원인

실체 신뢰 편향(Tangible Trust Bias)

사람은 보이고 만질 수 있는 것에 본능적으로 더 신뢰를 느낀다.
화폐는 숫자이고 통장 속 데이터지만, 땅은 위치와 면적이 있는 물리적 실체다.

→ 불확실한 경제 상황일수록 부동산이 '믿을 수 있는 자산'으로 여겨진다.

심리적 보유 만족감(Perceived Control and Security)

'내 땅이다'는 느낌은 단순한 소유를 넘어 안정감, 통제감, 자존감을 강화시킨다.

→ 화폐는 쓰면 사라지지만, 부동산은 '존재' 자체로 안심을 준다.

화폐 시스템에 대한 구조적 불신

금리 조정, 통화량 확대, 외환시장 개입 등은 일반 투자자에게는 '예측 불가능한 위험'으로 인식된다.

→ 이 불신이 부동산이라는 '스스로 움직이지 않는 자산'에 신뢰의 중심을 이동시키는 계기가 된다.

위기 상황에서의 안전지향 본능

자산의 성장은 바라지 않아도, 자산의 보존은 무조건 필요하다는 방어 심리가 작동한다.

→ 이것이 실물자산 선호를 뒷받침하는 심리적 코어다.

⇨ 감정(심리)의 흐름

불신(Distrust)

→ "요즘 원화가 너무 흔들려. 통화도 믿기 어렵네."

대안 모색(Seeking Security)

→ "그럼 뭘 믿어야 하지? 주식? 코인? 아니면… 땅?"

감각적 신뢰(Tangible Reassurance)

→ "그래, 부동산은 적어도 눈에 보이잖아."

심리적 고정(Emotional Anchoring)

→ "이건 단지 투자라기보다, 내 자산을 지키기 위한 가장 확실한 수단이야."

행동 이행(Asset Transfer)

→ 실물자산으로의 포트폴리오 이동 혹은 신규 매수 결정

💡 **한 걸음 물러나 생각해 보기**

'만질 수 있다'는 이유만으로 신뢰를 부여하는 건 감정의 착각일 수 있다.
실물자산도 가격 변동, 보유 비용, 유동성 리스크가 분명히 존재한다.
'종이'에 대한 불신이 '토지'에 대한 과잉 신뢰로 이어질 경우,
그 판단은 경제적 분석이 아닌 심리적 안도감에 근거한 것이다.
무엇을 믿는가보다 중요한 건, 왜 그걸 믿는가이다.
그 신뢰가 데이터에서 비롯된 것인지, 아니면 감각적 위안에서 비롯된 것인지 스스로 점검해야 한다.

| 심리학 용어 키워드 |

42장. 화폐가치 하락에 따른 실물자산 선호: 믿을 수 있는 건 땅(부동산)뿐이라는 믿음

▶ 실물자산 신뢰 심리(Tangible Trust Bias)

만질 수 있는 자산에 심리적 안정감을 더 크게 부여하는 경향.

→ *The tendency to assign greater psychological security to physical, touchable assets like real estate or gold.*

▶ 심리적 보유 만족(Perceived Control and Security)

자산을 소유하고 있다는 느낌이 주는 통제감과 심리적 안도.

→ *The emotional comfort and perceived control gained from owning visible, possessable assets.*

▶ 화폐 불신 반응(Currency Distrust Response)

화폐 가치 하락이나 변동성에 대한 불신으로 실물자산으로 자산 이동.

→ *A behavioral response where distrust in fiat currency leads to reallocating wealth into tangible stores of value.*

▶ 안정지향 본능(Security-Seeking Instinct)

위기 상황에서 원금 보존을 본능적으로 우선시하는 감정적 반응.

→ *An instinctive emotional drive to protect principal over profit during periods of uncertainty or crisis.*

▶ 자산 고정 심리(Emotional Asset Anchoring)

부동산 같은 자산에 정서적 안정감을 느끼며 자산을 고정하려는 경향.

→ *A psychological inclination to anchor wealth in emotionally reassuring assets like property, resisting liquidity or flexibility.*

43장

경제성장 기대의 심리:
커지는 나라에서 커질 자산을 찾는다

커지는 나라에서 커질 자산을 찾는다.
The Expansion Expectation: "If the country grows, my property should too."

"앞으로 경제 좋아질 테니까, 집값도 오르지 않을까요?"
"The economy's improving, so property prices should go up too, right?"

⇨ 심리 작동의 시작

정부가 성장률을 상향 조정하고, 수출 증가 뉴스가 보도되며, 대규모 산업단지나 인프라 투자 발표가 이어지면 사람들은 자연스럽게 "이 흐름에 올라타야 한다."는 심리를 느낀다.

경제성장은 곧 자산 상승의 신호로 읽히고, 특히 부동산은 가장 직접적인 수혜 자산처럼 인식된다.

이때 작동하는 것은 숫자의 논리가 아니라, '확장하는 분위기에 편승하고 싶은 감정'이다.

⇨ 심리 작동 방식과 원인

미래 확장 기대 편향(Expansionary Projection Bias)

국가 단위의 GDP 성장, 산업 확대, 인구 증가 등의 요소가 곧바로 개인 자산 상승으로 이어질 것이라 믿는 선형적 감정적 추론이다.

→ "나라가 잘되면, 나도 당연히 잘 되겠지."

소득-수요 연계 기대(Income-Demand Correlation)

경제 성장 → 소득 증가 → 소비 증가 → 주택 수요 상승 → 집값 상승이라는 직관적·감정적 연동 사슬이 형성된다.

→ 문제는 그 중간의 '속도'와 '불균형'을 간과하기 쉽다는 점이다.

정책-개발-가격 기대 프레임(Policy-Growth-Price Expectation)

정부의 SOC 투자, 재정 지출, 산업 클러스터 조성 계획 등이 "개발 → 수요 증가 → 가격 상승"의 공식으로 과잉 해석된다.

→ 데이터보다 분위기와 감정적 확신이 먼저 움직인다.

집단 낙관성(Collective Optimism Bias)

경제가 좋아진다는 뉴스가 반복되면, 사람들 사이에 비합리적 희망적 확신이 퍼진다.

→ 그 결과, 시장이 기대감으로 과열되기도 한다.

⇨ 감정(심리)의 흐름

희망(Hope)

→ "경기가 살아나고 있대. 이번엔 진짜일지도 몰라."

확신(Conviction)

→ "정부가 저 정도로 투자하는데… 이 지역은 확실해."

기대(Expectation)

→ "나도 이 흐름에 올라타야 손해 안 보지."

몰입(Commitment)

→ 경제성장이라는 담론에 자산을 맞추는 결정을 하게 됨.

착각(Oversimplification)

→ 성장과 자산 상승의 속도·방향 차이를 무시하고 동일시함.

> ### 💡 한 걸음 물러나 생각해 보기
>
> 경제가 성장한다고 해서 모든 지역의 집값이 다 같이 오르는 건 아닙니다.
> 뉴스에서 "경제가 좋아진다.", "국가 성장률이 높다"는 이야기를 들으면, 자연스럽게 집값도 같이 오를 것 같다는 기대가 생깁니다. 하지만 실제로는 어떤 지역은 오르고, 어떤 지역은 그대로거나 오히려 떨어지기도 합니다.
> 왜 그럴까요?
> 경제 성장이라는 건 전국적인 흐름이지만, 집값은 지역마다 상황이 다르기 때문입니다.
> 예를 들어:
> 그 지역에 사람들이 얼마나 몰리는지(수요) 집이 얼마나 많이 공급됐는지(공급)
> 지방정부나 국가가 어떤 정책을 펴는지(개발, 규제 등)
> 이런 구체적인 조건에 따라 가격은 다르게 움직입니다.
> '경제가 좋아지면 집값이 오른다.'는 생각은 감정적으로는 이해되지만,
> 실제로 투자에 적용하려면 그 사이의 연결 고리(예: 수요, 공급, 교통, 정책 등)를 자세히 분석해야 합니다.
> "기대가 생겼다"는 것과 "지금이 투자 타이밍이다"는 건 다르다는 뜻입니다.

| 심리학 용어 키워드 |

43장. 경제성장 기대의 심리: 커지는 나라에서 커질 자산을 찾는다

▶ **미래 확장 기대 편향(Expansionary Projection Bias)**

국가·경제 성장 기대가 곧 내 자산 가치로 이어질 것이라 믿는 심리.

→ *The belief that national or economic growth will directly translate into personal asset appreciation, often without nuance.*

▶ **소득-수요 감정 연계(Income-Demand Correlation)**

소득 상승이 주택 수요를 높이고, 그로 인해 집값이 오른다고 보는 감정적 추론.

→ *An emotional assumption that rising incomes automatically fuel housing demand and lead to price increases.*

▶ **정책-개발-가격 공식화(Policy-to-Price Expectation Bias)**

정책 투자 발표가 곧바로 부동산 상승으로 연결될 것이라는 자동화된 기대.

→ *A reflexive expectation that any government policy or development plan will directly boost property values.*

▶ **집단 낙관성(Collective Optimism Bias)**

경제성장 뉴스에 집단적으로 희망을 과잉 부여하는 경향.

→ *A mass psychological tendency to overestimate the positive impact of economic news on individual wealth.*

▶ **성장 선형 착시(Growth-Value Linear Fallacy)**

경제 성장률과 자산 가치 상승을 선형적으로 동일시하는 사고 오류.

→ *A fallacious belief that asset prices increase in a straight line with macroeconomic growth, ignoring market lags or disconnects.*

44장

경제 회복 기대의 심리: '이제 다시 오를 것 같다'는 감정의 회복

'이제 다시 오를 것 같다'는 감정의 회복
The Emotional Comeback: "The economy is recovering, so the market will too."

"경기가 살아나면 부동산도 다시 올라가겠죠?"
"If the economy recovers, real estate will bounce back too, right?"

▷ 심리 작동의 시작

사람들은 침체기 이후의 회복 신호에 매우 민감하다.

GDP 반등, 수출 증가, 소비 회복 등의 지표가 발표되면 시장 분위기 전체가 "이제 다시 오를 때가 됐다"는 정서로 전환된다.

이러한 반응은 가격 자체보다 "분위기의 회복"에 먼저 반응하는 심리적 구조에서 비롯된다.

특히 오랫동안 시장을 지켜보며 기다려온 사람일수록, 이 회복의 조짐을 '내가 기다려온 보상'처럼 해석하게 된다.

▷ 심리 작동 방식과 원인

감정 연동 기대(Emotional Linkage Bias)

경제 전반이 회복되는 듯한 인상만으로도, 자산 시장도 곧 회복될 것이라는 감정적 확신이 생긴다.

→ 실제 가격 변화보다, 뉴스의 톤이나 정부의 발표가 더 크게 작용한다.

심리적 보상 추구(Delayed Compensation Psychology)

하락기를 버텨온 투자자일수록, 회복 국면을 '자신이 견뎌낸 시간에 대한 보상'으로 여긴다.
→ 그 결과, 작은 회복 신호만으로도 과감한 재진입 결정을 내리는 경향이 강해진다.

집단 확신 편향(Collective Optimism Bias)

"모두가 괜찮다고 말하는 시점"에서 사람들은 스스로의 불안감을 잠재우고 집단적 믿음을 택하게 된다.
→ 이때 회복은 아직 현실이 아니더라도, 심리적 기대는 이미 앞서가게 된다.

시장 기대 선행 효과(Anticipatory Sentiment Surge)

실제 경기보다 심리가 먼저 살아나고,
→ 그 심리가 거래량 증가 → 가격 상승 → 추가 매수 기대라는 선순환 기대 구조를 만들어 낸다.

⇨ 감정(심리)의 흐름

희망 감지(Sensing Hope)

"요즘 분위기 보니까, 이제 좀 살아나는 것 같아."

정서적 회복(Emotional Recovery)

"이제 좀 숨통이 트이네… 기다린 보람이 있겠어."

재진입 충동(Return Urge)

"지금 들어가면, 저점 매수일지도 몰라."

확신 강화(Confidence Build-up)

"언론도 그렇고 전문가들도 다 올라간다고 하잖아."

기회 착각(Timing Fallacy)

모든 회복이 '지금 시작된다.'고 착각하면서 무리한 매수나 레버리지 진입이 발생할 수 있음.

💡 한 걸음 물러나 생각해 보기

회복은 감정에서 시작되지만, 시장 전체로 확산되기까지는 시간차가 있다.
가장 먼저 살아나는 건 수요자의 기대 심리지만,

→ 그 다음에 따라오는 것은 실제 수요, 자금 흐름, 그리고 정책의 구현이다.
"지금이 바닥"이라는 말은 종종 자기 암시일 뿐, 실체 없는 희망일 수 있다.
회복 국면은 투자자에게 기회지만, 그 기회는 준비된 자에게만 열려 있다.
조급한 희망보다, 구조를 파악한 전략이 먼저다.

| 심리학 용어 키워드 |

44장. 경제 회복 기대의 심리: '이제 다시 오를 것 같다'는 감정의 회복

▶ **감정 연동 기대(Emotional Linkage Bias)**

경기 회복 분위기가 곧 자산 가치 회복으로 이어질 것이라는 감정적 연결.

→ *The emotional tendency to assume that economic recovery sentiment will directly and immediately raise asset values.*

▶ **심리적 보상 추구(Delayed Compensation Psychology)**

하락기를 견딘 자가 회복 신호에 과잉 기대를 품는 심리.

→ *A psychological response where enduring a downturn leads to exaggerated hope for reward once signs of recovery appear.*

▶ **집단 확신 편향(Collective Optimism Bias)**

다수의 회복 신호와 언론 보도를 맹신하며 불안 대신 집단적 낙관에 편승.

→ *A bias where individuals replace personal analysis with mass optimism driven by repeated positive media and crowd sentiment.*

▶ **선행 기대 효과(Anticipatory Sentiment Surge)**

실제 회복보다 투자 심리가 먼저 반등하면서 기대 선순환이 발생하는 현상.

→ *A phenomenon where investor sentiment rebounds ahead of real economic improvement, creating a self-reinforcing cycle.*

▶ **타이밍 착각(Timing Fallacy)**

회복 국면이 아직 진행되지 않았음에도, 지금이 저점이라 믿고 행동하는 오류.

→ *A misjudgment where one prematurely assumes the market has bottomed, leading to early or mistimed investment decisions.*

45장

금리 예측 심리:
기준금리에 따라 움직이는 감정의 나침반

기준금리에 따라 움직이는 감정의 나침반
Interest Rate Sentiment: Forecasting Feelings, Not Just Numbers

"금리가 오를까요, 내릴까요?"
"Will interest rates rise or fall?"

⇨ 심리 작동의 시작

이 질문은 단순히 경제 뉴스를 소비하는 것이 아니다.

사람들은 금리의 향방을 통해 부동산 시장의 미래를 감정적으로 가늠한다.

그 예측은 논리라기보다는 감정의 나침반처럼 작동한다.

특히 대출을 고려하는 실수요자나 투자자는 "금리가 오른다 → 대출 부담 ↑ → 수요 ↓ → 가격 하락"이라는 시나리오를 감정적으로 체득하고, 이를 근거로 행동을 결정한다.

이러한 심리적 회로는 정보를 분석한다기보다는, 정보에 선제적으로 반응하려는 감정적 구조에 가깝다.

⇨ 심리 작동 방식과 원인

연결사고 오류(Associative Forecasting Bias)

경제 변수 간 인과관계가 아닌 감정적 연상에 기반 한 예측

→ 금리 상승 → 수요 감소 → 가격 하락이라는 자동화된 도식적 반응을 한다.

→ 하지만 현실은 복합 변수(정책, 공급, 심리, 인구 등)가 교차 작용함.

선제 반응 심리(Preemptive Reaction Tendency)

"금리 오르기 전에 사야 해"

또는 "지금은 금리가 높으니까 기다려야 해"

→ 금리의 변화보다 금리 변화에 대한 예측이 행동을 앞당긴다.

감정적 시장 예민성(Sentimental Sensitivity to Rates)[13]

금리 자체보다 "올린다더라", "곧 내릴 것 같다"는 말에 먼저 반응

→ 금융 뉴스, 유튜브 콘텐츠, 소셜 미디어가 이 반응을 증폭시킴

정책 암시 과잉 해석(Over-interpretation of Monetary Signals)

중앙은행 관계자의 한 마디, 기자간담회, 금통위 요약문 등

→ 객관적 데이터보다 '뉘앙스'와 '분위기'에 감정이 끌림

⇨ 감정(심리)의 흐름

기대(Anticipation)

"이번엔 금리 내릴 것 같다. 그러면 집값 다시 오르겠지?"

---

13) Shiller, R. J. (2000). Irrational exuberance. Princeton University Press. Kahneman, D. (2011). Thinking, fast and slow. Farrar, Straus and Giroux.

불안(Anxiety)

"금리 인상 예고하면 대출이자 부담이 더 커질 거야."

선제 행동(Early Action)

"오르기 전에 사야겠다." 또는 "내릴 때까지 기다려야지."

혼란과 과잉 반응(Confusion & Overreaction)

"내가 지금 뭘 믿고 결정해야 하지?"
→ '지표보다 감정'으로 움직이는 시장 참여자

> 💡 **한 걸음 물러나 생각해 보기**
>
> 금리는 단지 금융시장의 가격 신호일 뿐이다.
> 하지만 사람들은 그것을 감정의 방향타로 해석하며 스스로 조급해진다.
> 예측은 논리이지만, 예측에 대한 반응은 심리다.
> 금리가 변할 것이라는 생각만으로도 시장 행동은 실질보다 앞서서 과도하게 반응한다.
> "금리 때문에 산다." 혹은 "금리 때문에 기다린다."는 판단이
> 불완전한 정보 또는 왜곡된 감정에서 비롯된 것인지 돌아봐야 한다.
> 금리 변화보다 더 중요한 건
> 그 변화가 내 자산 전략에 어떤 논리적 영향을 미치는지를 판단하는 힘이다.

| 심리학 용어 키워드 |

45장. 금리 예측 심리: 기준금리에 따라 움직이는 감정의 나침반

▶ 연결 사고 오류(Associative Forecasting Bias)

경제 변수들 간 인과가 아닌 감정적 연결로 시장을 예측하는 오류.

→ *A forecasting error where emotional associations are mistaken for causal relationships between economic indicators.*

▶ 선제 반응 심리(Preemptive Reaction Tendency)

금리 변동 이전에 미리 움직이려는 심리적 조급함.

→ *The tendency to act hastily in anticipation of a rate change, often driven more by anxiety than information.*

▶ 금리 민감 심리(Sentimental Rate Sensitivity)

숫자보다 소문과 뉴스에 민감하게 반응하는 심리.

→ *A sensitivity where investors respond emotionally to rumors or headlines about interest rates, rather than actual data.*

▶ 정책 암시 과잉 해석(Overinterpretation of Monetary Cues)

중앙은행의 언급이나 뉘앙스를 과하게 해석하는 행동 경향.

→ *A behavioral bias that places excessive weight on hints or tone in central bank communication, often leading to misjudgment.*

▶ 감정 기반 금리 해석(Emotion-Driven Rate Interpretation)

금리를 객관적 지표가 아니라 감정적 방향타로 받아들이는 태도.

→ *Viewing interest rate trends not as objective signals but as emotional indicators that guide fear or hope.*

46장

금리 인하 기대 심리:
사야 할 이유가 생겼다는 감정의 신호

"금리 내린다니까, 지금 사는 게 좋지 않을까요?"
"With rates dropping, maybe now is the right time to buy?"

⇨ 심리 작동의 시작

금리 인하는 '기회'라는 감정적 허가장.

기준금리 인하 소식이 들려오면, 시장에 퍼지는 첫 감정은 "지금이 기회다"라는 확신이다.

사람들은 금리 하락을 단순한 경제 지표가 아닌, 심리적 진입 신호로 해석한다.

이제는 사도 된다는 감정, 내가 기다려온 타이밍이라는 정서적 허가가 함께 작동한다.

A rate cut isn't just economic—it's emotional permission.

⇨ 심리 작동 방식과 원인: 심리적 진입 유도 + 확신 강화 효과 + 정책 해석 오류

심리적 진입 유도(Triggered Entry Bias)[14]

금리 인하 기대가 생기면, 사람들은

"이자 부담 ↓ → 대출 여력 ↑ → 수익 가능성 ↑"이라는

자기 설득형 도식을 통해 매수를 정당화한다.

---

[14] Kahneman, D. (2011). Thinking, fast and slow. Farrar, Straus and Giroux.Tversky, A., & Kahneman, D. (1974). Judgment under uncertainty: Heuristics and biases. Science, 185(4157), 1124-1131.

확신 강화 효과(Confirmation Effect)

금리 인하라는 정책 시그널은 투자자에게 "내가 맞았다", "정부도 등 떠밀어 준다" 심리적 자기 확신 강화로 작용한다.

예측의 현실화 착시(Expectational Realization Bias)

금리가 아직 인하되지 않았더라도, "곧 내릴 거야 → 지금 사야 해"라는 감정 주도형 선행 행동이 시장을 선도한다.

We don't wait for the rate to change—we act when we believe it will.

⇨ 감정(심리)의 흐름: 인하 기대 형성 → 자기 확신 강화 → 즉시 진입

뉴스 접촉

"금리 동결 → 인하 전망", "한은, 완화 기조 유지"

감정 반응

"곧 내리겠네 → 지금이 저점이야"

확신 결합

'정부도 지금 들어가라는 거지'

시장 진입

실제 인하 전부터 매수 심리 활성화, 경쟁 과열

Opportunity is often a feeling, not a fact.

> ## 💡 한 걸음 물러나 생각해 보기
>
> 정책 예고는 기회가 아니라 신호일 뿐이다.
> 금리 인하 가능성은 조건 변화의 한 요소일 뿐,
> 시장 전환점으로 오해하면 조급한 진입으로 이어진다.
> 심리가 분석을 앞서면 매수 타이밍이 왜곡된다.
> 감정에 기초한 '먼저 사자' 전략은, 실제 인하 후의
> 시장 반응과 엇갈릴 수 있다.
> 정책이 아닌 내 상황이 기준이 돼야 한다.
> 금리 인하는 투자 여건 중 하나일 뿐,
> 자신의 재무 상태와 목적 없는 진입은 위험하다.
> *Follow your plan, not just the policy.*

| 심리학 용어 키워드 |

46장. 금리 인하 기대 심리: 사야 할 이유가 생겼다는 감정의 신호

▶ **심리적 진입 유도(Triggered Entry Bias)**

금리 인하 기대가 매수 결정의 심리적 '허가'를 제공하는 경향.

→ *The psychological phenomenon where anticipated policy changes(like rate cuts) act as emotional permission to invest.*

▶ **확신 강화 효과(Confirmation Effect)**

자신의 투자 결정을 외부 시그널(정책 등)로 정당화하는 심리 구조.

→ *A tendency to interpret policy signals as validation for one's prior investment decision or desired action.*

▶ **예측의 현실화 착시(Expectational Realization Bias)**

아직 일어나지 않은 정책 변화를 현실로 착각하고 행동하는 오류.

→ *A bias where individuals act on forecasts as if they have already materialized, leading to premature decisions.*

▶ **정책 해석 과잉 반응(Overreaction to Policy Signal)**

정책 방향성에 과도하게 민감하게 반응하며 투자 결정을 서두르는 심리.

→ *The behavioral tendency to overrespond to policy cues, assuming they immediately justify strategic action.*

▶ **기대 선행 투자(Expectation-Led Investment Behavior)**

실현 전 기대만으로 선행 진입하는 투자 행동 패턴.

→ *A behavior pattern where investment decisions are made in advance based solely on expectations, not confirmed events.*

▶ **타이밍 자기설득 심리(Timing Self-Persuasion)**

지금이 기회라는 감정을 스스로 강화하며 타이밍을 결정하는 경향.

→ *An emotional process of convincing oneself that 'now is the time,' often in absence of solid external justification.*

47장

정부 정책에 대한 신뢰:
규제와 지원 사이에서 형성되는 믿음의 구조

"정부가 잡겠다고 하니까 좀 믿어도 되지 않을까요?"
"If the government says it'll fix the market, shouldn't we trust that?"

⇨ 심리 작동의 시작

정책은 신뢰의 언어로 작동한다.
부동산 시장에서 정부는 규칙을 만드는 심리적 심판자다.
투자자들은 정책이 시장을 이끄는 방향이라고 생각하며,
그 정책에 얼마나 믿음이 가는가에 따라 시장 심리도 따뜻해지거나 차가워진다.
정책의 내용보다 중요한 것은 예측 가능성과 정합성, 즉 '믿을 수 있느냐'는 감정이다.
People don't just react to rules—they react to how much they trust who made them.[15]

⇨ 심리 작동 방식과 원인: 제도적 신뢰 기반 + 경험 회귀 반응 + 일관성 민감도

제도적 신뢰 기반(Institutional Trust Bias)

정부라는 제도에 대해 신뢰가 형성되어 있다면,

---

15) Slovic, P. (1993). Perceived risk, trust, and democracy. Risk Analysis, 13(6), 675-682.
Kasperson, R. E., Golding, D., & Tuler, S. (1992). Social distrust as a factor in siting hazardous facilities and communicating risks. Journal of Social Issues, 48(4), 161-187.

투자자들은 정책을 '위험 조절 장치'로 받아들이며 심리적 안정을 느낀다.

경험 회귀 반응(Policy Echo Memory)

과거 정책이 효과를 냈던 경험은 비슷한 정책이 다시 나오면
같은 결과가 나올 것이라는 기대를 강화한다.
반대로 정책이 실패했던 기억은 정책 회의감과 무력감을 증폭시킨다.

일관성 민감도(Consistency Sensitivity)

규제가 자주 바뀌고 예고 없이 반전되면 신뢰가 급격히 무너지고,
이는 곧 시장 전체의 심리 냉각으로 이어진다.

Trust isn't built on content—it's built on consistency.

⇨ 감정(심리)의 흐름: 정책 발표 → 기대 형성 or 회의감 → 매수 심리 확산 or 위축

정책 발표

"규제 완화", "청년 지원 확대", "다주택 중과 유지" 등

기억 작동

과거 정책 효과 or 실패 사례와 연결

감정적 반응

'믿어 볼까?' 또는 '또 바뀌겠지'

시장 심리 결정

정책이 심리 신호로 작동하여 매수 심리를 이끌거나 억제

Confidence in the policy becomes confidence in the market.

> ## 💡 한 걸음 물러나 생각해 보기
>
> 정책은 숫자가 아니라 믿음의 언어다. 효과보다도 예측 가능성, 방향성, 일관성이 중요하다. 투자자는 내용을 따지기보다 정책 발표의 분위기와 태도를 먼저 읽는다. 정책의 결과보다 기억이 더 오래간다.
>
> 시장은 정부가 무엇을 하느냐보다, 예전에 무엇을 했고 어떻게 했는지를 기억한다. 불신은 빠르고 강력하게 전염된다.
>
> 한 번 무너진 신뢰는 시장 전체를 냉각시키는 감정적 바이러스가 된다.
>
> 따라서 정책은 심리의 체온을 조절하는 가장 강력한 수단이다.
>
> *Markets don't move on policy—they move on belief in policy.*

| 심리학 용어 키워드 |

47장. 정부 정책에 대한 신뢰: 규제와 지원 사이에서 형성되는 믿음의 구조

▶ **제도적 신뢰 기반(Institutional Trust Bias)**
정부나 정책기관에 대한 신뢰도가 투자 결정에 영향을 주는 심리적 경향.
→ *The tendency for investors to base decisions on their trust in public institutions or policy-making bodies.*

▶ **정책 회귀 반응(Policy Echo Memory)**
과거 정책 경험이 현재 정책에 대한 신뢰나 회의로 이어지는 심리 작용.
→ *A psychological process where past policy outcomes influence current expectations, trust, or skepticism.*

▶ **일관성 민감도(Consistency Sensitivity)**
정책 방향성의 일관성 여부에 따라 투자 심리가 안정되거나 흔들리는 성향.
→ *A sentiment shift based on whether policies appear coherent and consistent, affecting perceived stability.*

▶ **정책 심리 의존(Policy-Dependent Sentiment)**

정부 정책이 투자자 심리에 직접적인 영향을 미치는 구조.

→ *A structural tendency where investor mood or confidence heavily relies on perceived government action.*

▶ **신뢰 확산 또는 붕괴 효과(Trust Cascade or Breakdown Effect)**[16]

정책 발표 후 시장 전반에 신뢰가 급속히 확산되거나 반대로 무너지는 집단 심리 현상.

→ *A collective response where trust rapidly spreads or collapses across the market following a key policy announcement.*

▶ **정책 피로 심리(Policy Fatigue)**

반복적이고 자주 바뀌는 정책으로 인해 투자자들이 무감각해지는 심리적 현상.

→ *A psychological numbing effect caused by frequent or inconsistent policy shifts, reducing responsiveness or engagement.*

---

16) Mayer, R. C., Davis, J. H., & Schoorman, F. D. (1995). An integrative model of organizational trust. Academy of Management Review, 20(3), 709-734. '신뢰 붕괴는 의사결정 시스템 전체에 불신을 야기한다'는 구조적 접근.

Kasperson, R. E., Renn, O., Slovic, P., et al. (1988). The social amplification of risk: A conceptual framework. Risk Analysis, 8(2), 177-187. 사회적 증폭 이론(Social Amplification of Risk Framework, SARF) 속에서 신뢰 붕괴가 대중 심리에 미치는 연쇄적 충격을 분석함.

48장

규제는 시장을 안정시킬까?: 통제에 대한 기대와 안도감

"그래도 정부가 규제하면 너무 오르진 않겠지."
"At least the government will keep things from going too far, right?"

⇨ 심리 작동의 시작

규제가 주는 '제어되고 있다는 느낌' 사람들은 규제를 억제 수단으로만 보지 않는다.

정부가 시장에 개입하면, 비록 가격이 오르더라도 '통제되고 있다'는 인식이 형성된다. 이러한 감정은 투자자에게 일종의 정서적 안전장치로 작동한다.

규제는 심리를 진정시키는 수단이자, 불확실성에 대한 대응 프레임이 된다.

Rules don't just restrict—they reassure.

⇨ 심리 작동 방식과 원인: 통제된 질서 감정 + 심리적 평정 효과 + 기대 기반 수용

통제된 질서 감정(Control Reassurance Bias)

정부가 개입하면 시장이 무제한으로 폭주하지는 않겠다는 감정적 신뢰가 생긴다.

이는 규제의 실효성과 무관하게, '통제되고 있다'는 느낌 자체에서 비롯된다.

심리적 평정 효과(Emotional Pacification Effect)[17]

규제의 디테일보다 '정부가 뭔가 한다.'는 사실 자체가 투자자의 불안을 낮추고 일시적인 안도감을 제공한다.

기대 기반 수용(Expectation-Driven Acceptance)

규제는 때로 효과보다도 기대감과 이미지로 작동한다. 실제로 막지 않아도, 막을 것이라는 믿음이 시장 분위기를 안정시킨다.

Regulation offers not just limits—but psychological structure.

⇨ 감정(심리)의 흐름: 시장 과열 → 규제 발표 → 통제 기대 → 일시적 안도

과열 흐름
집값 폭등, 거래 급증

정책 개입
대출 규제, 다주택 중과, 분양가 상한 등

감정 반응
'정부가 개입했으니 괜찮겠지'

---

17) Kahneman, D. (2011).Thinking, Fast and Slow. New York: Farrar, Straus and Giroux. 시스템 1(직관적 사고)은 즉각적인 정서 반응으로 판단을 내리며, 안정 신호는 불안을 억제하는 데 사용.
Peters, E., Burraston, B., & Mertz, C. K. (2004).An emotion-based model of risk perception and stigma susceptibility. Risk Analysis, 24(5), 1349-1359.감정이 위험 인식에 미치는 영향을 설명하며, 위험 정보가 불안을 누그러뜨리는 심리적 작용을 밝힘.

심리적 결과

일시적 안도감, 거래 관망, 기대 기반 대기 심리

Calm doesn't follow from success—it follows from effort.

> 💡 **한 걸음 물러나 생각해 보기**
>
> 규제는 진짜 안정이 아닌 심리적 기대일 수 있다.
> 실제로 시장을 안정시키지 않아도, 규제의 존재만으로도 평정을 유도할 수 있다.
> 그러나 이는 일시적 착시일 수 있으며, 근본 원인 해결이 없다면 다시 불안이 재점화된다.
> 지속 불가능한 규제는 신뢰를 해친다.
> 기대에 못 미치거나 예측을 벗어난 규제가 나오면,
> 시장은 심리적 배신감과 함께 급격히 냉각된다.
> 규제는 감정의 온도를 조절하는 기제다.
> 규제의 성패보다 중요한 것은 그 규제가 어떤 감정을 만들고 유지하느냐이다.
> *Good regulation manages minds, not just markets.*

| 심리학 용어 키워드 |

48장. 규제는 시장을 안정시킬까?: 통제에 대한 기대와 안도감

▶ **통제된 질서 감정(Control Reassurance Bias)**[18]
정부 규제를 통해 시장이 통제되고 있다는 믿음에서 오는 심리적 안정감.
→ *A sense of emotional safety arising from the belief that government regulations are effectively managing the market.*

---

18) Slovic, P. (1987). Perception of risk. Science, 236(4799), 280-285. 제도적 장치가 잘 작동하고 있다는 믿음은 실제 위험보다 더 큰 '심리적 안정감'을 형성함.

▶ 심리적 평정 효과(Emotional Pacification Effect)
규제 시행만으로도 투자자의 불안이 완화되는 감정 반응.

→ *The calming psychological effect where the mere presence of policy intervention reduces anxiety, regardless of effectiveness.*

▶ 기대 기반 수용(Expectation-Driven Acceptance)
정책의 실제 효능보다 '기대감' 자체로 수용되고 반응하는 심리 구조.

→ *A mental model where investors accept and respond to policy based more on hopeful anticipation than measurable results.*

▶ 정책 심리 유도(Policy-Induced Sentiment)
규제를 통해 심리를 진정시키거나 냉각시키려는 정책적 의도와 그 효과.

→ *The deliberate use of policy signals to steer or stabilize investor sentiment, often more psychologically than materially.*

▶ 규제 신뢰 착시(Regulatory Illusion Effect)
실제 효과보다도 심리적 안정감으로 규제가 과대평가되는 현상.

→ *An illusion where regulations are perceived as more impactful due to the comfort they provide, not their actual impact.*

▶ 과잉 기대 붕괴 반응(Expectation Collapse Reaction)
규제에 대한 기대가 무너질 때 나타나는 급격한 심리 냉각과 신뢰 붕괴.

→ *A sharp drop in confidence and sentiment when high expectations of regulation fail to materialize in real outcomes.*

49장

세제 변화에 대한 기대:
세금이 줄어들면 행동이 달라진다

"취득세 완화된다니까 지금 사도 괜찮지 않을까요?"
"If the acquisition tax is being eased, maybe it's okay to buy now?"

⇨ 심리 작동의 시작

숫자가 아니라 허용의 신호로 읽히는 세금은 단순한 금전적 부담을 넘어서 심리적 경계선처럼 작동한다. '부담이 줄어든다.'는 예고는 곧 투자에 대한 심리적 허가로 바뀌며, '지금이 아니면 나중에 손해'라는 감정적 판단까지 동반하게 된다.

특히 완화 뉴스는 불확실성을 제거하는 신호로 해석되어 시장 진입을 가속시킨다.

Tax isn't just a cost—it's an emotional signal.

⇨ 심리 작동 방식과 원인: 비용 부담 회피 기대 + 정책 선행 반응 + 소문 기반 행동 유도

비용 부담 회피 기대(Tax-Relief Anticipation Bias)

세금이 줄어들 것이라는 전망은, 사람들에게 '이제 사도 부담 없다'는 심리적 허용감을 부여한다. 이때 사람들은 수익보다도 부담감의 해소를 우선순위로 인식한다.

정책 선행 반응(Pre-Policy Behavior Bias)

정책이 확정되기 전이라도, "취득세 완화 검토" 같은 기사 하나가 기대 기반의 시장 반응을 유도한다. 이는 사실보다 심리가 앞서는 구조를 보여 준다.

소문 기반 행동 유도(Rumor-Induced Action)

정책 소문이 확산되면, 시장은 "이제 곧 바뀐다."는 전제하에 움직이기 시작한다. 특히 실수요자나 다주택자는 사전 매수 행동으로 이어지는 경우가 많다.

The mere idea of saving is enough to spark action.

⇨ 감정(심리)의 흐름: 세제 완화 뉴스 → 심리적 허용 인식 → 대기자 진입 → 매수 확산

뉴스 발생

"양도세 완화 추진", "1주택자 취득세 감면"

감정 반응

'이제는 사도 되겠다', '이 기회를 놓치면 더 손해일 것 같다'

시장 행동화

사전 매수 증가, 투자자 심리 회복, 거래량 소폭 반등

집단 확산

"지금이 기회"라는 심리적 프레임 형성

When the rules feel softer, the actions get bolder.

> **한 걸음 물러나 생각해 보기**

세금은 단순히 '비용'이 아니다.
그것은 사람들의 행동을 결정하는 심리적 유인과 제약의 시스템이다.
심리를 자극하는 건 숫자 자체보다 변화의 방향이다.
기대가 정책보다 먼저 움직인다.
확정되지 않은 개편조차도 시장 분위기를 선도할 수 있다.
기대에 따른 선행 행동은 때로 과도한 반응으로 이어질 수 있다.
정책 신호를 해석할 수 있어야 한다.
실제 변화보다, 그 변화가 의미하는 바를 읽어 내는 능력이 투자 판단의 기준이 되어야 한다.
Smart investors don't just read policy—they read reactions to policy.

| 심리학 용어 키워드 |

49장. 세제 변화에 대한 기대: 세금이 줄어들면 행동이 달라진다

▶ **비용 부담 회피 기대**(Tax-Relief Anticipation Bias)

세제 완화 기대가 투자자의 심리적 진입을 유도하는 현상.

→ *The psychological tendency to enter the market in anticipation of reduced tax burdens, even before policy confirmation.*

▶ **정책 선행 반응**(Pre-Policy Behavior Bias)

정책 시행 전부터 심리적으로 움직이며 행동을 앞당기는 투자 심리.

→ *A behavioral bias where investors act prematurely based on the expectation that policy change is imminent.*

> ▶ 소문 기반 행동 유도(Rumor-Induced Action)[19]

정책 소문만으로도 실제 투자 행동이 발생하는 심리적 전이 효과.

→ *A phenomenon where rumors, not official announcements, trigger real-world investment behavior due to emotional contagion.*

> ▶ 심리적 허용 신호(Emotional Permission Signal)

제도 변화가 투자자에게 '지금은 괜찮다'는 인식을 심어 주는 심리적 기제.

→ *A psychological mechanism where policy signals offer investors a sense of emotional approval to take action.*

> ▶ 감세 기대 투자 확산(Tax Cut Expectation Spread)

세금 완화 기대가 투자자 사이에서 집단 확신으로 퍼지는 과정.

→ *The spread of collective optimism about tax cuts that fuels a wave of investment, often detached from actual outcomes.*

> ▶ 정책 수용 감정화(Emotionalization of Policy Acceptance)

세제 변화가 논리보다 감정 기반으로 받아들여지는 심리 구조.

→ *A psychological process where policy updates are received and interpreted more emotionally than rationally.*

---

[19] DiFonzo, N., & Bordia, P. (2007).Rumor psychology: Social and organizational approaches. Washington, DC: American Psychological Association.루머는 개인의 심리적 불안을 자극하고, 공식 정보가 없을 때 사실처럼 받아들여져 행동으로 이어진다.

50장

규제 완화 기대가 만드는 투자 심리의 반등

"조만간 규제 풀릴 거라던데, 지금 사둘까요?"
"They say regulations will be eased soon—should I buy now?"

⇨ 심리 작동의 시작

'아직'이 아니라 '곧'이라는 감정이 시장을 움직인다. 정부 정책은 언제든 바뀔 수 있다는 전제가 투자자에게 심리적 타이밍 신호를 준다. 규제 완화 기대는 아직 시행되지 않은 변화조차도 현재의 매수 타이밍으로 전환시킨다. 이는 '지금은 힘들어도 곧 풀릴 것이라는 기대'가 시장 심리를 반등시키는 구조다. 사람들은 미래에 대한 희망만으로 현재를 정당화하는 감정적 선점 심리를 작동시킨다.

Not when the rules change—when people believe they will.

⇨ 심리 작동 방식과 원인: 규제 반전 기대 + 미래 보상 선행 심리 + 군집 기대 확산

규제 반전 기대(Expectational Reversal)

"이번 정부는 규제 완화 쪽이래", "시장 부양책 곧 나올 거야" 등
규제가 바뀔 가능성 자체가 심리를 전환시키는 핵심 트리거로 작용한다.

미래 보상 선행 심리(Anticipated Regulatory Reward)

아직 현실화되지 않았더라도 '곧 좋아질 것이다'는 기대가 매수를 정당화하는 심리적 근거가 된다.

군집 기대 확산(Herded Policy Expectation Spread)[20]

정책 기대는 소수의 정보에서 시작해, 빠르게 집단적 믿음으로 확산되며 전체 시장 분위기를 반전시킨다.

In real estate, hope moves faster than policy.

⇨ 감정(심리)의 흐름: 정책 암시 → 기대 형성 → 선제 진입 → 시장 반등

신호 감지

"전세 규제 완화 검토 중", "다주택자 중과 폐지 가능성"

감정 반응

'곧 바뀔 테니 지금이 저점'

행동 촉발

예정보다 빠른 매수, 분양 청약 집중

시장 분위기 반전

거래량 증가 → 가격 반등 기대 확산

---

20) Choi, S., & Sias, R. W. (2009).Institutional herding in the Korean stock market. Journal of Financial Markets, 12(3), 418-437. 한국 시장에서도 정책 신호에 따라 투자자들이 무리 지어 반응하는 현상이 반복적으로 관찰됨.

Anticipation becomes action when enough people believe it.

> 💡 **한 걸음 물러나 생각해 보기**
>
> 규제 완화는 신호이자 유혹이다.
> 하지만 정책은 언제든 바뀔 수 있지만, 내 자산은 쉽게 회수되지 않는다.
> 정책 기대만으로 움직이기엔 투자 리스크가 크다.
> 기대는 심리를 움직이지만, 수급은 현실을 결정한다.
> 정책 기대 ≠ 수요 회복이며, 기반 없는 기대는 거품을 만든다.
> 가장 위험한 시점은 기대가 현실보다 앞설 때다.
> 정책이 나오기도 전에 시장이 과열되면,
> 나중에 현실이 기대를 충족하지 못할 때 급격한 냉각이 찾아온다.
> *Expectations are powerful—but unchecked, they become volatile fuel.*

| 심리학 용어 키워드 |

50장. 규제 완화 기대가 만드는 투자 심리의 반등

▶ **규제 반전 기대(Expectational Reversal)**
정책 완화 가능성 자체가 시장 심리를 반등시키는 기대 중심 편향.
→ *A bias where mere speculation about future deregulation leads to improved market sentiment, regardless of current conditions.*

▶ **미래 보상 선행 심리(Anticipated Regulatory Reward)**
향후 정책 변화에 대한 보상을 기대하며 현재 진입 결정을 내리는 심리.
→ *A psychological tendency to act early in the hope of being rewarded when a policy reversal eventually occurs.*

▶ **군집 기대 확산(Herded Policy Expectation Spread)**
일부 기대가 집단 심리로 확산되며 시장 전체 분위기를 변화시키는 구조.
→ *A mechanism where individual optimism about policy change spreads collectively, amplifying market momentum.*

▶ **심리적 선점 투자(Emotionally-Driven Pre-Investment)**
규제 완화 전에 미리 진입하는 감정 기반의 투자 행동.
→ *Emotionally driven early investment based on the belief that favorable policy will soon follow.*

▶ **정책 기대 과열 효과(Policy Anticipation Overheating)**
정책이 발표되기도 전에 시장이 과도하게 반응하며 과열되는 현상.
→ *A condition where excessive market activity is triggered prematurely due to overconfidence in expected policy changes.*

▶ **기대-현실 간 괴리 충격(Expectation-Reality Dislocation Shock)**
실제 정책 효과가 기대에 못 미칠 때 발생하는 심리적 실망과 시장 후퇴.
→ *The emotional and behavioral backlash that occurs when actual outcomes fall short of inflated expectations.*

PART 7

제도·노후·소득 기반의 심리

생애 주기와 제도적 요인이
투자 행동에 미치는 심리적 영향

51장

대출 규제 완화 기대의 심리:
'곧 풀린다.'는 믿음이 만드는 심리적 유인

"대출 규제 완화된다고 하니까 지금 사 두는 게 나을까요?"
"If mortgage rules are easing soon, maybe it's better to buy now?"

⇨ 심리 작동의 시작

자금이 아닌 '심리'가 먼저 움직이는 구조 부동산 시장에서 대출은 실탄이자 심리의 문턱이다. 규제 완화 소식은 단순히 대출 가능성 향상이라는 물리적 변화가 아니라,
"이제 나도 살 수 있다"는 심리적 신호로 작용한다. 이는 투자 결정의 문을 여는 '허용의 감정'을 자극하며, 기대감이 결단을 유도하는 구조로 이어진다.
It's not just about borrowing more—it's about believing you can.

⇨ 심리 작동 방식과 원인: 심리적 유인 반응 + 선점 욕구 + 조기 진입 기대

심리적 유인 반응(Motivated Expectation Bias)

'대출이 쉬워질 것이다'라는 기대는 실제 가능 여부와 무관하게 심리적 허용 감정을 유도한다. 이는 망설임을 제거하고 결정을 앞당기는 감정적 동력이 된다.

선점 욕구(Priority Acquisition Tendency)

"풀리면 모두 몰릴 테니, 지금 사야 유리하다"는

경쟁 회피 기반의 감정적 조기 진입 욕구를 자극한다.

선행 행동 유도 심리(Preemptive Entry Impulse)[21]

대출 규제가 완화될 '가능성'만으로도 실수요자와 투자자 모두가 현실보다 빠르게 행동하게 된다.

The mere possibility of leverage makes the market feel open again.

⇨ 감정(심리)의 흐름: 기대 뉴스 → 망설임 해소 → 조기 결단 → 시장 진입 확대

정책 신호

"DTI 완화 검토", "LTV 상향 가능성", "생애최초 대출 확대"

감정 반응

'나도 가능할지도 몰라', '지금 들어가야 손해 안 보지'

행동 전환

당장 매물 검색, 청약 신청, 자금 계획 변경

시장 파장

대기 수요 진입 → 기대 기반의 매수세 증가

A change in rules isn't needed—just a change in belief.

---

21) Lee, J., & Cho, Y. (2022).Behavioral dynamics of early market entry in Korea's real estate sector. Korea Real Estate Review, 32(4), 67-89. 한국 부동산 시장에서는 공급 예정 지역, 규제 전환 예고 등 '예상 신호'만으로 조기 진입이 폭발적으로 증가함.

💡 한 걸음 물러나 생각해 보기

대출 완화는 심리의 작동과 행정적으로 다르다.
기대는 바로 작동하지만, 정책은 조건과 절차를 요구한다.
감정이 정책을 앞서면 착시 투자로 이어질 수 있다.
모두가 같은 기대를 하면, 경쟁이 먼저 과열된다.

선점 심리의 확산은 공급 조건을 무시한 무리한 진입으로 연결되기도 한다.
조급함이 기준이 되면, 결정은 감정에 의존한다.
기대는 기회이지만, 정책 실행의 속도와 범위를 고려하지 않으면 리스크가 커진다.
Know the difference between policy reality and policy psychology.

| 심리학 용어 키워드 |

51장. 대출 규제 완화 기대의 심리: '곧 풀린다.'는 믿음이 만드는 심리적 유인

▶ 대출 조건 완화 기대가 매수 결정을 감정적으로 유도하는 심리적 경향.

→ *The tendency to make emotionally driven investment decisions based on favorable expectations, such as relaxed lending conditions.*

▶ 선점 욕구(Priority Acquisition Tendency)

향후 경쟁 격화를 우려해 조기 진입하려는 감정 중심의 투자 판단.

→ *An emotional impulse to enter the market early due to fear of future competition or scarcity.*

▶ 선행 행동 유도 심리(Preemptive Entry Impulse)

정책이 실현되기 전부터 기대만으로 행동을 앞당기는 심리 메커니즘.

→ *The urge to act on anticipated policy changes before they materialize, driven more by hope than fact.*

▶ 대출 허용 신호 기대(Expected Credit Permission Signal)

규제 완화 뉴스 자체가 '살 수 있다'는 심리적 허가로 작용하는 현상.

→ *When news of possible credit easing psychologically signals "permission to buy," even before actual changes occur.*

▶ 정책 기대 기반 행동화(Expectation-Driven Market Action)

제도 변화 예고에 따라 현실보다 빠르게 시장 진입이 확산되는 과정.

→ *A market movement that accelerates in anticipation of policy change, regardless of whether the change has been implemented.*

▶ 현실-기대 괴리 위험(Reality-Expectation Disparity Risk)

정책 효과가 체감되지 않을 경우, 투자자가 겪는 심리적 실망과 후회.

→ *The emotional and behavioral backlash that occurs when actual outcomes fall short of inflated expectations.*

52장

노후 대비 심리: 집은 '삶의 피난처'이자 '재정의 기반'

"나이 들면 결국 집 한 채가 있어야 마음이 놓이죠."
"When you grow older, having at least one home gives peace of mind."

⇨ 심리 작동의 시작

노후에 대한 불안은 '소유'로 해소된다. 노후를 준비하는 많은 사람들에게 부동산은 단순한 투자 대상이 아니다. 그것은 미래에 대한 심리적 안식처, 즉 불확실성을 안정으로 바꾸는 수단이다. 주거의 안정과 재정의 기반을 함께 해결할 수 있다는 믿음은 집을 존엄성과 생존력의 상징적 자산으로 만든다.

A home is not just shelter—it's a strategy for dignity.

⇨ 심리 작동 방식과 원인: 생존 확보 본능 + 이중 수익 기대 + 불안 보완 수단[22]

심리적 생존 확보(Desire for Security)

미래 소득과 건강의 불확실성 앞에서 확정된 거주 공간은 심리적 안정과 통제감을 준다. "적어도 살 집은 있다"는 감정은 생존 본능의 해소를 이끈다.

---

22) Shiller, R. J. (2019).Narrative Economics: How Stories Go Viral and Drive Major Economic Events. Princeton University Press.불안과 기대가 결합된 경제적 '이야기'가 시장을 움직이며, 부동산은 그 이야기의 중심이 되는 경우가 많다.

이중 수익 기대(Dual-Function Expectation)

자가 보유는 향후 자산가치 상승뿐만 아니라, 임대 수익이라는 현금 흐름까지 기대할 수 있어 복합적 노후 대비 수단으로 인식된다.

노후 불안 보완 심리(Retirement Anxiety Compensation)

국민연금, 기초연금 등 추상적 보장 체계에 대한 불신은 눈에 보이고 소유 가능한 부동산을 실질적 신뢰 대상으로 만든다.

When income becomes uncertain, ownership becomes security.

⇨ 감정(심리)의 흐름: 노후 걱정 → 생존 본능 자극 → 자산 확보 의지 → 실물 중심 선택

미래 소득 감소 인식

정년, 퇴직, 연금 부족

정서적 불안 확산

"나중에 어디서 살지?", "소득 없이 살 수 있을까?"

생존 대비 심리 작동

'지금이라도 집은 있어야 한다.'

소유에 대한 감정 몰입

임대보다는 매입, 실물 기반 선호 강화

The older we get, the more our fears turn into real estate decisions.

💡 한 걸음 물러나 생각해 보기

노후 대비는 경제 전략이자 정서 전략이다. 부동산을 통한 노후 대비는 수익성보다도 심리적 위안의 수단이 된다. 불안을 막기 위해 집을 사지만, 과잉 투자는 또 다른 불안을 만든다. 소유보다 관리가 중요할 수 있다. 실물 자산은 안정감을 주지만, 관리 비용·세금·유동성 한계 등 노년기의 부담 요인이 될 수 있음을 간과해선 안 된다. 심리적 안전망은 자산만으로 완성되지 않는다. 부동산 외에도 관계, 건강, 생활 구조 등 다양한 삶의 요인이 노후의 '진짜 안정'을 구성한다.

Security in retirement isn't about assets—it's about autonomy.

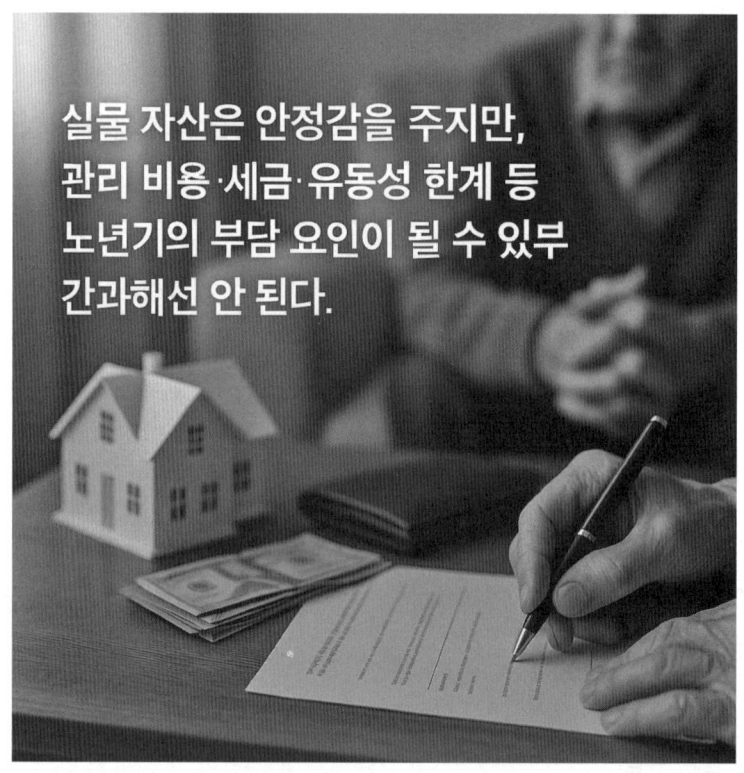

| 심리학 용어 키워드 |

52장. 노후 대비 심리; 집은 '삶의 피난처'이자 '재정의 기반'

▶ **장기 보유 본능(Long-Term Holding Instinct)**
노후 대비 차원에서 주택을 오래 보유하려는 심리.
→ *The natural inclination to hold property long-term as a perceived safeguard for retirement.*

▶ **심리적 생존 확보(Desire for Security)**
미래에 대한 불안 속에서 주택 소유가 정서적 안정감을 제공하는 심리적 작용.
→ *An emotional drive to secure psychological safety through homeownership amidst uncertainty about the future.*

▶ **이중 수익 기대(Dual-Function Expectation)**
부동산이 자산 가치 상승과 임대 수익이라는 두 가지 역할을 동시에 한다는 인식.
→ *The belief that real estate serves a dual role—both as an appreciating asset and a source of rental income.*

▶ **노후 불안 보완 심리(Retirement Anxiety Compensation)**
불확실한 노후 제도에 대한 불신을 부동산 소유로 보완하려는 감정 구조.
→ *Compensating for distrust in pension systems or public support by relying on real estate ownership for emotional reassurance.*

▶ **존엄성 기반 자산 선택(Asset for Dignity Preservation)**
거주와 통제가 가능한 자산을 통해 노년기의 자율성과 존엄성을 지키려는 선택.
→ *Choosing assets that offer control and habitation to preserve independence and dignity in old age.*

▶ **실물 자산 신뢰 편향(Tangible Asset Trust Bias)**
추상적 보장보다 눈에 보이는 실물 자산에 더 큰 안정감을 느끼는 심리 성향.
→ *The tendency to trust visible, physical assets over abstract guarantees like pensions or paper wealth.*

▶ **불확실성 회피 기반 매수(Uncertainty-Driven Ownership Bias)**
미래 불안에 대응하기 위해 주택을 소유하려는 행동 패턴.
→ *A behavior pattern where individuals purchase real estate as a means to cope with uncertainty about the future.*

53장

은퇴 후 임대 수익 심리: '월세'가 주는 마음의 평안

"은퇴해도 월세 수익 있으면 든든할 것 같아서요."
"Even in retirement, having rental income would make me feel secure."

⇨ 심리 작동의 시작

'월세'는 통장보다 마음을 채운다.

사람들이 은퇴 이후 가장 먼저 불안해하는 것은 정기 수입의 단절이다.

이때 부동산 임대 수익은 일하지 않아도 매달 들어오는 안정감을 제공하며, 심리적으로는 월급에 가까운 익숙한 구조로 받아들여진다.

특히 '한 줄 월세'는 재정 통제력의 상징이자 정서적 자율성의 표현이 된다.

It's not the rent—it's the relief it brings.

⇨ 심리 작동 방식과 원인: 정기적 보상 기대 + 인플레이션 방어 기대 + 자기결정권 회복 욕구

정기적 보상 기대(Expectation of Consistent Reward)

은퇴 후에도 일정한 수입이 있다는 심상은 직장생활에서의 월급 습관과 유사한 심리적 구조를 형성한다.

수입의 리듬이 심리의 평정을 만든다.

인플레이션 방어 기대(Inflation Hedge Perception)

물가가 오르면 임대료도 오를 것이라는 기대는 화폐 가치 하락에 대한 심리적 대응 기제로 작동한다.

자기결정권 회복 욕구(Autonomy Preservation Drive)[23]

은퇴 후에도 수입이 있다면 내가 삶을 선택할 수 있다는 감정이 자유, 여가, 가족 지원 등 삶의 질 결정력으로 확장된다.

When income is passive, control becomes active.

⇨ 감정(심리)의 흐름: 은퇴 상상 → 수입 단절 불안 → 대안 탐색 → 임대 수익 기대 → 정서 안정

미래 예측
"은퇴하면 수입이 없지 않을까?"

감정 반응
불안, 조급함, 자산 정비 고민

투자 선택
'집이라도 사 두자', '임대 가능해야 해'

심리적 결과
통장보다 현금흐름 있는 자산에 안정감

---

23) Iyengar, S. S., & Lepper, M. R. (2000).When choice is demotivating: Can one desire too much of a good thing? Journal of Personality and Social Psychology, 79(6), 995-1006.

That single monthly deposit is peace packaged in numbers.

> 💡 **한 걸음 물러나 생각해 보기**
>
> 임대 수익은 단순한 캐시플로우가 아니다. 그것은 노후 자율성에 대한 심리적 통제 수단이다. '내가 벌지 않아도 들어오는 돈'은 감정적으로 '내가 통제하는 인생'으로 전환된다. 모든 임대가 안정은 아니다. 공실, 수리비, 세입자 리스크 등 현실적인 운영 부담이 있다는 점도 심리적 안정 구조에서 반드시 고려되어야 한다. 노후 준비는 월세 한 줄로 끝나지 않는다. 임대 수익은 중요한 도구지만, 그 자체가 인생의 해답은 아니다. 재무·건강·관계의 균형 속에서 임대 수익은 가장 실용적 심리 장치로 활용돼야 한다.
>
> *Freedom in retirement is not how much you have—but how predictably it comes.*

| 심리학 용어 키워드 |

53장. 은퇴 후 임대 수익 심리: '월세'가 주는 마음의 평안

▶ **정기적 보상 기대**(Expectation of Consistent Reward)
매달 고정적인 수입이 있다는 안정감에서 오는 심리적 평온.
→ *The emotional stability derived from expecting regular, predictable income.*

▶ **인플레이션 방어 기대**(Inflation Hedge Perception)
임대료 상승이 물가 상승을 일정 부분 방어해 줄 것이라는 심리적 기대.
→ *The belief that rental income can naturally offset the effects of inflation.*

▶ **자기결정권 회복 욕구**(Autonomy Preservation Drive)
노후에도 수입이 있다는 것이 삶을 선택할 수 있다는 감정으로 전이되는 심리 구조.
→ *The emotional link between financial income and the ability to maintain autonomy in life decisions.*

▶ 은퇴 수입 대체 심리(Retirement Income Substitution Mindset)
월급이 사라진 자리에 임대 수익이 들어오길 바라는 심리적 보상 메커니즘.
→ *A mindset where rental income is emotionally framed as a replacement for lost employment income.*

▶ 현금흐름 기반 안정 감정(Cashflow-Driven Security Emotion)
통장 잔고보다 정기 수입 흐름이 정서적 안정을 더 크게 만들어 주는 성향.
→ *A tendency to feel more secure from steady cash flow than from a lump-sum savings balance.*

▶ 심리적 자산 통제욕(Emotional Ownership Control)
자산이 나에게 수익을 준다는 사실이 삶에 대한 통제력을 회복시켜 주는 작용.
→ *The feeling of personal empowerment that comes from owning income-generating assets.*

54장

소득 안정성에 대한 믿음:
수입이 일정하면 집을 사고 싶어진다

"수입이 꾸준하니까 이제는 집을 살 때가 된 것 같아요."
"Now that my income is stable, I feel like it's time to buy a house."

⇨ 심리 작동의 시작

'사는 여유'보다 '사는 자격'이 먼저 작동한다.

사람들은 일정한 수입이 지속될 때, 비로소 '집을 살 자격이 있다'는 감정을 느낀다. 이는 단순한 재무 계산이 아닌, 자기 확신과 책임감의 시작점이다. 소득의 안정은 심리적 리스크 허용 한계를 끌어올리며, "이제는 장기적인 결정을 해도 된다."는 정서적 신호로 기능한다.

Income doesn't just enable purchase—it legitimizes it emotionally.

⇨ 심리 작동 방식과 원인: 소득 기반 자기 확신 + 심리적 신용감각 + 장기 결단 자극

소득 기반 자기 확신(Income-Based Self-Assurance)

꾸준한 수입은 사람들에게 '이제 감당할 수 있다'는 감정적 확신을 준다.

이는 집이라는 고정적 자산을 갖겠다는 심리적 자격감 형성으로 이어진다.

심리적 신용감각(Perceived Creditworthiness)

은행이 신용을 평가하기 전에, 개인 스스로가

자신의 재무 상태를 긍정적으로 해석하며 용기를 갖는 심리 구조가 작동한다.

장기 결단 자극 심리(Long-Term Readiness Bias)[24]

수입이 불안정할 땐 주거 결정을 미루지만,
소득의 리듬이 일정해지면 장기적 의사결정에 대한 감정적 준비도 갖춰진다.

When the pay is steady, the courage to commit follows.

⇨ 감정(심리)의 흐름: 수입 안정 → 자기 자격감 형성 → 장기 자산 욕구 → 매수 결정

수입 지속 경험

정규직 채용, 사업 안정, 승진 등

심리적 전환

"이제는 나도 집 살 수 있는 사람이다"

행동 촉진

부동산 검색, 상담 문의, 대출 계획 수립

결정 강화

"내가 만든 기반 위에서 내 집을 가진다."는 정체성 확립

Income secures the wallet—but more importantly, it secures the will.

---

24) Kahneman, D., & Tversky, A. (1979). Prospect theory: An analysis of decision under risk. Econometrica, 47(2), 263-291.

> ### 💡 한 걸음 물러나 생각해 보기
>
> 소득은 수단이지만, 심리는 목적을 이끈다. 실제로는 충분한 자산이 있더라도 소득이 불안정하면 심리가 위축되어 투자 결정을 유보한다. 사람은 돈이 아니라 감정의 흐름으로 결정한다. 심리적 신용감각은 현실보다 앞서간다.
>
> 대출 승인 여부와 무관하게, 내가 내 상황을 어떻게 느끼느냐가 시장 진입의 기준이 된다. '자격지심'은 단순한 자신감이 아니다. 그것은 경제적 준비와 정서적 안정이 결합된 상태이며, 부동산처럼 장기 리스크가 큰 자산에 진입할 때 핵심 심리 조건이 된다.
>
> *People don't buy homes when they have enough—they buy when they feel enough.*

| 심리학 용어 키워드 |

54장. 소득 안정성에 대한 믿음: 수입이 일정하면 집을 사고 싶어진다

▶ 소득 기반 자기 확신(Income-Based Self-Assurance)

일정한 소득이 사람에게 집을 살 자격과 용기를 부여하는 심리 구조.

→ *A stable income gives individuals the emotional confidence to feel qualified to purchase property.*

▶ 심리적 신용감각(Perceived Creditworthiness)

금융기관이 아니라 스스로가 자신의 경제 능력을 판단하고 평가하는 감정적 확신.

→ *The self-perceived sense of financial credibility, regardless of official credit approval.*

▶ 장기 결단 자극 심리(Long-Term Readiness Bias)

소득의 지속 가능성이 장기 자산 투자에 대한 감정적 결정을 촉진하는 심리적 경향.

→ *The belief that stable income justifies emotional readiness for long-term investment decisions.*

▶ 정체성 기반 매수 결정(Identity-Driven Purchase Decision)

'나는 이제 집을 살 수 있는 사람이다'라는 감정적 정체성이 투자 결정을 견인하는 현상.

→ *The emotional identity of being "ready to buy" drives purchase decisions beyond financial logic.*

▶ 소득 안정 기반 심리 진입점(Psychological Entry Trigger via Income Stability)

수입 안정이 주거 매수 심리의 전제 조건으로 작동하는 현상.

→ *Income stability acts as a psychological green light for entering the housing market.*

▶ 경제-정서 결합 프레임(Economic-Emotional Integration Frame)

숫자(수입)와 감정(자격지심)이 결합되어 부동산 결정을 유도하는 심리적 구조.

→ *A mental framework where income figures merge with emotional worthiness to justify property decisions.*

55장

소득 증가 및 유지에 대한 신뢰가 구매 심리에 미치는 영향

"앞으로도 월급은 계속 오를 테니까 지금 사 두는 게 맞죠."
"My salary will keep increasing, so it makes sense to buy now."

⇨ 심리 작동의 시작

'미래의 여유'가 '현재의 결단'을 이끈다.
부동산 구매는 현재의 능력보다, 미래에 대한 신뢰에서 더 많은 영향을 받는다.
"나중엔 지금보다 더 잘 살 것이다"라는 믿음은 현재의 부담을 견디는 감정적 토대가 된다.
사람들은 미래 소득 증가에 대한 확신 속에서 지금의 무리한 지출도 정당화하며,
부동산이라는 장기 자산에 대한 진입 결정을 감행한다.
People buy homes today with tomorrow's money in mind.

⇨ 심리 작동 방식과 원인: 수입 확대 낙관 편향 + 미래소득 착시 + 사회적 증거 편향

수입 확대 낙관 편향(Income Optimism Bias)[25]
"지금은 힘들지만 앞으로 나아질 거야"라는 감정은
실제보다 긍정적인 수입 전망을 설정하게 하며,

---

25) Iyengar, S. S., & Lepper, M. R. (2000). When choice is demotivating: Can one desire too much of a good thing? Journal of Personality and Social Psychology, 79(6), 995-1006

현재의 지출에 대한 심리적 저항을 낮춘다.

미래소득 착시(Projected Earnings Illusion)

보장되지 않은 소득 증가를 현실처럼 상정하면서
대출, 분양, 전세자금 등 중대한 결정의 감정적 근거로 삼는다.

사회적 증거 편향(Social Proof Bias)

주변 사람들이 승진하거나 연봉이 오르는 사례가 많아질수록
"나도 곧 그렇게 될 것"이라는 심리적 확신이 생긴다.

Confidence in future income often spends faster than the income itself.

⇨ 감정(심리)의 흐름: 수입 증가 기대 → 현실 지출 정당화 → 장기 구매 결단 → 시장 진입

감정 유발
승진, 연봉 인상, 이직 가능성

심리 전환
"지금은 무리지만, 나중엔 감당 가능해"

행동 촉진
대출 계획 수립, 분양 청약, 주택 매입

구매 결정 정당화
'미래가 괜찮을 거니까 지금이 기회'

The future becomes a justification, not a prediction.

> 💡 **한 걸음 물러나 생각해 보기**
>
> 미래 소득은 약속이 아닌 기대다. 확신이 강할수록, 감정적 결정이 현실을 앞지르기 쉽다. 미래 소득에 근거한 선택이 위험인지 투자인지 구분하려면, 감정과 수치를 분리할 필요가 있다. 소득 낙관은 심리적 허용감을 키운다.
>
> 이는 때때로 현실 감각을 마비시키고 과도한 레버리지로 이어질 수 있다.
>
> '이만하면 괜찮겠지'라는 막연한 낙관이 가장 위험한 재정 판단의 시작점이 될 수 있다. 장기적 판단에는 단기적 검증이 필요하다. 지금의 수입 흐름이 얼마나 안정적이고 지속 가능한지를 점검하지 않으면, 미래에 대한 신뢰는 스스로 만든 착시로 끝날 수 있다.
>
> *Confidence is a powerful driver—but unchecked, it can steer you off course.*

| 심리학 용어 키워드 |

55장. 소득 증가 및 유지에 대한 신뢰가 구매 심리에 미치는 영향

▶ **수입 확대 낙관 편향(Income Optimism Bias)**

미래에 수입이 늘어날 것이라는 감정적 확신이 현재 지출 결정을 정당화하는 심리.

→ *An emotional bias where expected income growth is used to justify current financial decisions.*

▶ **미래소득 착시(Projected Earnings Illusion)**

아직 실현되지 않은 소득 증가를 현재 자산 구매의 근거로 삼는 심리적 오류.

→ *The mistaken belief that future earnings can support current asset purchases.*

▶ **사회적 증거 편향(Social Proof Bias)**

주변인의 소득 증가 경험을 자신의 미래에도 적용하는 감정적 투사 경향.

→ *Projecting others' financial success onto one's own future due to emotional comparison.*

▶ **지출 정당화 프레임(Spending Justification Frame)**

미래에 대한 긍정적 상상이 현재의 재정 결정을 무리 없이 만들도록 허용하는 심리 구조.

→ *A cognitive frame where future optimism makes current spending feel reasonable.*

▶ **리스크 감내 기대 강화(Risk Tolerance Amplification via Income Confidence)**

수입이 증가할 것이라는 믿음이 리스크 수용도를 심리적으로 확대시키는 작용.

→ *Confidence in future earnings increases one's emotional tolerance for financial risk.*

▶ **비현실적 자기 확신(Overprojected Financial Confidence)**

실제 재무 상태보다 미래 수입 기대에 과도하게 의존하는 위험 심리 구조.

→ *An inflated sense of financial security based more on projected income than actual assets.*

56장

고용 안정이 부동산 심리에 미치는 영향: 일자리가 있으면 집도 있다

"직장이 안정되니까 이제 집을 생각하게 되더라고요."
"Now that my job is secure, I've started thinking about buying a home."

⇨ 심리 작동의 시작

소득보다 '지속성'이 마음을 움직인다.

사람들은 고액 연봉보다 예측 가능한 월급에서 더 큰 심리적 안정감을 느낀다.

고용의 안정성은 부동산 매수 결정을 뒷받침하는 감정적 허가증서처럼 작용한다.

"지금뿐만 아니라 앞으로도 계속 감당할 수 있다"는 믿음은 장기 투자에 대한 심리적 저항을 완화시키고 현실적 부담을 미래의 계획안에 안전하게 편입시킨다.

When your job feels secure, buying a home starts to feel safe too.

⇨ 심리 작동 방식과 원인: 경제적 기반 신뢰 + 감정적 시뮬레이션 + 집단 확신 확산

경제적 기반 신뢰(Perceived Employment Security)

고용이 안정되었다고 느끼면 비록 수입이 많지 않더라도 '감당 가능성'에 대한 내면 확신이 생긴다.

감정적 시뮬레이션(Emotional Simulation of Future Affordability)

이직 계획, 승진 가능성, 연금 수령 등 예측 가능한 재무 흐름이 미래 투자 부담을 구체화시켜 심리적 진입 장벽을 낮춘다.

집단 확신 확산(Reference-Group Confidence Signal)[26]

공무원, 대기업 정규직 등 안정 직종의 구매 진입은 시장에 심리적 기준점이 되어 집단 확신을 유발하기도 한다.

Stability builds not just personal confidence—but social confidence.

⇨ 감정(심리)의 흐름: 고용 안정 → 예측 가능성 증가 → 심리 허용감 형성 → 구매 결단

기반 조건
정규직 전환, 승진, 장기계약 체결 등

감정 전환
"이제는 괜찮아 보인다.", "감당할 수 있겠다"

행동 변화
매물 탐색, 청약 준비, 대출 상담 등

심리 확산
주변 동료의 진입 → '우리도 해야지'라는 심리적 동조 발생

---

26) Kahneman, D., & Tversky, A. (1979). Prospect theory: An analysis of decision under risk. Econometrica, 47(2), 263-291. Cialdini, R. B. (2007). Influence: The psychology of persuasion (Rev. ed.). Harper Business.

A stable job doesn't just pay—it permits.

> 💡 **한 걸음 물러나 생각해 보기**
>
> 직업 안정은 시장의 기준점이다. 안정된 고용은 시장 진입 심리를 정돈하고 기준선을 형성한다. 이들은 가격 형성과 수요층 분포의 심리적 기준점 역할을 한다. 고용 불안은 시장의 그림자를 만든다. 반대로 고용 불안정성은 잠재 수요를 억제하고, 실질 구매 여력보다 심리적 위축이 거래 감소로 이어질 수 있다.
>
> '감당 가능성'은 심리적 구조물이다. 금리, 세금, 가격보다 중요한 것은
> '나의 삶에서 이걸 유지할 수 있겠다는 정서적 확신'이다.
> 그것은 숫자가 아니라 직업을 통해 만들어진다.
> *A job is more than income. It's a psychological license to invest.*

집단 확신 확산 (Reference-Group Confidence Signal)
공무원, 대기업 정규직 등 안정 직종의 구매 진입은 시장에 심리적 기준점이 되어 집단 확신을 유발하기도 한다

| 심리학 용어 키워드 |

56장. 고용 안정이 부동산 심리에 미치는 영향: 일자리가 있으면 집도 있다

▶ 경제적 기반 신뢰(Perceived Employment Security)

고용의 안정성에서 비롯된 감정적 투자 허용 심리.

→ *The emotional readiness to invest that stems from feeling secure in one's employment.*

▶ 감정적 시뮬레이션(Emotional Simulation of Future Affordability)

미래의 소득 흐름을 감정적으로 예측하고 그에 맞게 현재의 결정을 정당화하는 구조.

→ *Mentally simulating future income streams to emotionally justify present financial decisions.*

▶ 집단 확신 확산(Reference-Group Confidence Signal)

안정된 고용계층의 시장 진입이 주변에 심리적 투자 자극을 주는 현상.

→ *The emotional influence triggered when secure peers begin investing, signaling safety to others.*

▶ 심리적 투자 허가(Emotional Permission to Invest)

고용 안정에 기반해 스스로 부여하는 '지금 사도 괜찮다'는 내면적 허용 감정.

→ *A self-granted emotional green light to invest, derived from stable employment.*

▶ 소득 예측 기반 심리 확장(Income Predictability-Driven Confidence)

미래의 수입을 예측 가능한 것으로 인식하며 투자심리가 확장되는 작용.

→ *Confidence in predictable income strengthens the willingness to invest.*

▶ 직업 기반 구매 동기화(Employment-Driven Purchase Trigger)

고용 안정이 부동산 구매의 감정적 기폭제로 작용하는 심리적 구조.

→ *Stable employment acts as an emotional catalyst for making real estate purchase decisions.*

57장

고용 안정 계층의 심리 강화: 확실한 직장이 선택을 밀어붙인다

"나는 공무원이라 안정되니까 지금 사도 괜찮아."
"Since I'm a government employee, I feel secure enough to buy now."

⇨ 심리 작동의 시작

'불확실성 없음'이 곧 투자 허가증이다 부동산 시장에서 고용 안정 계층은 단순히 소득이 많은 집단이 아니다. 이들은 불확실성이 적은 삶의 구조 속에서
"지금이 결정의 타이밍"이라는 심리적 결단력(psychological decisiveness)을 빠르게 발휘한다. 고용의 안정성은 감정적 리스크를 최소화하며, 시장 진입의 첫 주자가 되는 심리적 여건을 만든다. 확신은 결정을 빠르게 만든다.
Confidence eliminates hesitation.

⇨ 심리 작동 방식과 원인: 기초 안정 기반 의사결정 + 심리적 리스크 무감각 + 기준점 확산

기초 안정 기반 의사결정(Foundation Security Bias)[27]

고용 불안이 없다는 믿음은, 시장 불확실성이나 금리, 정책 변화보다 더 큰 심리적 자산이 된다.

'감당할 수 있다'는 감정이 아닌, '확신이 있다'는 감정이 투자 결정을 이끈다.

심리적 리스크 무감각(Perceived Immunity to Risk)

대출, 세금, 인플레이션 같은 외부 변수에 대한 정서적 방어선이 강하다. 안정된 월급이 심리적 방패가 되어 불안에 둔감해진다.

기준점 확산 효과(Reference Group Signal Amplification)

고용 안정 계층의 매수 움직임은 주변인에게 "믿을 수 있는 사람들이 움직였다"는 사회적 증거가 되어

군중 심리를 빠르게 확산시킨다. 안정된 사람의 선택은 시장 전체에 확신을 퍼뜨린다.

⇨ 감정(심리)의 흐름: 고용 안정 → 불안 억제 → 자신감 확립 → 매수 실행 → 주변 심리 전파

출발점

"나는 공무원이라 괜찮아", "우리는 공기업이니까 지금 들어가자"

---

27) Maslow, A. H. (1943). A theory of human motivation. Psychological Review, 50(4), 370-396. Baumeister, R. F., & Leary, M. R. (1995). The need to belong: Desire for interpersonal attachments as a fundamental human motivation. Psychological Bulletin, 117(3), 497-529.

감정 흐름

내부 확신 형성 → 시장 변수 무시 → 빠른 실행

심리 확산

"공무원들도 들어왔대" → 일반 투자자의 자신감 강화 → 심리적 FOMO 유발 감정은 리스크가 아니라 안정에서 더 많이 움직인다.

> 💡 **한 걸음 물러나 생각해 보기**
>
> 고용 안정 계층은 시장의 심리적 '엔진'이다. 이들은 변동성 속에서도 선제적으로 움직이며, 심리 기준선(reference anchor)을 형성하는 집단이다. 하지만 확신은 때로 착각이 될 수 있다.
> 고용이 안정됐다는 사실이 시장 불확실성까지 제거해 주진 않는다. 과도한 자신감은 레버리지 과다, 시기 판단 오류로 이어질 수 있다. 중요한 건 '확신의 이유'가 아니라, 그것이 작동하는 방식이다. 직업 안정감은 투자 가능성의 조건이 아니라, 투자 타이밍의 감정적 촉매임을 인식할 필요가 있다. 고용 안정은 심리의 바탕일 뿐, 성공의 보장은 아니다.

| 심리학 용어 키워드 |

57장. 고용 안정 계층의 심리 강화: 확실한 직장이 선택을 밀어붙인다

▶ **기초 안정 기반 의사결정(Foundation Security Bias)**
고용 안정이 심리적 확신으로 전이되며 빠른 매수 결정을 이끌어 내는 심리 메커니즘.
→ *The tendency to make quick investment decisions due to emotional confidence rooted in job stability.*

▶ **심리적 리스크 무감각(Perceived Immunity to Risk)**
고용 안정이 외부 불확실성에 대한 감정적 방어를 형성하며 리스크를 과소평가하게 만드는 성향.
→ *A reduced perception of risk caused by the emotional shield of stable employment.*

▶ 기준점 확산 효과(Reference Group Signal Amplification)

안정된 집단의 행동이 시장 전체의 신뢰 형성과 심리 확산의 기준점으로 작용하는 현상.

→ *The behavior of secure groups sets a reference point, amplifying trust and influencing broader market sentiment.*

▶ 선도 투자 심리(Leader Investor Sentiment)

고용 안정 계층이 시장의 초기 매수 타이밍을 잡아가는 심리적 구조.

→ *A sentiment pattern where financially stable individuals become early movers in the real estate market.*

▶ 사회적 확신 전파(Social Confidence Diffusion)

"저 사람들도 샀다"는 집단적 확신이 주변 투자자에게 영향을 미치는 심리 전염 작용.

→ *The spread of confidence through peer behavior, reinforcing the belief that it's a safe time to invest.*

58장

거시경제 신호 해석의 심리: 수치보다 중요한 건 해석하는 감정

"GDP 올라갔다니까, 집값도 오를까요?"
"GDP is rising—does that mean home prices will too?"

⇨ 심리 작동의 시작

경제지표는 수치가 아니라 '느낌'으로 해석된다. 부동산 투자자는 금융 전문가가 아님에도 불구하고 거시경제 지표를 해석하려는 본능적 시도를 한다.

하지만 실제로는 지표를 분석하는 것이 아니라, 지표를 감정에 맞게 끌어와 해석하는 방식으로 반응한다. GDP, 금리, 실업률, 환율, 통화량 등 숫자는 수단일 뿐, 중요한 건 그 숫자가 불러일으키는 정서적 느낌이다.

숫자가 사람을 움직이지 않는다 — 숫자에 대한 감정이 사람을 움직인다."
Numbers don't move people—feelings about numbers do.[28]

---

28) Slovic, P., Peters, E., Finucane, M. L., & MacGregor, D. G. (2005). Affect, risk, and decision making. Health Psychology, 24(4S), S35-S40.

⇨ 심리 작동 방식과 원인: 정서적 경제 해석 + 선별적 해석 편향 + 감정 우선 해석

정서적 경제 해석(Emotional Economic Attribution)

같은 숫자를 보고도 낙관적인 사람은 상승 신호로, 불안한 사람은 하락 신호로 해석한다. 이는 지표 자체가 아니라 '감정의 해석 도구'로 쓰이는 것이다.

선별적 해석 편향(Selective Interpretation Bias)

자신이 믿고 싶은 판단에 유리한 지표만 받아들이고, 불편한 데이터는 무시하거나 과소평가한다.
예: "금리는 오르지만 어차피 공급 부족이니까 괜찮아."

감정 우선 해석 구조(Emotion-First Reasoning)

사람들은 결론을 먼저 정하고, 그에 맞는 경제 신호를 붙인다. 즉, "사고 싶은 사람은 오를 이유를, 팔고 싶은 사람은 내릴 이유를 찾는다." 우리는 지표를 해석하는 게 아니라, 지표로 감정을 설명하려 한다.

⇨ 감정(심리)의 흐름: 거시 신호 접촉 → 감정적 연동 → 해석 프레이밍 → 투자 행동

접촉

뉴스에서 GDP 상승, 금리 동결, 환율 하락 등을 접함

감정 연동

"이건 좋은 소식이야!" or "불안하네…"

해석 프레이밍

자신이 이미 갖고 있던 판단을 지지하는 방식으로 해석

행동 결정

매수/매도, 진입/대기 등의 전략 선택

The mind sees what the heart feels.

> 💡 **한 걸음 물러나 생각해 보기**
>
> 지표보다 해석이 중요하다. 같은 숫자도 시장에서는 다르게 작용한다.
> 이는 수치 자체가 아니라, 그 수치에 따라 움직이는 '심리의 해석 방향' 때문이다.
> 감정은 지표를 필터링한다.
> 숫자는 동일하지만, 누가 보느냐에 따라 결과는 달라진다.
> 이는 시장이 왜 항상 예측을 벗어나는지를 설명해 준다.
> 투자는 감정을 덜어낸 해석에서 시작된다.
> 시장 참여자의 대부분이 감정적으로 움직일 때,
> 이성적 해석을 유지하는 사람이 기회를 잡는다.
> 해석은 지식이 아니라, 감정의 함수일 때가 많다.

| 심리학 용어 키워드 |

58장. 거시경제 신호 해석의 심리: 수치보다 중요한 건 해석하는 감정

▶ 정서적 경제 해석(Emotional Economic Attribution)

경제지표를 논리적 근거보다 감정적으로 해석하는 심리적 성향.

→ *The tendency to interpret economic indicators through emotional reactions rather than analytical reasoning.*

▶ 선별적 해석 편향(Selective Interpretation Bias)

자신이 믿고 싶은 판단에 부합하는 정보만 선택적으로 받아들이는 심리.

→ *A bias where individuals selectively absorb data that aligns with their pre-existing beliefs.*

▶ 감정 우선 해석 구조(Emotion-First Reasoning)

결론(감정적 목표)을 정해 놓고 그에 맞춰 데이터를 해석하는 경향.

→ *A reasoning process where emotional conclusions come first and data is interpreted to support them.*

▶ 지표-감정 프레이밍(Indicator-Based Emotional Framing)

특정 지표가 시장 심리 내에서 긍정적 또는 부정적으로 해석되며 감정적 프레임을 구성하는 현상.

→ *The emotional framing of market indicators as either positive or negative based on prevailing sentiment.*

▶ 거시신호 감정화 효과(Macroeconomic Signal Emotionalization)

객관적인 경제 신호가 사람들의 감정을 통해 시장에서 왜곡되어 반영되는 현상.

→ *The distortion of macroeconomic signals through collective emotional processing.*

▶ 감정 기반 시장반응(Emotionally Filtered Market Response)

데이터 해석보다 정서가 투자 결정의 실질적 원인이 되는 심리 작동 방식.

→ *Market reactions shaped more by emotional filtering than by raw economic data.*

59장

환율·유가·주식 등 외부 신호를 통해 부동산 시장을 판단하는 심리

"요즘 환율이 불안하니까 부동산이 낫지 않을까요?"
"With exchange rates so unstable, maybe real estate is safer."

⇨ 심리 작동의 시작

외부 시장의 불안은 부동산 선택을 정당화한다. 사람들은 부동산만 보지 않는다.

환율이 흔들리면 원화 자산이, 주식이 하락하면 실물 자산이, 그리고 유가가 오르면 에너지 비용과 부동산 원가 상승까지 연결해서 판단하려는 심리적 상호시장 연결 구조(cross-market perception)가 작동한다. 이는 분석의 영역이라기보다, 불안한 시장에서 덜 불안한 시장으로 이동하려는 감정적 회피의 반응이다.

When one market feels risky, another starts to feel safe.

⇨ 심리 작동 방식과 원인: 시장 간 대체 심리 + 감정 기반 분산 충동 + 불안 회피의 비교 논리

시장 간 대체 심리(Cross-Market Substitution Bias)[29]

주식·코인 등 높은 변동성을 보이는 자산에서 벗어나
비교적 안정적이라 여겨지는 부동산으로 이동하는 심리적 전이 반응.

---

29) Shleifer, A., & Wurgler, J. (2005). Comovement. Journal of Financial Economics, 75(2), 283-317.

감정 기반 분산 전략(Emotional Diversification Reflex)[30]

논리적 자산배분이 아니라 "불확실한 곳에 있지 않겠다."는 감정적 도피 전략으로 다른 시장의 위기를 부동산 선택의 명분으로 삼는다.

불안 회피의 비교 논리(Comparative Risk Aversion Framing)[31]

"코인보단 낫지 않나?", "주식은 너무 무섭다", "환율은 예측 불가"라는 비교 프레임이 부동산을 상대적으로 안전하게 보이게 만드는 심리 효과.

부동산이 안전해서 선택하는 게 아니라, 다른 시장이 불안해서 선택된다.

⇨ 감정(심리)의 흐름: 외부 신호 인지 → 불안 자극 → 상대적 안정 자산 탐색 → 부동산 선택

외부 자극

환율 급등, 원유가 폭등, 주식시장 폭락

감정 전환

"여긴 너무 위험해", "다른 데로 가야겠어."

대체 판단

"그래도 부동산은 남는다.", "실물자산은 사라지지 않지"

---

30) Keren, G., & Schul, Y. (2009). Two is not always better than one: A critical evaluation of two-system theories. Perspectives on Psychological Science, 4(6), 533-550.

31) Loewenstein, G., & Lerner, J. S. (2003). The role of affect in decision making. In R. Davidson, H. Goldsmith, & K. Scherer (Eds.), Handbook of Affective Sciences (pp. 619-642).

행동 변화

실물자산 관심 증가, 매수 전환, 장기 보유 판단 강화

It's not about where you win. It's about where you feel safe.

> ### 💡 한 걸음 물러나 생각해 보기
>
> 모든 시장은 연결되어 있지만, 감정은 더 빠르게 연결된다. 환율과 금리, 주식과 부동산의 연관성을 해석할 때 사람들은 경제 모델보다 심리적 직관을 앞세운다.
> 부동산은 '대안적 피난처'로 기능한다. 불안정한 시장의 조짐이 나타날수록 '부동산이라도 갖고 있어야 한다.'는 심리적 전이가 강화된다. 그러나 대체는 대안이지 해답은 아니다. 부동산 역시 리스크를 가진 자산이며 외부 신호를 근거로 한 감정적 이동은 착시를 기반으로 한 선택일 수 있다.
> 비교의 심리는 피난처를 찾지만, 그 피난처가 진짜 안전한지는 별개의 문제다.

| 심리학 용어 키워드 |

59장. 환율·유가·주식 등 외부 신호를 통해 부동산 시장을 판단하는 심리

▶ **시장 간 대체 심리(Cross-Market Substitution Bias)**
외부 시장의 불안으로 인해 상대적으로 안정적이라 여겨지는 부동산으로 투자 심리가 이동하는 현상.
→ *The tendency for investment sentiment to shift toward real estate when other markets feel unstable.*

▶ **감정 기반 분산 전략(Emotional Diversification Reflex)**
불안 심리에 따라 자산을 분산하려는 감정적 반사 반응.
→ *A reflexive desire to diversify assets driven more by anxiety than rational planning.*

▶ **불안 회피 비교 논리(Comparative Risk Aversion Framing)**
더 위험한 시장과 비교해 덜 불안한 시장을 선택하게 되는 심리 프레임.
→ *Choosing an asset class that feels safer by comparison, not by absolute safety.*

▶ **상대적 피난처 심리(Relative Safe-Haven Perception)**
위험 회피를 위해 절대적 안정이 아닌 상대적 안정을 찾는 심리 경향.
→ *The perception that some assets are "safe enough" simply because others feel riskier.*

▶ **간접 신호 판단 심리(Indirect Signal Interpretation)**
직접적 수요·공급보다 외부 경제 변수로 부동산 시장을 판단하려는 성향.
→ *A tendency to judge real estate through external economic signals rather than internal fundamentals.*

▶ **타시장 감정 연동(Emotional Spillover from Other Markets)**
다른 자산군의 불안정이 부동산 시장 심리에 감정적으로 영향을 주는 효과.
→ *Emotional volatility from other markets spilling into real estate decision-making.*

PART 8

개발 기대와 인프라 중심 투자 심리

교통망·상업시설·교육환경 등
도시의 미래 기대에 따른 투자 감정

60장

재개발·재건축 기대 심리:
낡은 동네가 미래를 품고 있다는 믿음

"여기 조만간 재개발된다니까, 지금 사 두는 게 낫죠."
"They say this area will be redeveloped soon—better to buy now."

⇨ 심리 작동의 시작

오래된 현실 위에 그려진 새로운 상상 좁고 낡은 골목, 붉은 벽돌 주택, 철거 안내문. 이 모든 위에 사람들은 고층 아파트 단지의 미래를 상상한다. 재개발은 실제로 시작되기 전에 사람들 마음속에서 먼저 완성되며, 그 **상상은 곧 기대감 → 확신 → 행동으로 이어진다.**
심리의 선반응이 실제 구조적 변화보다 앞서 가격을 자극하는 것이다.
In redevelopment, emotion breaks ground before construction does.

⇨ 심리 작동 방식과 원인: 상승 전환 기대 + 투자 선점 만족감

상승 전환 기대(Breakout Transformation Bias)

낙후된 지역이 머지않아 극적으로 변할 것이라는 감정 기반의 확신이 현재 가치를 과대평가하는 심리를 만든다.
"지금은 싸지만, 곧 강남이 될 거야."
감정이 논리를 대체하고, 미래가 현재의 가격을 지배한다.

투자 선점 만족감(Early Recognition Euphoria)

"나는 남들보다 먼저 알아봤다"는 심리적 우월감과 만족감이 작동한다.

실익보다 '선점' 자체를 성과로 인식하며, 입지 분석보다 '분위기'에 따라 매수 결정을 정당화한다. 재개발은 정보보다 상상이 먼저 매수를 부른다.

⇨ 감정(심리)의 흐름: 상상 → 확신 → 착시적 몰입

상상

"이 동네 곧 다 밀고 새 아파트 들어선대."

확신

"지금 들어가야 싸게 사는 거야. 나중엔 못 사."

몰입

아파트가 생기지도 않았는데 이미 생긴 것처럼 동네를 해석하며 투자 결정을 감정적으로 정당화한다.

What you imagine becomes more real than what actually exists.

💡 한 걸음 물러나 생각해 보기

재개발은 상상이 아니라, 절차다.
정비구역 지정 → 추진위 승인 → 조합 설립 → 사업 인가 → 착공
이 모든 절차가 지연될 수 있는 복잡한 현실이다.
투자자 통제 밖의 요소들이 많다. 주민 간 갈등, 사업성 부족, 행정 지연, 정비계획 취소 등 시장에 드러나지 않는 불확실성은 항상 존재한다.
착시는 언제든 무너질 수 있다.

감정으로 형성된 프리미엄은 하락기에 가장 먼저 증발하며, '개발 기대'는 기대에서 끝나는 경우도 많다. 믿음은 가격을 밀어 올리지만, 현실은 그 믿음을 시험한다.

| 심리학 용어 키워드 |

60장. 재개발·재건축 기대 심리: 낡은 동네가 미래를 품고 있다는 믿음

▶ **상승 전환 기대(Breakout Transformation Bias)**
낙후된 지역이 머지않아 급변할 것이라는 감정적 믿음이 현재의 자산 가치를 과대평가하게 만드는 심리.
→ *The belief that a declining area will soon transform, leading to an emotional overvaluation of current property.*

▶ **투자 선점 만족감(Early Recognition Euphoria)**
남들보다 먼저 진입했다는 인식이 투자 결정을 감정적으로 정당화하는 심리 작용.
→ *The emotional satisfaction of "getting in early" that reinforces and justifies an investment decision.*

▶ **착시적 몰입(Illusory Immersion)**
개발이 실제로 시작되기도 전에 이미 미래를 상상하며 행동하는 심리적 몰입 상태.
→ *Emotionally acting as if the future development is already underway, despite no real progress.*

▶ **개발 상상 확증 편향(Confirmation Bias for Development Expectations)**
재개발 기대에 부합하는 정보만 수용하고, 반대 정보는 무시하는 선택적 인식 경향.
→ *Filtering information to match one's belief in future redevelopment, while ignoring contradicting facts.*

▶ **재개발 착시 프리미엄(Speculative Premium Based on Illusion)**
개발 가능성 자체만으로 형성된 감정적 프리미엄으로, 실제 진행과 무관하게 가격이 선행 상승하는 현상.
→ *A price premium driven by speculative hope for redevelopment, regardless of actual policy or timing.*

61장

재개발·재건축 지역 기대 심리: '여기는 곧 변한다.'는 믿음이 만든 감정의 프리미엄

"이 동네는 곧 아파트 들어선대요. 그래서 지금 사야 해요."
"They say high-rises will be built here soon—so I need to buy now."

⇨ 심리 작동의 시작

낡은 현실 속에 그려지는 확정된 미래

재개발 대상지는 물리적으로는 노후되고 불편하다. 그러나 사람들은 그 속에서 확정된 미래를 본다. 도시계획이 아니라, 상상과 믿음이 시장을 선행 반응시키는 것이다. "여기는 바뀔 곳이야"라는 믿음이 심리적 재구성을 일으키며 아직 존재하지 않는 변화를 실제 자산 가치로 전이시키는 것이다.

The neighborhood hasn't changed, but our minds already moved in.

⇨ 심리 작동 방식과 원인: 미래 확장 투사 + 정보 선점 기대

미래 확장 투사(Anticipated Expansion Bias)[32]

현재의 불편함과 가치 낮음을 "곧 고도화될 것"이라는 심리적 확신으로 무력화한다. '지금의 불만족은 미래 보상으로 덮일 것'이라는 감정 기반 판단이 작동한다.

---

32) Gilbert, D. T., & Wilson, T. D. (2007). Prospection: Experiencing the future. Science, 317(5843), 1351-1354.

정보 선점 우위 기대(First-Mover's Pride)[33]

"나는 이 정보 먼저 알았다"는 인식이 심리적 자산처럼 작용하면서 결단력과 정당화 욕구를 동시에 강화한다. 타이밍보다 '내가 먼저 안 것'의 심리적 가치가 매수 행동을 자극한다.

(믿음은 데이터를 앞서고, 자부심은 논리를 압도한다.)

⇨ 감정(심리)의 흐름: 기대감 → 선점 욕구 → 확신의 착각

기대감

"여긴 곧 바뀔 거야."

선점 욕구

"지금 사 두면 남들보다 먼저 수익 본다."

확신의 착각

"이미 거의 확정된 개발이야."

→ 이 흐름은 아직 명확하지 않은 정보에도 절대적인 신뢰를 부여하게 만든다.

The closer you feel to certainty, the farther you may be from reality.

💡 **한 걸음 물러나 생각해 보기**

재개발은 심리적 구조물이 먼저 올라간다.
법적 단계 이전에 사람들의 심리 안에서 미래의 완성된 모습이 먼저 상상되며, 그것이 시장에 반영된다. 그러나 예정은 확정이 아니다.
구역 해제, 조합 갈등, 사업성 부족 등은 언제든지 계획을 변경하거나 무산시킬 수 있는 변수다.

---

[33] Bikhchandani, S., Hirshleifer, D., & Welch, I. (1992). A theory of fads, fashion, custom, and cultural change as informational cascades. Journal of Political Economy, 100(5), 992-1026.

정보는 빠르면 유리하지만, 근거가 없으면 독이다.
"카더라"에 휘둘리기보다는 정비구역 지정 고시, 추진위 인가 여부, 조합 설립 동의율 등 공식적이고 가시적인 행정 절차 기반 정보를 따져야 한다.
감정으로 형성된 프리미엄은 언제든 증발한다.
하락기엔 비현실적 기대를 반영한 가격부터 먼저 조정된다.
현실보다 먼저 움직이는 건 감정이지만, 가장 먼저 무너지는 것도 감정이다.

| 심리학 용어 키워드 |

61장. 재개발·재건축 지역 기대 심리: '여기는 곧 변한다.'는 믿음이 만든 감정의 프리미엄

▶ **미래 확장 투사(Anticipated Expansion Bias)**
낙후 지역이 곧 고도화될 것이라는 믿음이 현재의 불편함을 무력화하고 투자를 정당화하는 심리.
→ *The belief that future development will outweigh present discomfort, justifying early investment.*

▶ **정보 선점 우위 기대(First-Mover's Pride)**
"정보를 먼저 안다"는 자부심이 매수 결정을 정당화하고 심리적 확신을 강화시키는 효과.
→ *The pride of being early to know boosts emotional confidence and validates one's investment decision.*

▶ **확신의 착각(Illusion of Certainty)**
불확실한 개발 정보를 실제 확정된 변화처럼 받아들이는 심리적 왜곡.
→ *A psychological distortion where uncertain plans are mistaken as confirmed realities.*

▶ **감정 프리미엄(Emotional Premium)**
감정에 의해 선반영된 기대감이 자산 가격에 형성하는 실제 가치 이상의 가격 상승분.
→ *The emotional overpricing of assets due to anticipated benefits not yet realized.*

▶ **착시적 타당화 심리(Justification Through Projection)**
확정되지 않은 변화 예상을 통해 투자 결정을 스스로 정당화하는 심리 메커니즘.
→ *A mental process of justifying decisions through imagined future outcomes.*

62장

교통망 확충 기대 심리: '여기 역 생긴다더라.'가 시장을 움직인다

"앞으로 여기 지하철 생긴대요. 그 전에 사 두는 게 맞지 않을까요?"
"They say a subway station will be built here—shouldn't we buy before that?"

⇨ 심리 작동의 시작

아직 없는 길을 따라 감정이 먼저 움직인다

교통망은 도시의 뼈대를 바꾸는 핵심 인프라다. 그러나 흥미로운 점은, 실제 착공 전부터 사람들의 '심리적 매수 행동'이 먼저 일어난다는 것이다.

"여기에 역 생긴다더라."는 한 문장은 곧 입지에 대한 이미지 재평가 → 감정적 재가치화 → 매수 압박으로 이어진다. 교통망 확충은 물리적 변화이기 전에, 심리적 공간 인식의 변화다.

Transit doesn't have to arrive—just the rumor of arrival is enough.

⇨ 심리 작동 방식과 원인: 접근성 상승 환상 + 입지 이미지 재구성 + 심리적 근접성 오류

접근성 상승 환상(Prospective Accessibility Bias)[34]

실제보다 빠르고 편리하게 연결될 것이라는 기대 기반 인식의 확대. "지하철 생기면 시청까

---

34) Gärling, T., & Golledge, R. G. (1993). Behavior and environment: Psychological and geographical approaches. North-Holland.

지 10분이래" → 과장된 기대가 입지 평가에 반영됨.

입지 이미지 재구성(Location Reframing Effect)[35]

원래 비인기 지역이 교통망 계획 발표만으로 '핵심 입지'로 심리적 인식이 전환됨. 현실 조건보다 예정된 변화가 인식의 중심이 됨.

심리적 근접성 오류(Perceived Connectivity Illusion)[36]

아직 공사도 시작하지 않은 교통망을 이미 연결된 것처럼 착각하고 행동. 정보보다 감정이 공간 인식을 재정의한다.

We don't just move toward accessibility—we move toward the idea of it.

⇨ 감정(심리)의 흐름: 기대 → 확신 → 투자 압박

기대

"지하철 생기면 여긴 완전히 바뀔 거야."

확신

"이젠 싸니까 지금 들어가야 해."

투자 압박

"지금 아니면 기회를 놓친다."

---

35) Lynch, K. (1960). The image of the city. MIT Press. Tuan, Y.-F. (1977). Space and place: The perspective of experience. University of Minnesota Press.

36) Trope, Y., & Liberman, N. (2010). Construal-level theory of psychological distance. Psychological Review, 117(2), 440-463

→ FOMO(Fear of Missing Out, 놓칠까 두려운 심리)가 매수 심리를 자극

Expectation acts like gravity—it pulls action forward.

> 💡 **한 걸음 물러나 생각해 보기**
>
> 교통망은 '계획'일 뿐 '확정'이 아니다. 발표만으로 가격이 오르지만, 예산 확보 실패, 착공 지연, 노선 변경 등으로 계획이 무산되거나 수년간 정체될 수 있다.
>
> 기대는 빠르지만 실현은 느리다. 심리적 프리미엄은 실체가 없기 때문에 가장 먼저 무너진다. 판단은 감정이 아닌 구조로. 국토교통부 기본계획 교통 수요 예측 민자 vs 공공사업 여부 B/C 분석(경제성 평가) 등의 실행 기반 데이터를 반드시 검토해야 한다.
>
> 연결성이 좋아진다고 해서 자산 가치가 반드시 오르는 것은 아니다. 주거 수요, 지역 상권, 인프라, 교육환경 등 총체적 가치의 상승이 동반되지 않으면 기대는 착시로 끝날 수 있다. 변화가 문제라면, 과열은 심리 문제다.

| 심리학 용어 키워드 |

62장. 교통망 확충 기대 심리: '여기 역 생긴다더라.'가 시장을 움직인다

▶ **접근성 상승 환상(Prospective Accessibility Bias)**

아직 완공되지 않은 교통망을 이미 존재하는 것처럼 여기며 입지를 과대평가하는 심리.

→ *The illusion that future transit improvements already enhance current property value.*

▶ **입지 이미지 재구성(Location Reframing Effect)**

교통망 발표만으로도 지역에 대한 기존 부정 이미지가 긍정적으로 바뀌는 심리.

→ *How transportation plans reshape emotional perceptions of a location.*

▶ **심리적 근접성 오류(Perceived Connectivity Illusion)**

물리적으로 연결되지 않았어도 '가깝다', '편해질 것 같다'고 느끼는 심리 착각.

→ *Feeling emotionally or mentally closer to a place due to expected infrastructure.*

▶ **기대 선반영(Expectation Front-Loading)**

현실 변화 전에 기대만으로 가격이 먼저 오르는 심리적 조기 반영 현상.

→ *Premature price increases based purely on anticipated development.*

▶ **정보 착시 효과(Announcement Illusion Effect)**

단순한 교통 발표나 언론 보도만으로 미래 가치가 보장된 것처럼 착각하는 현상.

→ *Assuming official announcements equate to guaranteed future value.*

▶ **집단 확신 편향(Herd Belief Bias)**

"다들 산다니까 나도 사야겠다"는 집단적 심리가 개인 판단을 압도하는 현상.

→ *Following collective conviction over individual analysis.*

▶ **기회 상실 공포(FOMO - Fear of Missing Out)**

"놓치면 끝이다"는 불안감이 이성보다 감정을 앞서게 만드는 투자 심리.

→ *Anxiety-driven impulse to invest for fear of being left behind.*

▶ **투자 시점 왜곡(Timing Illusion)**

지금이 가장 싸다는 착각으로 미래 변수나 리스크를 무시하고 성급하게 투자하는 심리.

→ *The false belief that current timing is optimal, ignoring potential downsides.*

63장

인프라 개발 기대 심리:
학교, 병원, 쇼핑몰 하나가 감정을 바꾼다

"여기 곧 대형 쇼핑몰 들어선다니까, 집값도 오를 거예요."
"They're building a massive shopping mall here—of course property values will rise."

⇨ 심리 작동의 시작

건물이 아니라 기대가 감정을 움직인다. 대형 병원, 복합몰, 호텔, 산업단지, 대학… 이러한 대규모 인프라는 실제 완공 이전에 시장에 '정서적 열기'를 먼저 유발한다. 중요한 것은 시설의 실체보다 그것이 가져올 것 같은 변화에 대한 상상이다.

"이 지역이 달라질 것 같다"는 심리적 재평가가 '개발 예정지'라는 감정적 프리미엄을 만들어 낸다.

It's not the building itself—it's the idea of the building that moves the market.

⇨ 심리 작동 방식과 원인: 생활수준 향상 투사 + 정체성 재구성 + 감각 중심 판단

생활수준 향상 투사(Expectation of Life-Quality Uplift)

인프라가 들어오면 삶이 더 나아질 것이라는 기대가 현재의 주거 만족도와 투자 가치에 과잉 반영된다.

현실보다 상상이 먼저 반영된다.

정체성 재구성 효과(Identity Reconstruction Effect)

낙후됐던 동네가 특정 시설로 인해 '세련되고 발전된 지역'으로 인식이 전환되는 심리적 흐름. 기존의 지역 이미지를 미래적 상상으로 대체하는 작용.

감각 중심 판단(Affective Judgment over Analytical Reasoning)

데이터와 통계보다 '좋은 느낌'이 더 빠르고 강하게 결정에 영향을 준다. 뉴스 제목, 사진 한 장, 소문이 '확신'으로 굳어지는 구조.

We invest not in what's there—but in how it makes us feel.

⇨ 감정(심리)의 흐름: 기대감 → 소유 욕구 → 지역 재평가

기대감

"이런 시설이 들어온다고?"

소유 욕구

"지금 들어가야 나중에 수익 본다."

재평가

기존 지역 이미지를 지우고, '미래의 중심지'로 심리적 전환
→ 감정적 리브랜딩 효과

When perception shifts, prices follow—even before reality does.

💡 한 걸음 물러나 생각해 보기

인프라 계획은 해석의 게임이다. 확정 발표와 민간 제안, 계획 보도와 착공 공고는 다르다. 계획의 단계와 실현 가능성을 구분하지 않으면 소문만으로 만들어진 프리미엄은 착시로 전락할 수 있다. '심리적 선반영'은 리스크의 또 다른 이름이다. 완공이 지연되거나 무산될 경우, 기대에 의해 형성된 가격은 반등 없이 빠질 수 있다.

시설 자체보다 '지역과의 연결성'을 분석하라. 접근성, 배후 수요, 상권 구조, 도시계획과의 연계성 등 인프라가 해당 지역과 얼마나 유기적으로 작용할 수 있는가가 핵심이다. 거대한 건물보다 중요한 건, 그 건물이 지역에 어떤 '맥락'을 더하느냐다.

| 심리학 용어 키워드 |

63장. 인프라 개발 기대 심리: 학교, 병원, 쇼핑몰 하나가 감정을 바꾼다

▶ **생활수준 향상 투사(Expectation of Life-Quality Uplift)**

인프라가 들어오면 삶이 좋아질 거라는 기대가 현재의 부동산 판단에 반영되는 심리.

→ *Believing that new infrastructure will improve quality of life, and pricing it in prematurely.*

▶ **정체성 재구성 효과(Identity Reconstruction Effect)**

'낙후 지역'이 인프라 발표를 계기로 '성장 지역'으로 심리적 이미지가 바뀌는 현상.

→ *How infrastructure plans reshape a location's identity from decline to development.*

▶ **감각 우선 판단(Affective Over Rational Evaluation)**

분위기와 인상 같은 감정이 수치나 분석보다 우선되어 판단에 영향을 주는 경향.

→ *Letting emotion and impressions override logic and data in decision-making.*

▶ **희망 전제 프리미엄(Hope-Embedded Price Premium)**

인프라가 확정된 것도 아닌데, 기대만으로 가격이 실제 가치 이상으로 형성되는 현상.

→ *A price premium based on hope, not confirmed value.*

▶ **계획기반 감정 반응(Plan-Driven Emotional Response)**

입지 발표나 정책 계획만으로 가격이 오를 것이라 믿고 투자에 나서는 감정적 반응.

→ *Emotional investment reactions triggered by early-stage planning news.*

▶ **시설 인지도 전이(Infrastructure Prestige Transfer)**

고급 인프라가 들어온다는 소식이 지역 전체 브랜드 이미지까지 끌어올릴 것이라 믿는 심리.

→ *Believing that prestige infrastructure will elevate the area's overall status.*

▶ **투자 동조 현상(Investment Herding by Infrastructure)**

인프라 유치 소식에 투자자들이 집단적으로 몰리는 군중 심리.

→ *Collective investor action triggered by infrastructure news.*

▶ **기대 인식 편향(Expectation Framing Bias)**

"대형병원이 들어온다"는 식의 단일 정보가 전체 지역 이미지를 지배하게 되는 인지 왜곡.

→ *Letting one attractive plan dominate the perception of an entire area.*

64장

주거 환경 개선에 대한 기대 심리

"여긴 아직 덜 정비됐지만, 곧 좋아질 거야."
"It's not great now, but it'll improve soon—that's why I'm buying."

▷ 심리 작동의 시작

현실보다 미래의 풍경을 먼저 사는 사람들 도로가 좁고 가로등이 어둡고 공원이 없다 해도, 사람들은 그 불편함을 곧 해소될 문제로 간주한다.

특히 자녀가 있는 가정은 현재의 불편보다 미래의 개선 가능성에 더 민감하게 반응한다.

"살고 싶은 동네가 될 것"이라는 믿음이 감정을 움직이고, 그 감정이 가격을 움직인다.

The value isn't in what's there—it's in what we believe will be there.

▷ 심리 작동 방식과 원인: 미래 편의성 투영 + 환경 기반 낙관 + 선형 기대 인식

미래 편의성 투영(Future Utility Projection)

낙후된 현재를 감내하고, 조만간 개선될 생활 인프라를 미리 자산 가치에 반영하는 심리.
도로, 공원, 생활 편의 시설 등이 계획만으로도 현재를 재평가하게 만든다.

환경 기반 낙관(Environment-Driven Optimism)

조경, 공공시설 정비 등 물리적 변화가 곧 자산 가치 상승으로 이어질 것이라는 단순한 심리적 연상 작용.

주거 질 선형 인식 (Better Place = Better Life)

"동네가 좋아지면 삶도 나아질 것"이라는 선형적 심리 기대감.
현실은 복합적이지만, 감정은 단선적으로 반응한다.

We project not just roads and trees—but security, dignity, and value.

⇨ 감정(심리)의 흐름: 기대 → 안도감 → 가격 정당화

기대

"여기 도로도 넓히고 공원도 생긴대."

안도감

"곧 편해지겠네. 지금 불편해도 참을 수 있어."

가격 정당화

"이 정도면 싸게 사는 거지. 곧 오를 텐데."
→ 심리적 확신이 감정적 프리미엄을 만들어 낸다.

The promise of a better tomorrow makes us forgive the flaws of today.

💡 한 걸음 물러나 생각해 보기

환경 개선 ≠ 가치 상승 가로등 하나, 도로 폭 확장, 조경 정비는 지역 이미지 개선에는 도움을 줄 수 있지만, 자산 가치 상승을 보장하지 않는다.
'좋아질 것 같다'는 감정은 구조와 동반될 때만 유효하다. 단지 예쁜 공원이 아니라 일자리, 인구 유입, 교육 인프라, 교통 접근성 등과의 연계성이 지속 가능한 가치의 핵심이다.

기대 프리미엄(Escalated Hope Premium)은 조정기에 무너진다. 확정되지 않은 변화에 기반한 기대는 하락장에 가장 먼저 가격 하락의 타깃이 된다.
감정을 구조로 뒷받침하라. 계획이 아닌 예산 배정 여부, 공공기관 사업 우선순위, 도시 재생 정책과의 연동 여부 등 현실적인 기반 위에서 기대를 설정해야 한다. 집은 현실이고, 기대는 심리다. 투자자는 두 세계 모두를 살펴야 한다.

| 심리학 용어 키워드 |

64장. 주거 환경 개선에 대한 기대 심리

▶ **미래 편의성 투영(Future Utility Projection)**
아직 생기지 않은 도로, 공원, 교통 편의를 마치 이미 있는 것처럼 생각하고 집을 선택하는 심리.
→ *The tendency to factor in future conveniences as if they already exist when choosing real estate.*

▶ **환경 기반 낙관(Environment-Driven Optimism)**
물리적 환경이 개선되면 삶의 질도, 자산 가치도 함께 올라갈 것이라고 기대하는 심리.
→ *Believing that a better physical environment will automatically lead to higher living standards and asset value.*

▶ **주거 질 선형 인식(Linear Assumption of Better Living)**
환경이 좋아지면 삶도 무조건 나아진다는 단순한 인과적 사고.
→ *Assuming a direct and linear relationship between improved amenities and better living conditions.*

▶ **기대 프리미엄(Hope-Driven Premium)**

아직 일어나지 않은 변화에 대한 기대만으로 현재 가격이 과도하게 형성되는 현상.

→ *Asset price inflation based on hopeful future projections rather than current value.*

▶ **주거 안정감 추구 심리(Desire for Residential Security)**

환경이 개선될 것이라는 믿음이 정서적 안도감을 주며, 해당 지역에 끌리게 만드는 심리.

→ *Seeking psychological security through the belief in future residential improvement.*

▶ **정서적 투자 판단(Emotion-Driven Investment Decision)**

현실보다 희망과 감정에 이끌려 부동산을 고르는 결정 방식.

→ *Making real estate decisions based more on emotional expectations than current data.*

▶ **미래 과잉 일반화(Future Overgeneralization)**

몇몇 성공 사례만 보고 모든 지역도 그렇게 될 거라고 믿는 인식 오류.

→ *Overapplying success stories from select areas to all investment opportunities.*

▶ **심리적 쾌적성 환상(Perceived Comfort Illusion)**

공원이나 도로가 생길 거라는 기대만으로, 이미 좋은 곳처럼 느끼는 착각.

→ *Mistaking the promise of future amenities for present comfort.*

▶ **감정적 프레이밍 효과(Emotional Framing Effect)**

"곧 좋아질 곳"이라는 말 자체가 사람들의 해석을 낙관적으로 만들게 하는 심리 작용.

→ *How emotionally framed language skews perception toward optimism.*

▶ **기대 반영 구매(Expectation-Based Purchase)**

현재 조건보다 "미래에 좋아질 거야"라는 믿음만으로 매수 결정을 내리는 행동.

→ *Buying based solely on future improvement expectations, not current value.*

65장

도로 정비, 상업시설 유입이 주거 환경을 바꾼다는 믿음

"여기 앞에 대형 마트가 생긴대."

"hey're building a big-box store here—that's going to change everything."

⇨ 심리 작동의 시작

변화의 소문이 현실보다 먼저 시장을 움직인다. 도로가 넓어진다, 마트가 들어온다, 상권이 생긴다. 이러한 변화의 단서 하나가 사람들의 감정을 크게 흔든다.

이때 사람들은 아직 실현되지 않은 변화를 현실보다 먼저 자산 가치에 반영하기 시작한다. "여기가 이제 달라질 것"이라는 정서적 확신은 불확실한 미래를 덮어 버리고, 현재의 결정을 합리화하는 심리적 근거가 된다.

A road or a store isn't just infrastructure—it's a symbol of transformation.

⇨ 심리 작동 방식과 원인: 변화 감지 민감성 + 상징적 전환 기대 + 계획 선반영 오류

변화 감지 민감성(Sensitivity to Signs of Change)

작은 변화의 징후(도로 공사, 마트 예정지, 간판 교체 등)에 과잉 반응하며 미래의 지역 변화 전체를 상상하는 경향. 이는 기대 기반 판단의 전형이다.

상업시설의 상징적 전환 기대(Commercial Symbolism Bias)

마트, 프랜차이즈, 카페 거리 등은 단순한 소비 공간이 아닌 지역 경제 활성화와 인구 유입의 상징으로 인식됨.

계획 선반영 오류(Premature Expectation Error) 계획 발표만으로 가격이 상승하고, 착공 전부터 기대 프리미엄이 시장에 선반영되는 구조. 계획 ≠ 착공 ≠ 완공이라는 구분이 흐려진다.

We don't wait for certainty—our emotions act on signals.

⇨ 감정(심리)의 흐름: 단서 포착 → 기대 확대 → 투자 결심

단서 포착
"마트 들어온다네."

기대 확대
"이 동네 사람 더 늘겠다."

투자 결심
"지금 사 두면 대박 나겠는데?"
→ 불확실한 계획에도 감정적 확신이 앞서고, 매수로 이어짐.

Plans don't build homes—beliefs do.

💡 한 걸음 물러나 생각해 보기

기대는 현실과 분리해서 바라보라. 계획만 있고 예산이 없거나, 예산은 있으나 착공이 수년 뒤인 경우도 많다. 확정되지 않은 변화는 심리적 착시의 기반이 된다. 상업시설은 프리미엄인가, 착시인가? 프랜차이즈 하나 들어온다고 상권이 형성되는 건 아니다.

주거 밀도, 유동 인구, 생활 수요 등의 구조적 뒷받침이 필수적이다. 도로 정비는 연결성의 일부일 뿐이다. 도로 하나 넓어지는 것이 자산 가치를 자동으로 상승시키지는 않는다. 도시계획의 전체 흐름 속에서 교통망, 주거 수요, 상업성 밀도와 연계해 판단해야 한다.계획과 착공은 다르다. 지방자치단체의 발표는 '의지'일 수 있지만,예산 편성과 중앙부처 승인 여부가 '현실'이다.

Change imagined is not change delivered. Invest accordingly.

| 심리학 용어 키워드 |

65장. 도로 정비, 상업시설 유입이 주거 환경을 바꾼다는 믿음

▶ **변화 감지 민감성(Sensitivity to Signs of Change)**

작은 변화의 조짐만 보여도 "이 지역이 곧 뜨겠다"는 식으로 미래를 크게 해석하는 심리.

→ *An emotional tendency to overreact to minor signals and interpret them as signs of major future changes.*

▶ **상업시설의 상징화(Commercial Symbolism Bias)**

편의점이나 카페 하나만 생겨도, 그 지역 전체의 미래가치가 달라질 것처럼 느끼는 경향.

→ *Interpreting the appearance of commercial facilities as symbolic indicators of future regional prosperity.*

▶ **계획 선반영 오류(Premature Expectation Error)**

계획만 나왔을 뿐인데도, 실제 진행처럼 믿고 가격이 이미 반영된 듯 투자하는 심리.

→ *The mistake of pricing in value based on announced plans before they materialize.*

▶ **기대 감정 전환(Hope-Driven Reevaluation)**

"앞으로 좋아질 거야"라는 기대감으로 지금의 불편함이나 단점을 눈감게 되는 심리.

→ *Reevaluating current negatives in a more positive light due to future hopes.*

▶ **투자 확신 착시(Overconfidence Triggered by Infrastructure)**

도로 정비나 특정 시설 유치만으로 전체 가치가 급등할 것이라는 과잉 확신에 빠지는 심리.

→ *Emotional overconfidence in investment triggered by specific infrastructure developments.*

66장

교육 환경에 대한 심리적 민감성

"애 키우려면 아무 데나 살 수 없지."
"You can't just live anywhere when you're raising a child."

⇨ 심리 작동의 시작

투자보다 본능, 계산보다 확신 많은 가정에게 주거는 곧 교육이다.
좋은 학군, 밀집된 학원가, 걸어서 갈 수 있는 특목고, 대학 진학률 높은 고등학교…
이 모든 것은 부동산 가격에 반영되기 전에 이미 부모의 마음에 먼저 자리 잡는다.
심지어 같은 아파트라도 학군 하나로 수천만 원에서 수억 원 차이가 나기도 한다.
Education isn't just about schools—it's about certainty in a parent's mind.

⇨ 심리 작동 방식과 원인: 미래 통제 욕구 + 보호 본능 + 지역 브랜드화

미래 통제 욕구(Future Control Drive)

자녀의 인생은 통제할 수 없지만, 주거 선택을 통해 '좋은 교육'이라는 간접적 통제감을 얻고자 하는 심리. 교육이 곧 인생을 바꿀 수 있다는 신념이 의사결정을 강하게 지배함.

부모의 보호 본능(Parental Security Reflex)

최대한 좋은 환경을 제공하고 싶다는 마음이, 이성적 투자 판단을 쉽게 무력화시킨다. 안전, 치안, 교육환경은 감정적 우선순위를 결정짓는 요인이다.

지역의 교육 브랜드화(Educational Branding Effect)[37]

대치동, 목동, 해운대 등 '교육 1번지'라는 상징성 자체가 부동산 프리미엄으로 작동하며, 이는 가격 하락기에도 방어력을 제공하는 심리적 신뢰 자산이 된다.

In real estate, school districts aren't just data—they're identity.

⇨ 감정(심리)의 흐름: 자녀 중심 사고 → 보호 본능 → 가격 정당화

자녀 중심 사고
"우리 아이 교육을 생각하면…"

보호 본능 작동
"좀 더 비싸도 아이를 위해서라면 감수해야지."

가격 정당화
"여기선 학군 프리미엄이 붙는 게 당연하지."
→ 투자보다 자녀를 위한 선택이라는 감정적 합리화가 가격을 밀어올림.

Parents don't buy houses—they buy opportunities for their children.

---

37) Butler, T., & Hamnett, C. (2007). The geography of education: Introduction. Urban Studies, 44(7), 1161-1174.

💡 한 걸음 물러나 생각해 보기

학군은 고정 불변이 아니다.

특정 학교의 명성이 10년, 20년 후에도 유지된다는 보장은 없다.

정책 변화, 교사 이동, 교육 수요 이동 등으로

학군의 중심축이 바뀔 수 있음을 인지해야 한다.

교육 환경도 과잉 기대 프리미엄을 만들 수 있다.

이미 포화된 학원가, 교통 혼잡, 경쟁 심화 등은

실제 거주 만족도와 괴리를 만들 수 있음.

신도시와 신축 단지의 교육 클러스터 형성에 주목하라.

기존 학군의 대안적 거점이 생기는 흐름은

장기적으로 새로운 교육 중심지로의 가치 전이 가능성을 내포한다.

교육 프리미엄은 부모의 감정에서 시작되지만,

유지되기 위해선 도시계획과 학군 구조의 연속성이 필요하다.

| 심리학 용어 키워드 |

66장. 교육 환경에 대한 심리적 민감성

▶ 미래 통제 욕구(Future Control Drive)

"지금 집을 사는 건 아이의 미래를 준비하는 일이다."
자녀의 삶을 더 안정적으로 만들고 싶은 욕구가 현재의 주거 결정을 밀어붙이는 심리입니다.
→ *A psychological drive to feel in control of a child's future through current housing choices.*

▶ 부모의 보호 본능(Parental Security Reflex)

교육, 안전, 환경이 불리하더라도 "아이를 위해서라면…"이라는 감정이 결정을 이끄는 본능적 반응.
→ *A reflexive tendency to prioritize a child's perceived safety and opportunity, even at emotional or financial cost.*

▶ 지역 교육 브랜드화(Educational Branding Effect)

'○○초, △△고' 같은 학군 이름만으로도 부동산이 프리미엄을 얻게 되는 인식.
→ *The phenomenon where specific school zones develop brand value, driving up real estate prices.*

▶ 감정 기반 가격 정당화(Emotionally Justified Premium)

"조금 비싸도 아이를 위해서니까…"라며 비싸도 사는 심리.
→ *The emotional rationalization of overpaying for property under the justification of doing it for one's children.*

▶ 학군 기대의 유동성(Shifting Educational Expectation)

지금 좋은 학군이라도 시간이 지나면 변할 수 있다는 사실을 종종 간과함.
→ *The overlooked fact that educational zones and their quality can shift over time, despite strong emotional investment.*

67장

명문 학군 형성 기대에 대한 심리

"여기가 곧 강남처럼 될 거래."
"This place is going to be the next Gangnam, they say."

⇨ 심리 작동의 시작

명문 학군이라는 '미래 정체성'에 투자하는 사람들.
명문 학군은 단지 학교의 수준을 의미하지 않는다.
그것은 지역의 상징, 자녀의 기회, 자산 가치의 보증 수표로 작동한다.
그래서 누군가 "이 동네가 곧 강남처럼 될 거라더라"는 말 한마디에, 사람들은 지금의 불편과 가격마저도 감수하려 한다.
The future is imagined through the lens of education-driven prestige.

⇨ 심리 작동 방식과 원인: 명문화 기대 투사 + 자녀-자산 연계 심리 + 프리미엄 선반영

명문화 기대 투사(Prestige Schooling Projection)
신설 학교, 특목고, 자사고 유치 가능성 등
미래 교육 중심지가 될 것이라는 상상에 투자 결정을 걸게 되는 심리.

자녀와 자산의 연계 심리 (Child-Focused Asset Logic)

"우리 아이의 미래"와 "내 자산의 미래"를 겹쳐 보는 복합적 사고 구조.
자녀의 기회를 위해 투자하고, 그 투자로 자산이 불어난다는 심리적 선순환 기대.

프리미엄 선반영 작용 (Anticipated Premium Bias)

학군이 만들어지기도 전에 이미 가격이 오르기 시작하는
'심리적 선반영' 구조.

Parents don't just buy homes—they bet on an educational future.

⇨ 감정(심리)의 흐름: 가능성 포착 → 부모의 기대 투사 → 정당화 → 확신 과잉

가능성 포착

"여기 특목고 들어올 수도 있다네."

기대 투사

"지금 들어가야 우리 아이가 기회를 잡지."

정당화

"지금 불편해도 미래를 생각하면 싼 거야."

확신 과잉

"이 동네는 무조건 뜬다니까."
→ 아직 형성되지 않은 미래가 현재의 행동을 몰아붙인다.

It's not the school that changes the place—it's the belief that one will.

💡 한 걸음 물러나 생각해 보기

명문 학군은 시설이 아니라 '환경'이다.
단순히 학교 하나가 생긴다고 명문 학군이 형성되는 건 아니다.
학부모의 수준, 지역 커뮤니티, 교육열, 자녀 경쟁구조 등 다층적인 요소가 결합되어야 가능하다.
기대는 프리미엄을 만들지만, 실현되지 않으면 하락 압력이 더 크다.
"학원가가 들어온다더라.", "자사고 유치 검토 중" 같은 불확실한 정보에 가격이 먼저 반응하는 건 위험한 구조다.
기대와 흐름을 분리하라.
신도시, 재개발지 등에서의 '교육 클러스터 형성' 흐름은 장기적 구조 변화로 연결될 수 있는 실마리지만, 그것이 '명문 학군'으로까지 이어지려면 시간과 정책, 지역 분위기가 필요하다.
자녀의 미래를 위한 투자는 곧 내 자산 전략의 결정이다.
그래서 교육 심리는 감정과 논리를 동시에 품고 있다.

| 심리학 용어 키워드 |

67장. 명문 학군 형성 기대에 대한 심리

▶ **교육 기반 투사(Educational Projection)**
자녀 교육에 대한 기대를 특정 지역의 부동산 가치 판단에 투영하는 심리.
→ *The psychological tendency to project expectations for children's success onto the real estate value of specific areas.*

▶ **미래 학군 환상(Future School District Illusion)**
아직 형성되지 않은 학군 지역에 대해 명문 학군이 될 것이라는 막연한 기대를 품는 심리.
→ *The belief that an area without a strong school district now will inevitably become one in the future.*

▶ **부모의 승부심 심리(Parental Competitive Drive)**
자녀 교육 경쟁에서 이기기 위해 감정적으로 강하게 매수에 나서는 심리.
→ *The emotional drive of parents to secure better educational opportunities, often leading to aggressive purchasing decisions.*

▶ 위치 기반 엘리트 동일화(Geographic Identity Aspiration)
강남, 목동 등 지역에 살며 엘리트 계층과 자신을 동일시하고자 하는 심리.
→ *The desire to identify with elite social groups by residing in areas associated with prestige and high education standards.*

▶ 투자-양육 이중 심리(Dual Investment-Parenting Motivation)
자녀 교육과 부동산 수익을 동시에 고려하는 복합적 심리 구조.
→ *The simultaneous pursuit of property profit and educational benefit in residential decisions.*

▶ 사회적 상승 욕구(Aspirational Mobility)
학군이 좋은 지역에서 살면 사회적 지위도 함께 상승할 것이라는 기대.
→ *The belief that living in a prestigious school district can lead to upward social mobility.*

▶ 인지적 조망 효과(Cognitive Framing Effect)
지역에 대한 가치 판단이 실제가 아닌 교육 가능성에 대한 소문에 의해 형성되는 심리.
→ *The cognitive framing of a region's value based on educational rumors or projected school reputation.*

▶ 학군 가치 프리미엄(School District Premium)
좋은 학교가 있다는 이유로 해당 지역의 집값이 높게 유지되는 현상.
→ *The price premium assigned to real estate based on the quality and reputation of local schools.*

▶ 문화적 자본 집중 심리(Cultural Capital Consolidation)
학군이 좋은 지역에 더 나은 문화 자본이 모인다고 생각하는 심리.
→ *The belief that areas with top schools also attract higher parental education levels and learning environments.*

▶ 학군 기대의 유동성(Shifting Educational Expectation)
지금 좋은 학군이라도 시간이 지나면 변할 수 있다는 사실을 종종 간과하는 심리.
→ *The overlooked fact that educational zones and their quality can shift over time, despite strong emotional investment.*

68장

부동산 지역 브랜드 이미지에 대한 심리

"그 동네는 뭔가 다르잖아."
"hat neighborhood just has something special."

⇨ 심리 작동의 시작

집이 아닌 '지역'을 사는 심리.
사람들은 부동산을 고를 때 단지 면적, 구조, 가격만을 보지 않는다.
그보다는 "이 동네는 다르다"는 고정관념과 정서적 이미지에 따라 선택이 결정되기도 한다.
'강남답다', '한남스러움', '분당처럼 안정적', '성수의 감성' 같은 지역 브랜드는 해당 지역의 미래 가치뿐 아니라 거주자의 사회적 정체성까지 대변한다.
지역은 단순한 위치가 아니라, 브랜드이자 문화 코드다.

⇨ 심리 작동 방식과 원인: 인지된 가치 + 명성 편향 + 브랜드 동일시

인지된 가치(Perceived Value Bias)

객관적인 조건보다 이미지에 의해 부풀려진 기대 가치가 주거 결정에 더 큰 영향을 미친다.
마치 브랜드 제품이 품질 외에도 신뢰를 사는 것처럼 작동한다.

명성 편향(Reputation Anchoring)

"거긴 원래 좋은 동네잖아."라는 믿음은 과거 명성에 현재를 자동으로 긍정적으로 해석하게 만든다.

지역 브랜드 동일시(Location Identity Projection)

사람들은 지역의 이미지와 자신을 동일시하며, 해당 동네에 사는 것을 자기표현 수단으로 활용한다.

When people buy in Gangnam, they're not just buying space—they're buying status.

⇨ 감정(심리)의 흐름: 호기심 → 기대 → 신뢰 → 브랜드 충성

호기심

"그 동네 요즘 많이 뜬다더라."

기대

"여긴 왠지 안전하고 계속 오를 것 같아."

신뢰

"역시 그 동네는 다르지. 여긴 실패할 일이 없어."

브랜드 충성

다른 대안이 눈에 들어오지 않고, 해당 지역만 집착적으로 매수 대상으로 삼게 됨.
→ 지역이 아니라 지역의 이미지에 투자하게 되는 구조.

Brand loyalty in real estate is emotional, not economical.

💡 한 걸음 물러나 생각해 보기

지역 이미지 ≠ 불변의 가치

브랜드 이미지는 언제든 변할 수 있다.

한때 명성이 높았던 지역도 정책, 범죄, 개발 정체 등으로 가치가 하락할 수 있다.

이미지보다 구조를 보라.

교육, 교통, 일자리, 공급량, 상권 등 실질 데이터를 기준으로 지역의 내재 가치를 분석해야 한다.

'브랜드 프리미엄'은 상승장에 강하고, 하락장에 취약하다.

감정적 프리미엄은 침체기엔 빠르게 붕괴된다.

객관적 수치에 기반한 가치평가가 장기적으로 더 안정적이다.

명성은 투자자가 만든다. 그러나 수익은 구조가 만든다.

| 심리학 용어 키워드 |

68장. 부동산 지역 브랜드 이미지에 대한 심리

▶ **인지된 가치(Perceived Value)**

같은 집 구조라도 지역의 이미지나 평판 때문에 더 비싸게 느껴지는 심리.

→ *The perceived value of a home rises based on its area's image, regardless of actual features.*

▶ **명성 편향(Reputation Bias)**

유명하거나 좋은 평판을 가진 지역에 대해 무조건 긍정적으로 생각하는 경향.

→ *People tend to overvalue areas with strong reputations, believing they guarantee better returns.*

▶ **브랜드 충성도(Brand Loyalty)**

한번 좋은 인상을 받은 지역에 계속 거주하거나 투자하려는 심리.

→ *Once trust is formed in a branded area, buyers often remain loyal through repeated investments.*

▶ 정체성 내포(Identity Association)

특정 지역에 사는 것이 자신의 사회적 계층이나 스타일을 표현하는 수단이 되는 심리.

→ *Living in a specific area becomes a way to express personal or social identity.*

▶ 사회적 비교(Social Comparison)

남들이 사는 동네와 자신을 비교하며 가치 판단을 내리는 심리.

→ *We compare our choices with others' to evaluate our own status or success.*

▶ 고정관념 강화(Stereotype Reinforcement)

"강남은 성공", "분당은 안정"처럼 반복된 이미지가 굳어지는 현상.

→ *Repeated exposure to certain regional stereotypes reinforces emotional beliefs and biases.*

▶ 호감 전이 효과(Halo Effect)

교육이나 환경이 좋은 부분만 보고, 지역 전체가 괜찮다고 판단하는 심리.

→ *A single positive trait of a neighborhood influences overall positive judgment of its value.*

▶ 정보 확산 효과(Word-of-Mouth Effect)

입소문이나 뉴스 보도가 지역의 이미지를 형성하고, 집값에까지 영향을 주는 현상.

→ *Word of mouth and media exposure amplify a location's appeal and investment pressure.*

▶ 감정적 의사결정(Emotional Decision-Making)

데이터보다 '느낌', 이미지, 분위기로 집을 선택하는 경향.

→ *Real estate choices are often driven more by feelings than facts.*

▶ 투자 자기확신 편향(Overconfidence Bias in Branded Areas)

"이 동네는 안 망해"라는 막연한 확신에 따라 투자하는 심리.

→ *People assume branded areas are fail-proof, leading to overconfident investment decisions.*

69장

특정 지역이 고급화될 것이라는 기대에 대한 심리

"이 동네, 곧 분위기 확 바뀔 거야."
"This neighborhood is about to level up."

⇨ 심리 작동의 시작

지금은 낡았지만, 곧 바뀔 거라는 믿음.

누군가는 낙후된 골목에서 벤티 사이즈의 스타벅스를 보고, 누군가는 오래된 시장 옆의 감각적인 브런치 카페를 보고 말한다.

"이 동네 느낌이 달라졌어. 곧 고급 동네가 될 거야."

하지만 중요한 것은 그 느낌이 현실이 아닌 '예감'에 불과할 수 있다는 점이다.

사람들은 아직 오지 않은 미래를 먼저 상상하고, 그 상상에 따라 현재의 가격마저 '고급화' 시켜 버린다.

It's not the place that changed—it's how people feel about its future.

⇨ 심리 작동 방식과 원인: 전이 기대 + 이미지 선투영 + 상징적 변화 과대해석

전이 기대(Transference Expectation)

현재의 낙후된 이미지를 억누르고, 향후 변화될 모습(고층 아파트, 갤러리, 고급 상권 등)을 먼저 투자 판단에 반영하는 심리.

미래 이미지 선투영(Future Image Projection)

현재의 불편은 일시적이라 생각하고, 미래의 고급스러움을 미리 소유하고 싶어하는 심리적 시간 도약이 발생한다.

상징적 변화 과대해석(Overinterpretation of Symbolic Change)

"스타벅스 생겼다", "젊은 층이 많아졌다", "리모델링 단지 생겼다"는 단편적 변화를 전체적 고급화 흐름으로 착각하는 경향.

A café doesn't gentrify a neighborhood—but it often triggers the belief that it will.

⇨ 감정의 흐름: 희망 → 상상 → 확신 → 맹신

희망

"여기도 언젠간 바뀌겠지."

상상

"지금은 안 보이지만, 다 바뀔 거야."

확신

"이젠 분위기가 달라졌어. 무조건 오를 곳이야."

맹신

어떤 근거나 수치 없이 '여기는 뜬다'는 믿음만으로 가격을 정당화함.
→ 고급화라는 감정적 시나리오가 실제 구조보다 앞선다.

💡 한 걸음 물러나 생각해 보기

상징은 흐름의 징후일 뿐, 근거는 아니다.
카페 하나, 편의점 하나는 거주 수요와 가격 지속성의 핵심 지표가 될 수 없다.
교통, 직주근접, 인구 구조, 소득 수준 등 근본적 변화가 병행되어야 고급화는 현실화된다.
고급화는 복합적 구조의 결과물이다.
건축만 바뀌어선 안 되고, 주거 계층, 지역 커뮤니티, 정책 방향까지 장기적으로 변화해야 지속가능한 가치 상승이 가능하다.
프리미엄은 상상이 아니라 데이터에서 나온다.
'감정적 프리미엄(Emotional Premium)'은 상승기엔 강하지만, 하락기엔 가장 먼저 무너진다.
희망은 나쁘지 않다. 다만 희망은 구조 위에, 기대는 분석 위에 있어야 한다.

| 심리학 용어 키워드 |

69장. 특정 지역이 고급화될 것이라는 기대에 대한 심리

▶ **도시 이미지 재구성(Urban Image Reconstruction)**
지금의 현실보다 미래의 도시 이미지를 상상하며 지역 가치를 판단하는 심리.
→ *Valuing a location based on its imagined future rather than its present reality.*

▶ **주거 계층 이동 환상(Residential Status Migration)**
'이 동네에 살면 나도 중산층 이상'이라는 사회적 상승에 대한 기대.
→ *Believing that living in a certain area can elevate one's social or economic status.*

▶ **전이 기대(Transference Expectation)**
다른 지역의 고급화 성공 사례를 내 지역에도 똑같이 기대하는 심리.
→ *Expecting similar development outcomes by applying success stories from other areas.*

▶ **미래 투영(Future Projection)**
아직 일어나지 않은 미래 변화를 현재 가치에 반영하려는 심리.
→ *Projecting future developments into today's decision-making process.*

▶ **희망적 사고(Hopeful Thinking)**

현실보다 바람직한 미래를 상상하며 그것을 사실처럼 믿는 심리.

→ *Acting on imagined futures as if they are guaranteed outcomes.*

▶ **사회적 확증(Social Proof)**

"다들 산다"는 분위기에서 가치 판단을 따라가는 심리.

→ *Taking others' behavior as proof that an area's value is rising.*

▶ **확증편향(Confirmation Bias)**

내가 믿고 싶은 정보만 받아들이고, 반대 정보는 무시하는 선택적 인식.

→ *Accepting only information that supports one's beliefs while ignoring the rest.*

▶ **닻 내림 효과(Anchoring Effect)**

초기 정보(예: 카페나 프랜차이즈 입점 등)를 기준점으로 전체 지역 가치를 과대평가.

→ *Using one standout feature as a mental anchor for the entire area's value.*

▶ **과잉 일반화(Overgeneralization)**

작은 변화 하나만 보고, 전체 지역이 함께 바뀔 것이라 믿는 경향.

→ *Generalizing limited progress as a sign of full-scale transformation.*

▶ **맹신 심리(Blind Faith)**

충분한 검토 없이 '무조건 오른다'고 믿고 투자하는 심리.

→ *Investing with unchecked emotional faith instead of critical thinking.*

PART 9

외부 투자자, 신도시, 자연환경에 대한 심리

외국인 투자, 신도시 개발, 녹지·환경 등 외적 요인에 대한 기대와 해석

70장

관광지 개발 기대에 대한 심리

"여기 관광지 된다는데, 벌써 사람들 몰려온대."
"They say this place will be a tourist hotspot—people are already flocking here."

⇨ 심리 작동의 시작

관광지 개발이라는 말 한마디의 위력 관광지 개발 계획은 지역 부동산 시장에 '미래의 열기'를 불어넣는다. 호텔, 케이블카, 테마파크, 해안산책로, 축제 등 관광 인프라가 생길 거란 소문이 돌면, 사람들은 그 자체만으로도 미래의 상권과 인구 유입, 자산 가치 상승을 상상하게 된다. 관광지가 된다는 말은 사실보다 빠르게 사람들의 감정을 달군다.

⇨ 심리 작동 방식과 원인: 기대 확장 오류 + 감정 유추 + 자동 연계 판단

기대 확장 오류(Expectation Spillover Bias)[38]

하나의 개발 계획이 다른 긍정적 변화까지 자동으로 일어날 것처럼 연결되는 심리.
예: "케이블카 생긴다더라. → 외지인 유입 → 상권 활성화 → 집값 오른다."

---

38) Tversky, A., & Kahneman, D. (1974). Judgment under uncertainty: Heuristics and biases. Science, 185(4157), 1124-1131.

감정 유추(Affective Forecasting Illusion)[39]

미래 관광지로 바뀐 뒤의 풍경과 분위기를 미리 상상하고, 그 감정에 기반하여 현재 결정을 정당화하는 경향.

자동 연계 판단(Heuristic Association)[40]

"관광지 = 돈 된다."는 단순 연결 규칙이 심리 판단의 기초가 됨.
경제성, 지속가능성보다 흥분감에 의한 결론 우선 판단이 이루어짐.
개발 계획은 사실이지만, 기대는 감정이 부풀린다.

⇨ 감정의 흐름: 흥분 → 확신 → 투자 몰입

흥분

"여기 진짜 뜨는 거 아냐?"

확신

"지금 안 사면 나중에 못 사."

몰입

근거 검토 없이 투자 실행 → 주위 사람 설득, 추가 매수까지 이어짐.
→ 계획만으로 현실처럼 믿고 행동하는 착각에 빠지기 쉬운 구간.

---

39) Gilbert, D. T., & Wilson, T. D. (2007). Prospection: Experiencing the future. Science, 317(5843), 1351-1354.
40) Kahneman, D. (2011). Thinking, fast and slow. Farrar, Straus and Giroux.사람들은 직관적 사고에서 연상적 판단(associative coherence)을 자주 사용함을 설명

💡 한 걸음 물러나 생각해 보기

'개발 계획'은 확정된 미래가 아니다. 지방자치단체나 민간 계획은 예산, 승인, 환경영향평가, 민원, 민자 유치 등 수많은 관문을 넘어야 현실화된다. 뉴스 한 줄로 판단하지 말고, 타당성 검토 자료를 먼저 살펴보라. 관광지는 단기 호재, 장기 리스크가 될 수 있다.

→ 초기엔 들썩이고, 실현 후엔 과잉 공급·소득 불균형·교통 체증 등으로 가격이 조정되기도 한다.
실제 집객 효과와 부동산 수요는 다를 수 있다. 관광객은 잠시 머무는 존재일 뿐, 실거주 수요로 전환되지 않는 경우가 많다.
관광지 인근의 상가·주택은 오히려 소음, 접근성, 정주성 저하로 가치가 떨어질 수 있음.
진짜 변화는 건물이 아니라 거주민과 구조가 바뀔 때 생긴다.

| 심리학 용어 키워드 |

70장. 관광지 개발 기대에 대한 심리

▶ **기대 확장 오류(Expectation Spillover Bias)**

한 가지 개발 호재가 모든 결과(가격 상승, 유동 인구, 수익성 등)를 가져올 것이라 믿는 심리.

→ *Believing that one development plan will lead to all possible positive outcomes.*

▶ **감정 유추(Affective Forecasting Illusion)**

미래의 즐거운 분위기를 지금으로 끌어와, 투자 결정을 감정으로 내리는 심리.

→ *Letting imagined future excitement influence present decisions emotionally.*

▶ **자동 연계 판단(Heuristic Association)**

"관광지 → 돈 된다"처럼 단순한 공식처럼 외우고 그 믿음으로 판단하는 경향.

→ *Making decisions based on simplistic associations like "tourism = profit."*

▶ **투자 흥분 과잉 반응(Investment Excitement Overreaction)**

작은 기사, 입소문에도 흥분해 빠르게 투자에 뛰어드는 감정적 과잉 반응.

→ *Overreacting to minor news with impulsive investment behavior.*

▶ **관광지 투자 착시(Tourism Development Illusion)**

관광지 개발이 무조건 실거주 수요와 자산 가치 상승으로 이어질 것이라 믿는 심리.

→ *Mistakenly assuming that tourism development guarantees long-term value and demand.*

71장

관광지 개발로 임대 수요가 늘어날 것이라는 기대 심리

"사람들이 많이 오면, 당연히 임대도 잘 되겠지."
"If tourists come, rentals will boom—right?"

⇨ 심리 작동의 시작

'유동 인구 = 임대 수익'이라는 기대의 착시

호텔이 들어선다, 케이블카가 놓인다, 축제가 열린다.

이런 뉴스가 들리면, 투자자들은 자연스럽게 "숙박 수요도 늘겠다"고 생각한다.

더 나아가 "단기 숙박도 되고, 월세도 잘 나가겠다"며 임대 수익에 대한 환상을 갖는다.

하지만 유동 인구는 항상 '고정 수요'로 연결되지 않는다.

관광은 '머무는 것'이 아니라 '잠시 스치는 것'일 수도 있기 때문이다.

관광객은 많아도, 임차인은 적을 수 있다.

⇨ 심리 작동 방식과 원인: 고정 수요 착각 + 수익 환상 + 시장 과잉 반응

유동 인구 → 고정 수요 착각(Mobile-to-Fixed Fallacy)

관광객과 단기 체류자는 실제 임대 계약으로 이어지지 않을 수 있음에도,
'사람이 많으면 수익도 많다'는 단순 연결로 투자 판단이 내려진다.

수익 환상 형성(Rental Yield Illusion)

감정적으로 기대되는 수익이 현실의 공실률, 경쟁률, 운영 리스크보다 더 크게 인식되는 심리적 왜곡이 작동한다.

시장 과잉 반응(Overcrowded Investment Reflex)

임대 수익 기대가 높아질수록 비슷한 목적의 투자자가 몰리게 되고, 이는 곧 수요 포화를 넘어 공급 과잉과 수익 저하로 이어질 수 있다.

⇨ 감정의 흐름: 기대감 → 욕망 → 과잉 투자

기대감

"여기 관광객 많아진다니까, 임대 잘 될 거야."

욕망

"단기숙박도 하고, 월세도 돌리고, 수익이 꽤 괜찮겠는데?"

과잉 투자

시세·공실률·운영 리스크 무시한 채 무리한 대출, 다수 물건 매입 등으로 투자 확대.
→ 현실 수익보다 감정적 기대 수익에 기반한 투자가 이뤄지는 심리 패턴.

💡 한 걸음 물러나 생각해 보기

방문자 수와 임대 수요는 별개다.
관광객은 잠시 들르는 손님이고, 월세는 장기 정주 수요를 기반으로 한다.
직장, 대학, 병원, 교통이 없다면, 임대 수익은 계절성에 매우 민감할 수 있다.
임대 수익률은 계산이 아니라 리스크 관리다.

단기 숙박업은 운영 인력, 마케팅, 계절별 수요 관리가 필수이며, 장기 임대는 공실률, 계약 안정성, 수요 지속성을 고려해야 한다. 경쟁 과잉은 항상 늦게 들어간 사람에게 손실을 남긴다.
초기 수익자의 성공사례는 곧 후속 투자자의 진입 유인이 되지만, 공급이 포화되면 수익은 평균 이하로 수렴된다.
수익은 욕망으로 생기지 않는다. 고정 수요, 경쟁력, 운영 구조를 검토한 후의 판단만이 진짜 수익을 만든다.

| 심리학 용어 키워드 |

71장. 관광지 개발로 임대 수요가 늘어날 것이라는 기대 심리

▶ **고정 수요 착각(Mobile-to-Fixed Fallacy)**
사람이 많이 다닌다고 해서, 그 지역에 꼭 집을 빌릴 사람이 많을 거라고 착각하는 심리.
예: 관광객이 많으면 임대 수요도 많을 거라는 단순한 연결.
→ *Mistaken belief that high foot traffic automatically means stable rental demand.*

▶ **수익 환상 형성(Rental Yield Illusion)**
"여기 투자하면 월세로 꽤 벌겠지"라는 감정적 기대가, 실제보다 수익을 부풀리는 현상.
→ *Emotionally inflated expectations of rental income, beyond realistic market yields.*

▶ **시장 과잉 반응(Overcrowded Investment Reflex)**
모두가 임대 수익을 노리고 몰리면서, 오히려 공실률이 높아지고 수익이 줄어드는 상황.
→ *Oversupply of rental properties due to herd behavior, increasing vacancy and reducing profits.*

▶ **계절성 리스크 무시(Seasonality Oversight)**
성수기(여름·겨울방학 등) 수익만 보고, 비수기 공실이나 수익 부진을 간과하는 심리.
→ *Ignoring off-season risks while only focusing on high-demand periods.*

▶ **정주 기반 미확인(Neglect of Permanent Demand Drivers)**
직장, 학교, 병원 같은 '실제 거주 수요'를 만드는 요소를 확인하지 않고 투자하는 심리.
→ *Failure to assess long-term rental demand based on employment, education, and local infrastructure.*

72장

외국인의 부동산 투자 심리에 대한 심리

"외국인도 들어온다니까, 여긴 확실히 올라."
"Foreign investors are buying—this place must be a winner."

⇨ 심리 작동의 시작

'외국 자금'이 주는 정서적 확신 외국인의 투자는 단순한 거래가 아니다.

국내 투자자에게는 마치 글로벌 자금이 그 지역을 인정한 '투자 인증 도장'처럼 작용한다. 특히 미디어에서 "중국 자본 유입", "미국 펀드가 매입" 같은 뉴스가 나오면, 투자자들은 그 지역을 더 이상 단순한 지역이 아니라 세계적 수준의 투자처로 재해석하게 된다. 외국인 투자자는 '돈' 이상의 의미를 가진다. 그것은 "내 판단이 옳았다"는 심리적 보증서다.

⇨ 심리 작동 방식과 원인: 외재적 신뢰 효과 + 자기 정당화 + 후광 심리

외재적 신뢰 효과(External Validation Bias)

외국인의 투자가 내 판단에 대한 제3자의 확인처럼 느껴지며, 내 선택이 맞았다는 정서적 신뢰를 강화시킨다.

자기 정당화 작동(Self-Validation via Others)

외국인이 투자한 곳에 내가 먼저 들어갔다면, 이는 "나는 앞서간 사람"이라는 우월감을 만든다.

외국인이 이후 들어왔다면, "나는 현명하게 선택한 사람"이라는 판단이 정서적으로 강화된다.

후광 효과(Halo Effect of Foreign Capital)

"외국인이 사는 곳은 무조건 뜬다"는 일반화된 심리 구조가 작동한다.

외국인 투자 지역이라는 이유만으로 프리미엄이 정당화된다.

⇨ 감정의 흐름: 외부 확인 → 안도감 → 자산 보유 강화

외부 확인

"외국인도 샀다더라."

안도감

"내가 산 거 잘한 거네."

자산 보유 강화

매도 타이밍을 미루고 장기 보유 또는 추가 매입 결정.

→ 심리적 정당성이 강화되면, 시장의 조정 신호에도 '버티기' 심리가 작동하기 쉬움.

한 걸음 물러나 생각해 보기

외국인 투자 = 무조건 상승? X

외국인 자본은 단기차익 목적의 빠른 유입·이탈이 많다.

거시경제, 환율, 정치 리스크에 따라 예측불가의 유동성을 가진다.

글로벌 트렌드보다, 지역 수급이 먼저다.

외국인의 수요보다 내국인의 실거주 수요, 공급 계획, 정책 환경이 가격 형성에 지속적 영향을 미친다.

외국인 자본 유입 → 상징적 신호 vs 실질적 수요는 별개.

상징 효과는 단기 가격 상승을 만들 수 있으나, 수요 기반이 없으면 장기 유지가 어렵고 거품으로 변질될 수 있다.

외국인투자가 들어왔다고 안심하지 말고, 내가 감당할 수 있는 가격인가를 먼저 따져야 한다.

| 심리학 용어 키워드 |

72장. 외국인의 부동산 투자 심리에 대한 심리

▶ **외재적 신뢰 효과(External Validation Bias)**

"외국인이 산다니까 여긴 진짜 괜찮은 곳이겠지!"

외국인의 선택이 내 판단을 정당화해 주는 심리 작용.

→ *Believing that foreign interest validates one's investment decisions.*

▶ **자기 정당화 작동(Self-Validation via Others)**

"나도 이 지역에 투자했는데, 외국인도 투자했네? 나 잘한 거네."

외국인의 행동이 자신의 선택을 '정답'처럼 느끼게 하는 심리.

→ *Using others'(especially foreigners') actions to reinforce personal confidence.*

▶ **후광 효과(Halo Effect of Foreign Capital)**

"외국 자본이 들어왔대 → 곧 여기는 고급화된다!"

외국 투자 = 지역의 성장 신호라는 단순 연결 판단.

→ *Attributing prestige and future growth to the mere presence of foreign capital.*

▶ **감정 기반 장기 보유 심리(Emotionally Anchored Holding Bias)**

"외국인도 계속 투자하는데, 나도 팔 필요 없겠지."

내 보유 결정을 외부 자본에 의존해 정당화하는 감정적 착각.

→ *Emotionally holding onto property based on the actions of foreign investors.*

▶ **단기 유동성 착시(Liquidity Illusion from Global Capital)**

"외국인이 사면 그만큼 가치도 계속 오르겠지."

하지만 외국인의 투자는 일시적일 수 있다는 점을 간과.

→ *Mistaking short-term foreign capital flows for long-term value assurance.*

73장

외국인이 특정 지역에 투자할 것이라는 기대에 대한 심리

"여기는 외국인들이 좋아할 만한 동네야."
"Foreigners will love this area—it's just a matter of time."

⇨ 심리 작동의 시작

외국인의 시선을 먼저 상상하는 내국인의 기대 외국인 투자가 실현되지 않았음에도, 사람들은 종종 '외국인이 곧 들어올 것'이라는 기대를 품는다.

이 기대는 '국제학교 유치', '영어 간판', '근처 대사관' 등의 조각난 단서에 의해 촉발된다. 그러나 그 기반은 명확한 데이터보다 감정과 기대의 조합인 경우가 많다.

아직 오지 않은 외국인을 먼저 상상하고, 그들의 투자를 근거로 내 선택을 정당화하는 심리적 도식화가 시작된다.

⇨ 심리 작동 방식과 원인: 투영 기대, 자기합리화, 대체적 인식

투영 기대(Projection Expectation Bias)

"외국인이라면 분명 이 동네 좋아할 거야."
외국인의 니즈를 내 기준에서 상상하며 그 시나리오를 현재 투자 판단에 끌어오는 심리.

가상 수요 정당화(Self-Justification via Imaginary Demand)

실제 수요보다 가상의 수요를 상정해 현재의 결정을 강화함.

투자자는 외국인 수요를 '희망적 근거'로 설정하여 자신의 감정을 확신으로 전환한다.

문화적 대체 인식(Cultural Substitution Illusion)

외국인 투자자와 내국인 투자자가 같은 기준으로 움직일 것이라는 착각.

실제로는 제도, 언어, 거주 조건이 다른데도, 단순히 문화적으로 유사해 보이는 요소만 보고 "외국인도 곧 들어올 것"이라 판단한다.

⇨ 감정의 흐름: 상상 → 확신 → 투자 정당화

상상

"여기 국제학교 생기면 외국인 많이 올걸?"

확신

"그 사람들이 들어오기 전에 사 두는 게 맞아."

투자 정당화

"내가 먼저 알아봤고, 이건 곧 확정될 일이야."

→ 이렇게 형성된 확신은 향후 계획이 무산되거나 수요가 부진해도 쉽게 꺾이지 않음.

💡 한 걸음 물러나 생각해 보기

외국인 수요는 희망이 아니라 구조다. 투자 자유도, 비자 제도, 거주 환경, 치안, 언어 등 외국인 입장에서의 정주 요인을 종합적으로 검토해야 한다.

계획과 수요를 혼동하지 말라. 국제학교 설립 계획이나 문화지구 지정은 수요 조건이 아니라 정책 방향일 뿐, 실제 이주나 자산 구매로 이어지기까지는 다층적 조건이 필요하다.

'외국인 수요가 올 것이다'라는 내 판단은 외국인의 판단이 아니다. 글로벌 투자자들은 수익률, 법제도 안정성, 환율 조건, 자본 회수 가능성까지 정교하게 분석한다. 단순한 문화적 호감이나 입지의 분위기만으로 움직이지 않는다.

| 심리학 용어 키워드 |

73장. 외국인이 특정 지역에 투자할 것이라는 기대에 대한 심리

▶ **투영 기대(Projection Expectation Bias)**
"외국인도 분명 이런 이유로 여기 사는 거야."
실제로는 알 수 없는 외국인의 선택 이유를 내 기준에 맞춰 상상하고, 그것을 투자 판단 근거로 삼는 심리.
→ *Projecting one's own logic onto foreign investors' decisions and treating it as fact.*

▶ **가상 수요 정당화(Self-Justification via Imaginary Demand)**
"곧 외국인이 이 동네 몰릴 거야. 그래서 미리 샀어."
존재하지 않는 외국인 수요를 상상해서 자신의 결정을 정당화하는 경향.
→ *Using hypothetical foreign demand to justify current buying decisions.*

▶ **문화적 대체 인식(Cultural Substitution Illusion)**
"이 나라 사람들이 바다 보이는 걸 좋아하니까, 외국인도 당연히 좋아하겠지!"
문화나 생활 습관이 다를 수 있음에도 내 기준으로 외국인의 선택을 해석하는 착각.
→ *Assuming foreign investors share the same preferences due to perceived cultural similarity.*

▶ **선반영 착시(Pre-Realization Illusion)**
"외국인 수요가 생길 거니까 지금 이 집 값은 더 올라야 해."
아직 오지도 않은 수요를 미리 가격에 반영해 버리는 심리.
→ *Prematurely pricing in future demand as if it's already realized.*

▶ **외부 투자자 이상화(Idealization of Foreign Capital)**
"외국인이 사면 무조건 오를 수밖에 없어."
외국인의 투자를 성공과 연결 지어 과도하게 긍정적으로 해석하는 경향.
→ *Overestimating the significance and reliability of foreign capital.*

74장

신도시 개발에 대한 기대 심리

"여기 신도시 된대. 땅값 오르겠다."
"This is going to be a new town—land prices will skyrocket."

⇨ 심리 작동의 시작

'신도시'라는 단어 하나가 바꾸는 상상의 지도 신도시 개발은 물리적 계획 이전에 심리적 환상으로 먼저 시작된다. "여기 판교처럼 될 거야", "여기도 위례처럼 오를 거야"라는 상상은 아직 아무것도 바뀌지 않은 땅 위에 브랜드 아파트, 쇼핑몰, 교통 인프라, 카페거리를 미리 그려 넣는다. '신도시'는 기대를 자산화하는 가장 대표적인 단어다. 도시가 바뀌기 전에, 심리가 먼저 가격을 바꾼다.

⇨ 심리 작동 방식과 원인: 개발 환상과 과잉 일반화

개발 환상 개발(Future Urban Illusion)
'신도시'란 말만 들어도 사람들이 도시적 삶의 완성본을 자동으로 떠올리는 심리.
행정구역상 지정만 되었을 뿐인데도 이미 카페거리와 고급 아파트가 보이기 시작한다.

성공 사례의 과잉 일반화(Overgeneralization from Exemplars)
판교, 동탄, 광교 등 성공한 신도시의 이미지를 모든 신도시 후보지에 동일하게 적용하려는 심리.

'누구나 하나쯤은 대박 난다'는 식의 도식화된 기대가 무비판적으로 확산된다.

계획 발표 → 가치 선반영 구조(Plan-Value Projection Bias)

신도시 개발 발표만으로 이미 가치가 상승했다는 착시를 유발하며, 감정이 정보보다 앞서게 됨.

⇨ 감정의 흐름: 호재 인식 → 비전 설정 → 투기적 열기

호재 인식
"여기 신도시 뜬다더라."

비전 설정
"곧 아파트 들어서고 교통도 편해질 거야."

투기적 열기
"지금 안 사면 늦어. 땅값 더 오를 텐데."

→ 이 감정의 흐름은 실체 없는 초기 개발 단계에서 가격을 먼저 상승시키며, 심리적 과열을 유도한다.

💡 한 걸음 물러나 생각해 보기

'신도시'라는 단어는 계획이지, 결과가 아니다.
- 지정만으로 가격이 반응하는 시장 구조 속에서, 실제 개발 속도, 민간 참여율, 입주율은 변수다.
- 신도시 성공은 발표가 아니라 정주 인프라의 집합체로 판단해야 한다.
  '판교=성공'이라는 공식은 역행적 해석이다.
- 판교는 IT밸리 + 교통 + 인력 집적 + 정책 연속성이라는 복합적 성공 사례다.
- 단순히 "판교도 처음엔 그랬다"는 말은 과거를 오늘에 투영한 감정적 오류일 수 있다.

> 투자자는 '속도'보다 '완성'을 봐야 한다.
> - 기대감은 빠르게 확산되지만, 정비계획 수립 → 인프라 착공 → 입주 시작까지는 수년간의 공백이 존재한다.
> - 이 공백에서 조정이 발생하고, 프리미엄은 가장 먼저 빠진다.

| 심리학 용어 키워드 |

74장. 신도시 개발에 대한 기대 심리

▶ **개발 환상(Future Urban Illusion)**
"신도시'라는 말만 들어도 좋아질 것 같아."
'도시'라는 단어 하나에 미래의 편의시설, 상권, 삶의 질까지 상상해 버리는 심리.
→ *Letting the word "urban development" trigger an optimistic vision of the future.*

▶ **과잉 일반화(Overgeneralization from Exemplars)**
"저기 성공했잖아. 여기도 똑같이 될 거야."
일부 지역의 성공 사례를 전체에 적용하며, 다른 지역도 그렇게 될 것이라고 믿는 오류.
→ *Assuming every new area will succeed just like one standout example.*

▶ **비전 자산화(Vision-Driven Pricing)**
"앞으로 이렇게 될 거니까 지금 이 가격도 괜찮아."
아직 현실이 아닌 미래 구상을 이미 실현된 것처럼 가격에 반영하는 심리.
→ *Pricing in a future vision before it becomes reality.*

▶ **속도 착각(Immediacy Illusion)**
"신도시 발표만 났는데, 벌써 집값 오를 것 같아."
계획 발표와 결과 사이의 시간차를 무시하고, 곧바로 변화가 올 것이라고 믿는 심리.
→ *Believing that announced plans will materialize immediately.*

▶ **투기적 열기(Speculative Fever)**
"좋아질 거니까 지금 사야지!"
아직 아무것도 변하지 않았는데도, 기대감만으로 시장이 과열되는 현상.
→ *When hype and imagined futures drive prices faster than real progress.*

75장

신도시가 지역 활성화로 이어질 것이라는 기대 심리

"신도시가 들어오면 주변 동네도 살아난대."
"Once a new town is built, the surrounding area will thrive too."

⇨ 심리 작동의 시작

중심 하나가 전체를 살릴 거라는 '연결의 환상' 신도시 개발 소식은 단지 해당 지역만의 이야기가 아니다. 투자자들은 중심지뿐 아니라 그 주변 지역 전체가 함께 살아날 것이라는 기대를 품는다. "이쪽까지 호재가 퍼진다더라.", "지하철이 연결되면 여기도 수혜야"라는 말들은 개발 효과가 경계 없이 퍼진다는 믿음, 즉 심리적 파급 기대를 확산시킨다. 변화는 중심에서 시작되지만, 시장은 그 여진(餘震)까지 가격에 반영한다.

⇨ 심리 작동 방식과 원인: 파급 효과 과대평가와 지리적 연상

파급효과 과대평가(Overextended Spillover Bias)

개발 중심지에서 시작된 변화가 모든 인접 지역에 동일하게 영향을 미칠 것이라는 심리적 확대 해석.

실질적 연결(도로·철도·생활권)이 없음에도 지리적 인접성만으로 수요 전이를 기대하게 됨.

지리 연상 오류(Associative Proximity Illusion)

지도상 가까워 보이면 같이 움직일 것이라는 심리적 연상 작용.

정책과 개발의 실제 연결성보다 '가까워 보인다'는 느낌에 기반한 판단.

사회적 반향 효과(Social Echo of Hope)

언론 기사, 유튜브, 커뮤니티를 통해 확장 기대감이 반복되면 믿음으로 굳어짐.

확실한 근거 없이도 "여기도 다 오른대"라는 심리적 대세론 형성.

⇨ 감정의 흐름: 확장적 기대 → 대중 심리 합류 → 부풀린 수요

확장적 기대

"신도시 들어오면 옆 동네도 당연히 오르지."

대중 심리 합류

유튜브, 언론 보도, 지인들의 말이 확신을 덧붙임.

부풀린 수요

실수요보다 심리적 선점 욕구가 자극되어 매수 경쟁 가열.

→ 주변 지역의 실제 정비 상태, 교통 연결성, 주거 여건을 무시한 채 '심리적 이득 구역'으로 판단하게 됨.

> 💡 **한 걸음 물러나 생각해 보기**
>
> 신도시 효과는 '범위'가 아닌 '연결'로 판단하라.
> - 인접하다고 해서 자동적으로 수요가 전이되는 것은 아니다.
> - 실제 교통망 연결, 생활권 일치 여부, 배후 인프라 유입이 핵심이다.
>   심리적 기대는 빠르게 확산되지만, 인프라는 느리게 확장된다.

- 실제 파급은 수년이 걸리거나, 아예 주변에 도달하지 않을 수도 있음.
  개발 프리미엄은 중심에 먼저 반영되고, 변두리는 불확실성이 크다.
- 정책 발표만 보고 움직이기보다 중심지의 개발 진척도 → 연결성 → 실거주 유인 요인을 구조적으로 따져 봐야 한다.

| 심리학 용어 키워드 |

75장. 신도시가 지역 활성화로 이어질 것이라는 기대 심리

▶ **파급효과 과대평가(Overextended Spillover Bias)**

"여기 개발되면, 저기도 당연히 오르겠지."

중심지에서 일어난 변화가 자동으로 주변 지역까지 퍼질 것이라 믿는 심리적 과신.

→ *Assuming central development will automatically benefit neighboring areas.*

▶ **지리 연상 오류(Associative Proximity Illusion)**

"지도상 가깝잖아. 거기도 오를 거야."

물리적 거리가 가깝다는 이유만으로 같은 가격 흐름을 기대하는 비논리적 판단.

→ *Believing proximity on a map means price movement will be the same.*

▶ **사회적 반향 효과(Social Echo of Hope)**

"사람들이 계속 말하니까 진짜 같아 보여."

언론, 커뮤니티, 지인 대화에서 반복되는 말이 사실처럼 느껴지는 심리.

→ *When repeated social messages create a false sense of certainty.*

▶ **심리적 확장 투자(Peripheral Expectation Investment)**

"여긴 벌써 비싸니까, 주변이라도 잡자."

핵심 지역의 가격 상승을 보며, 주변부라도 따라오겠지 하는 기대감에 투자하는 심리.

→ *Investing in fringe areas out of fear of missing the core area's gains.*

▶ **심리적 낙수효과 착각(Illusion of Trickle-Down Impact)**

"좋은 게 생기면 주변에도 다 퍼지지 않겠어?"

핵심 호재가 별다른 분석 없이 주변까지 자연스럽게 번질 것이라고 믿는 심리 오류.

→ *Assuming benefits from major developments will naturally trickle down.*

76장

부동산 주변 지역 비교에 대한 심리

"저 동네보다 우리 동네가 나은 것 같은데…."
"This neighborhood feels better than the one next door."

⇨ 심리 작동의 시작

우리는 왜 옆 동네를 의식하는가?

부동산을 고를 때 사람들은 절대적 기준보다는 비교를 통해 상대적 우위를 찾으려 한다. "저기는 너무 올랐어.", "우리는 아직 저평가야"라는 말은 시장 분석이 아니라 감정적 비교의 언어다. 이 비교는 때때로 주관적 선입견에 기반하며, 자기 결정의 '정당화'를 위한 심리적 방어기제로 작동한다. 옆 동네보다 나으면 괜찮은 투자라는 착각이, 선택을 고정시키는 이유가 된다.

⇨ 심리 작동 방식과 원인: 기준점 편향과 사회적 비교 심리

기준점 편향(Anchoring Bias)

특정 지역을 기준으로 삼아 다른 지역을 판단함.

이 기준은 실제 수요나 입지 조건이 아닌, 언론 보도, 입소문, 개인 경험일 수 있음.

사회적 비교 심리(Social Comparison Bias)[41]

'그 동네보다 여기가 싸네?', '여기가 더 조용하고 좋지'라는 비교를 통해 자신의 투자 판단에 확신과 우월감을 부여하려는 심리.

선택 정당화 효과(Choice Justification Bias)

이미 선택한 지역에 대해 주변과 비교하며 스스로를 설득하는 경향.
불리한 요소는 축소하고, 유리한 요소는 부각시켜 의사결정의 확신을 강화함.

⇨ 감정의 흐름: 우월감 or 열등감 → 합리화 → 정당화

우월감

"우린 그래도 이 정도면 괜찮지."

열등감

"저기는 비싸기만 하지, 실속은 없어."

합리화

비교를 통해 자신의 지역을 선택한 이유를 재구성

정당화

결정 후에는 더 이상 비교를 하지 않으려는 심리적 고립화
→ 타지역과의 비교는 정보 수집의 출발점이 될 수도 있지만, 감정적 방어의 도구가 되기도 한다.

---

41) Festinger, L. (1954). A theory of social comparison processes. Human Relations, 7(2), 117-140.

💡 한 걸음 물러나 생각해 보기

비교는 기준에 따라 달라진다.
- 자신이 설정한 기준이 정서적 편향인지, 실질적 데이터인지 점검해야 한다.
  선택 후 정당화는 투자 실수를 반복하게 만든다.
- 후속 관리나 대응보다 기존 판단을 고수하려는 심리가 문제를 키운다.
  비교는 수치로, 판단은 구조로.
- 가격, 교통, 학교, 인프라 등 구조적 요소의 종합 비교 없이 심정적인 우열 판단은 위험하다.
  타지역의 잠재력도 함께 분석하라.
- 지금은 낮아 보이는 지역이지만, 정책·개발·인구 흐름 등으로 더 빠르게 성장할 수도 있다.

| 심리학 용어 키워드 |

76장. 부동산 주변 지역 비교에 대한 심리

▶ **기준점 편향(Anchoring Bias)**

"여기보다 싸니까 괜찮은 거야."

특정 지역(예: 강남)을 비교 기준점으로 삼고, 그 외 지역은 '상대적으로 싸다', '비슷하다'는 식으로 판단하는 경향.

→ *Using one area as a mental anchor and judging all others in relative terms.*

▶ **사회적 비교 심리(Social Comparison Bias)**

"친구는 저기 샀는데, 나도 비슷한 데는 가야 하지 않을까?"

다른 사람의 선택이 내 판단에 영향을 주고, 우월감 또는 열등감으로 이어지는 감정 기반의 결정.

→ *Making decisions based on how one's choices compare to others'.*

▶ **선택 정당화 효과(Choice Justification Bias)**

"그래도 내가 산 데가 더 낫잖아."

이미 한 결정을 되돌리기 싫어서, 감정적으로 이유를 만들고 정당화하려는 심리.

→ *Emotionally justifying past decisions to avoid regret or self-doubt.*

▶ **상대 우위 환상(Perceived Relative Superiority)**

"여긴 저기보다 낫다니까."

절대적인 조건은 무시한 채, 단순 비교로 '여기가 더 좋아'라고 믿는 오류.

→ *Assuming superiority based solely on relative comparisons, not facts.*

▶ **심리적 고립화(Defensive Isolation)**

"더 알아볼 필요 없어. 나는 잘 선택했어."

결정 후 새로운 정보나 비교를 거부하고, 기존 선택을 감정적으로 방어하는 태도.

→ *Rejecting new information to protect one's prior choices from being challenged.*

77장

저평가된 지역에 대한 투자 심리

"여긴 아직 안 떴지만, 곧 뜰 거야."
"It hasn't boomed yet, but it will."

⇨ 심리 작동의 시작

'남들이 안 보는 곳'이 기회로 보이는 이유 사람들은 이미 오른 지역보다 아직 안 오른 지역에서 기회를 찾으려 한다. '저평가'는 단지 가격이 낮다는 뜻이 아니라, 미래에 오를 가능성이 있다는 믿음이다.

누군가는 저렴함에 주저하고, 누군가는 그 저렴함에 희망을 투영한다. "아무도 관심 없을 때 사는 게 진짜 투자지." 이 말은 분석보다 감정의 논리에 가깝다.

⇨ 심리 작동 방식과 원인: 가치 대비 가격 착시와 투기 심리

가치 대비 가격 착시(Perceived Value vs. Market Price Illusion)

가격이 낮으면 가치도 낮다는 경고를 무시하고, 반대로 가치가 높은데 아직 반영 안 됐을 뿐이라 믿는 심리.

정보 부재의 기회화(Lack of Visibility as Opportunity)

정보가 부족하면 회피해야 하는데, 오히려 "남들이 몰라서 안 산다."는 선점 심리로 전환.

투기 심리 및 발견 효과(Speculative Discovery Bias)

"내가 먼저 알아봤다"는 심리에서 비롯된 과잉 확신. 투자가 아니라 탐험처럼 접근하게 됨.

⇨ **감정의 흐름: 발견의 쾌감 → 선점 욕구 → 과도한 확신**

발견의 쾌감

"이런 지역을 내가 먼저 찾다니."

선점 욕구

"지금 들어가야 싸게 잡지."

과도한 확신

"이건 무조건 뜰 거야. 이미 그림이 그려졌어."
→ 감정은 타당성을 건너뛰고 확신으로 직행한다.
→ 그러나 그 지역이 정말 저평가인지, 단순히 외면받은 곳인지는 구별되어야 한다.

💡 **한 걸음 물러나 생각해 보기**

저평가와 미개발은 다르다.
- 기반시설, 인프라, 인구 흐름이 따라오지 않으면 단순히 '안 오른 지역'일 뿐.
  싸다는 이유만으로는 투자 근거가 되지 않는다.
- 가격이 싸면 이유가 있고, 그 이유가 기회인지 위험인지 먼저 파악해야 한다.
  희망은 분석 위에 세워야 한다.
- 주변 개발계획, 수요 추이, 상권 변화 등 실증적 근거가 투자 판단의 기준이어야 한다.
  정보의 부재는 때론 경고다.
- 자료가 없고, 투자자도 없고, 실수요도 없다면 그건 기회의 땅이 아니라 주의 구역일 수 있다.

| 심리학 용어 키워드 |

77장. 저평가된 지역에 대한 투자 심리

▶ **가치 대비 가격 착시(Value-Price Illusion)**

"싸니까 언젠간 오르겠지."

낮은 가격 자체를 높은 잠재 가치로 오인하는 심리 오류.

→ *Mistaking low prices for high potential.*

→ *"If it's cheap, it must be undervalued."*

▶ **정보 부재 기회화(Blind Spot Optimism)**

"사람들이 잘 모르는 데니까 기회일 거야."

정보가 부족한 지역일수록 오히려 투자 기회로 착각하는 경향.

→ *Seeing lack of information as hidden opportunity.*

→ *"No one's talking about it — that must mean it's a secret gem."*

▶ **투기적 발견 심리(Speculative Discovery Bias)**

"내가 먼저 알아본 거야."

남들이 관심 갖기 전 먼저 찾았다는 만족감이 투자 결정을 과신하게 만듦.

→ *Overconfidence from being an 'early discoverer'.*

→ *"I'm ahead of the crowd — this has to pay off."*

▶ **선점 심리(Early Mover Bias)**

"먼저 사면 나중에 다 이득이야."

초기 진입자일수록 더 큰 보상을 얻을 거라는 믿음이 작용하는 투자 심리.

→ *Belief that early entry guarantees larger rewards.*

→ *"Buy first, benefit most."*

▶ **저평가 오판(False Undervaluation)**

"이 동네는 지금 저평가돼 있어."

시장 외면 = 가치 있는 기회라고 단정짓는 심리적 과잉 해석.

→ *Assuming neglect equals hidden value.*

→ *"If no one's buying it, it must be cheap — and worth it."*

78장

환경 요인에 대한 감정적 판단 심리

"공원이 가까우면 마음이 편하잖아."
"Being near a park just feels better."

⇨ 심리 작동의 시작

'좋은 분위기'가 '좋은 가치'처럼 느껴질 때 부동산 선택에서 많은 사람들이 말한다.
"여긴 조용하고, 나무도 많고, 그냥 느낌이 좋아." 이때 작동하는 건 계산된 판단이 아니라 정서적 반응이다. 숫자로 환산되지 않는 환경 요소들 — 공원, 조경, 골목 분위기, 햇빛, 바람결 — 은 우리의 심리에 깊이 각인된다.

그 감정은 "이곳에서 살면 행복할 것 같다"는 미래 감정 예측으로 이어지며, 실제보다 더 높은 가치를 부여하게 만든다.

⇨ 심리 작동 방식과 원인: 감정 유도 예측과 감각 왜곡

감정 유도 효과(Affective Forecasting Bias)
"이 환경이면 기분이 좋아질 거야"라는 미래 정서를 현재 결정의 근거로 삼는 심리.

분위기 과잉 일반화(Atmospheric Halo Effect)
조경이 좋거나 분위기가 쾌적하면, 다른 요소(가격, 편의성 등)까지 좋을 거라고 믿는 오류.

감각 중심 판단 왜곡(Emotion-First Reasoning)

시각적·청각적 감정 반응이 객관적 정보보다 앞서 결정을 유도하는 경향.

⇨ 감정의 흐름: 기대 → 정서적 몰입 → 과잉 긍정

기대

"이런 데서 살면 기분이 참 좋을 것 같아."

정서적 몰입

공원, 녹지, 조용함 등으로 인해 심리적으로 안정과 기대가 과도하게 상승.

과잉 긍정

"이 정도면 가격 좀 비싸도 괜찮지."
→ 실제 생활 편의성과는 무관하게 감정이 결정을 이끌게 됨.

💡 **한 걸음 물러나 생각해 보기**

좋은 감정이 좋은 투자를 의미하지는 않는다.
- 감정은 거주 만족도의 일부일 뿐, 재산 가치를 보장하지는 않는다.
  분위기와 실질 조건을 분리해서 평가하라.
- 정서적 쾌적함과 교통, 편의시설, 소음, 치안 등 객관적 요소를 병행 비교해야 한다.
  '지금의 감정'이 아니라 '10년 후에도 유효할 조건'인지 따져라.
- 일시적 계절, 시간대, 분위기 착시로 인해 감정이 왜곡될 수 있다.

| 심리학 용어 키워드 |

78장. 환경 요인에 대한 감정적 판단 심리

▶ **감정 유도 효과(Affective Forecasting Bias)**
"이 동네 살면 매일 행복할 것 같아."
미래에 특정 환경이 줄 감정 상태를 지나치게 낙관적으로 예측하고, 그 기대를 의사결정에 반영하는 심리.
→ *Overestimating how happy or satisfied you'll feel in the future.*
→ *"This will definitely make me feel great for a long time."*

▶ **분위기 후광 효과(Atmospheric Halo Effect)**
"카페 예쁘고 길도 깔끔하네, 여기 집값도 좋을 듯."
쾌적한 거리, 조경, 조명 등 일부 환경 요소에 의해 전체 가치가 과도하게 긍정적으로 평가되는 착시.
→ *Letting one positive feature shape your entire judgment.*
→ *"It feels upscale, so it must be valuable."*

▶ **감각 중심 판단(Emotion-Driven Decision)**
"딱 보자마자 마음에 들었어요."
시각적·정서적 반응이 논리나 데이터보다 우선해서 결정을 유도하는 현상.
→ *Choosing with your eyes or heart before your mind.*
→ *"If it feels right, I don't need the numbers."*

▶ **미래 정서 착시(Emotional Projection Fallacy)**
"이 행복감이 계속될 거야."
지금의 감정을 미래에도 그대로 느낄 것이라는 착각. 시간이 지나면 감정은 달라질 수 있음에도 과신하는 심리.
→ *Assuming your current feelings will last unchanged into the future.*
→ *"I'll feel like this forever."*

▶ **장기 지속 가능성 점검(Durability Check)**

"지금 이 느낌이 몇 년 후에도 같을까?"

현재의 감정이 장기적으로 유지 가능한가를 냉정하게 되짚어 보는 사고. 감정 기반 투자의 위험을 줄이기 위한 필수적 검토.

→ *Testing whether emotional appeal has long-term stability.*

→ *"Will I still feel this way after 5 years?"*

79장

자연환경이 부동산 가치에 미치는 심리적 프리미엄

"자연이 곁에 있으면 삶이 달라지지."
The Hidden Premium of Nature: 왜 투자자는 나무와 강을 신뢰하는가?

⇨ 심리 작동의 시작

"숲이 보이면 가격은 덜 떨어져요."
투자자들은 수치로 리스크를 계산하면서도, '보이는 풍경'이라는 감정 요소에 프리미엄을 지불한다. 강변 조망, 공원 인접, 숲세권 이라는 말은 통계로 설명되기보다, 감정적 안정감(emotional security)으로 작동한다. 이는 특히 불확실성이 클수록 강해진다.
"자연은 변하지 않으니까, 그 옆에 있는 자산도 안전할 거야."

⇨ 심리 작동 방식과 원인

심리적 회복 프리미엄(Restorative Premium)

자연을 접하는 주거는 스트레스를 낮추고 안정감을 높인다. 투자자는 이것이 거주 지속성과 재매수의지(persistence & re-demand)로 이어진다고 믿는다.

고급화 정당화 심리(Luxury Justification Bias)

투자자는 "조경이 잘 된 단지 = 상류 주거지"라는 내재화된 이미지를 가지고 있다.

이 때문에 동일한 구조라도 자연이 있는 집에 더 높은 값을 매기고, 그 차이를 '합리적 프리미엄'이라 정당화한다. "이런 데는 언제나 수요가 있죠."

내재 가치 착시(Perceived Intrinsic Value)

공원, 하천, 녹지 등은 개발로 만들 수 없다는 점에서 희소성과 내재가치를 가진다는 착시를 만든다. 이 심리는 곧 투자 지속성(self-validating investment)으로 연결된다.

→ "이런 입지는 절대 다시 안 나와요."

보유 심리 강화 효과(Hold Bias through Calmness)

자연을 마주할수록 감정은 잔잔해지고, 잔잔한 감정은 보유 결정을 지지한다.

결과적으로 공원 옆에 있는 집은 더 오래 보유되고, 이런 투자 심리는 시장에서 '프리미엄'으로 반영된다.

⇨ 감정(심리)의 흐름

공원 옆 단지를 봤을 때, "이런 곳은 수요층이 확실해." 강변 뷰를 본 순간, "이런 뷰는 사 두면 무조건 보존돼." 이때 실제 데이터보다 더 강력한 기준은 "마음속에 있는 풍경에 대한 신뢰"다. 투자자는 계산보다 감정의 불변성에 투자하는 셈이다.

> 💡 **한 걸음 물러나 생각해 보기**
>
> "나는 수요 예측을 하고 있는가, 아니면 장면에 매혹되어 있는가?"
> 자연은 개발이 어렵고 재현도 힘들다.
> 하지만 그 희소성은 현실이 아니라 심리에서 만들어지는 경우도 많다.
> 우리는 진짜 희소성에 투자하는가?
> 아니면 보기 좋은 감정적 이미지를 희소성으로 착각하고 있는가?
> *"A view can be rare, but is your belief about its value rarer?"*

| 심리학 용어 키워드 |

79장. 자연환경이 부동산 가치에 미치는 심리적 프리미엄

▶ **심리적 회복 프리미엄(Restorative Premium)**
"여기 오니까 마음이 편안해져요. 그래서 더 값어치 있어 보여요."
자연환경이 주는 심리적 안정감이 부동산 가격에 프리미엄처럼 반영되는 현상. 편안함이 곧 가치로 해석되는 심리.
→ *Believing that calming surroundings add real estate value.*
→ *"It's peaceful here—so it must be worth more."*

▶ **고급화 정당화 편향(Luxury Justification Bias)**
"호수나 숲 옆이면 당연히 비싸야죠."
자연환경이 곧 고급 자산의 기준이 된다고 믿으며, 높은 가격을 감정적으로 정당화하는 경향.
→ *Assuming proximity to nature automatically means luxury.*
→ *"Nice view = high value, no doubt."*

▶ **내재 가치 착시(Perceived Intrinsic Value)**
"여긴 자연이 가까우니까 원래부터 가치가 있어."
자연이 인접한 입지에 대해 객관적 근거 없이 '본질적으로 가치 있다'고 느끼는 감정적 착각.
→ *Feeling that nature-rich locations have inherent worth.*
→ *"It just feels valuable, even if no one's buying yet."*

▶ **감정적 보유 심리(Hold Bias through Calmness)**
"팔기 아깝잖아. 여기서 마음이 진짜 편해졌는데."
자연환경이 주는 정서적 평온이 경제적 판단보다 강하게 작용해 장기 보유를 유도하는 심리.
→ *Holding on to property just because it brings emotional comfort.*
→ *"It calms me, so I'll keep it—regardless of profit."*

▶ **감정적 희소성 오류(Emotional Scarcity Fallacy)**
"이런 뷰는 정말 드물어. 놓치면 후회할 거야."
실제 공급보다 감정적 경험에 기반해 '희소하다'고 느끼는 심리적 왜곡.
→ *Perceiving something as rare because it feels special.*
→ *"It looks rare, so it must be rare."*

PART 10

세대·계층·문화 간 인식 차이의 심리

세대 갈등, 계층 불안, 사회 구조 변화에서
나타나는 심리 흐름

80장

부동산 소유에 대한 사회적 압력에 대한 심리

The Pressure to Own: "Not Having a Home Feels Like a Flaw"

"집 없으면 뭐가 부족해 보이잖아."
"When you don't own a home, it feels like you're lacking something."

⇨ 심리 작동의 시작

이 문장은 단순한 불만이 아니라, 한국 사회에서 부동산이 지위(symbol of social standing)처럼 기능한다는 것을 보여 준다. 많은 사람들은 실수요(real need)보다 사회적 시선(social expectation)에 더 반응하며 집을 사야 할 이유를 만들어 낸다.

⇨ 인지적 메커니즘

사회 규범 내면화와 비교 동기 "주변 사람들은 다 집이 있어"라는 인식은 개인의 결정(personal decision)이 아니라 집단 규범(perceived norm)을 따르게 만든다.

우리는 '나만 집이 없는 것 같다'는 비교 감정을 통해 사회적 소외(social exclusion)의 불안을 느낀다. 그러면서 "나도 빨리 사야겠다."는 심리적 조급함(urgency)이 생겨난다.

⇨ 감정의 흐름: 불안 → 소외감 → 강박적 소유 욕구

불안

"나만 아직 준비 안 된 느낌이야."

소외감

"어디 가도 집 얘기만 나와, 나만 예외인 기분."

강박적 소유 욕구

"무리해서라도 집 하나는 있어야겠다." 결과적으로, 이 흐름은 투자 시기의 부적절성이나 자금 부족 여부와 상관없이 "소유해야 한다."는 심리로 연결된다.

> 💡 **한 걸음 물러나 생각해 보기**
>
> "나는 집을 원하는가, 아니면 원하지 않으면 안 될 것 같아서 사려는가?"
> "이 결정은 나를 위한 것인가, 남들의 시선에 대한 반응인가?"
> *"You should own a home because it fits your life,*
> *not because you're afraid of how you're seen."*

| 심리학 용어 키워드 |

80장. 부동산 소유에 대한 사회적 압력에 대한 심리

▶ **소유 강박 심리**(Ownership Obsession)

"집이 없으면 마음이 불안해요."

집을 소유하지 않으면 심리적 불안이나 불완전함을 느끼는 강박적 심리 상태. 단순한 재산이 아니라 존재의 안정성처럼 여겨짐.

→ *Feeling incomplete without owning a home.*

→ *"I can't relax until the house is mine."*

▶ **사회적 비교 압박**(Social Comparison Pressure)

"친구들도 다 집 샀는데, 나만 없어…"

주변 사람들과 비교해 집을 갖지 못한 자신에게 열등감을 느끼는 심리. 경제적 가치보다 사회적 위치로 해석되는 경향.

→ *Feeling inferior because others own homes.*

→ *"Everyone has one—why not me?"*

▶ **부동산 보유 정상화 편향**(Ownership Normalization Bias)

"당연히 집은 있어야지."

모두가 집을 가진다는 전제를 사회적 기준처럼 내면화한 심리. 선택이 아닌 '당연한 수순'으로 받아들이는 경향.

→ *Believing home ownership is a life necessity, not a choice.*

→ *"Of course I should own—it's just normal."*

▶ **소외 회피 욕구**(Fear of Being Left Out)

"집 없으면 사람 취급도 못 받는 것 같아요."

부동산을 소유하지 않으면 사회에서 밀려나거나 실패한 것처럼 느끼는 감정. 경제적 판단보다 소속감의 문제로 접근하는 심리.

→ *Fear of falling behind socially without property.*

→ *"Without a home, I feel like I don't belong."*

81장

부동산이 만들어 내는 심리적 위계: '누가 가진 자인가'에 대한 인식

Real Estate as Social Ranking: The House as a Symbol of Status

부동산이 계층을 만드는 심리 구조

⇨ 심리 작동의 시작

"저 사람은 집이 있대요." 이 말은 단순한 정보 전달이 아니라, 그 사람에 대한 '사회적 태도'가 결정되는 순간이다. "자기 집 있어요?"라는 질문은 거주 형태를 묻는 것이 아니라, 그 사람의 안정성, 책임감, 경제력, 심지어 성실성까지 판단하려는 심리적 압축 명령이다.

"In our society, owning a home equals having made it."

집을 가진 사람은 '성공한 사람'처럼, 집이 없는 사람은 '아직 준비되지 않은 사람'처럼 보인다. 그 차이는 주관이 아닌 무의식적 사회적 인식의 결과다.

⇨ 심리 작동 방식과 원인

부동산 기반의 사회적 위계화(Real Estate-Based Stratification)
사람들은 아래의 이분법을 통해 자신과 타인의 사회적 위치를 인지적 지도로 그려낸다.

구분 항목	심리적 의미
1채 vs 무주택	기본 경제력 및 사회 안정성 판단
서울 vs 지방	입지 기반의 계층 구분
신축 vs 구축	자산 질과 현금 여력 평가
아파트 vs 비아파트	생활수준과 문화 소비 스타일 판단

이러한 구조는 단지 투자 판단의 틀이 아니라,

존재의 가치를 서열화하는 사고방식으로 굳어진다.

"Tell me where you live, and I'll tell you who you are."

⇨ 감정(심리)의 흐름: 비교 → 위축 → 과잉 보상 심리 → 투자 집착

비교 감정(Social Comparison)

"같은 나이인데 걘 벌써 집을 샀대."

열등감과 위축(Inferiority + Withdrawal)

"나는 왜 아직도… 나만 뒤처진 느낌이야."

과잉 추월 욕구(Overcompensation Drive)[42]

"무리하더라도 어떻게든 집은 하나 있어야겠다."

심리적 서열 수용(Internalized Hierarchy)[43]

---

42) Adler, A. (1956). The Individual Psychology of Alfred Adler. Basic Books. 열등감(compensation for inferiority)이 강할수록 과잉 보상(overcompensation) 행동으로 나타나며, 이는 사회적 경쟁구조에서 두드러진다고 분석함.

43) Bourdieu, P. (1984). Distinction: A social critique of the judgement of taste (R. Nice, Trans.). Harvard University Press.

"집이 없으면 사회적으로도 당당하지 못해."

이러한 감정은 부동산을 '사는 것(buying)'이 아닌 '증명하는 것(proving)'으로 바꿔버린다. 그리고 결국 투자라기보다는 인정 욕구의 실행이 되며, 비합리적 대출, 과도한 레버리지, 매몰 비용 집착으로 이어질 수 있다.

💡 한 걸음 물러나 생각해 보기

"나는 지금 무엇을 위해 집을 사려는가?"
"공간인가, 지위인가?"
부동산은 내 삶을 지탱하는 기반이어야지,
남들과의 비교에서 우위를 확인하는 수단이 되어서는 안 된다.
"The house should protect you—not prove you."
남보다 늦었다는 감정은, '사회적 시계'가 만든 착각일 수 있다.
진짜 투자자는 시장보다 남을 보지 않고, 남보다 자신의 속도를 본다.

| 심리학 용어 키워드 |

81장. 부동산이 만들어 내는 심리적 위계: '누가 가진 자인가'에 대한 인식

▶ **부동산 기반 위계화(Real Estate-Based Hierarchy)**
"아파트 평수, 위치, 브랜드에 따라 사람을 평가해요."
주거의 형태나 지역, 자산 가치에 따라 사람을 보이지 않게 서열화하는 심리. 단순한 생활 조건이 사회적 계급의 상징처럼 작동.
→ *Judging people by where or what they own.*
→ *"Where you live defines who you are."*

▶ **사회적 비교 감정(Social Comparison Bias)**

"저 사람은 40평대에 살고, 나는 전세야…"

타인의 소유 여부나 주거 형태와 비교해 자신의 위치를 감정적으로 평가. 자산보다 자존감이 더 크게 흔들림.

→ *Emotionally measuring self-worth through others' property.*

→ *"I feel behind because I rent."*

▶ **과잉 보상 욕구(Overcompensation Drive)**

"지금이라도 큰 평수로 따라잡아야 해."

뒤처졌다는 생각에서 비롯된 무리한 투자, 과도한 레버리지, 비이성적 선택으로 이어지는 심리. 감정적 추월 본능이 작동.

→ *Trying too hard to catch up through property upgrades.*

→ *"If I can just buy this, I'll be back in the game."*

▶ **심리적 계층 내면화(Internalized Status Mindset)**

"나는 여전히 중산층이 아니야…"

사회적으로 만들어진 주거 기반 서열 구조를 스스로 받아들이고, 그 안에서 자신의 위치를 판단하는 심리 구조.

→ *Accepting the social ladder built on housing as personal truth.*

→ *"My housing defines my worth."*

▶ **존재 증명형 투자(Identity-Proving Investment)**

"내가 이만큼 해냈다는 걸 보여 주고 싶어요."

수익이나 실거주 목적보다 '소유' 자체를 통해 존재를 증명하려는 감정적 투자. 자산이 아니라 자존감의 표출.

→ *Buying property not for utility, but for identity validation.*

→ *"Owning this proves I made it."*

82장

세대 간 부동산 소유 차이에 대한 심리

"우리 부모님은 집이 여러 채인데, 나는 한 채도 없다."
"My parents have several houses, but I don't have one."

⇨ 심리 작동의 시작

세대 간 부동산 소유 격차는 단순한 재산 문제를 넘어, 감정의 균형을 흔드는 핵심 요인입니다.

부모 세대의 '부동산 축적 경험'이 비교 기준이 되면서, 젊은 세대는 자신이 뒤처졌다고 느끼게 됩니다.

"왜 나는 안 되는 걸까?"라는 자문은 불공정한 사회구조 인식과 감정적 위축으로 이어집니다.

⇨ 심리 작동 방식과 원인

상대적 박탈감(Relative Deprivation):
부모 세대와의 자산 격차를 통해 내 위치를 부정적으로 평가하게 되는 심리 작용.

세대 간 기대 투사(Generational Expectation Projection)
과거 세대의 성취를 현재 자신에게 동일하게 기대하면서 발생하는 왜곡된 비교 기준.

기준점 오류(Anchoring Bias to Prior Generation)

부모의 삶을 '기준점'으로 삼고, 현재 자신의 상황을 그와 비교하여 판단함.

⇨ 감정(심리)의 흐름: 열등감 → 분노 → 체념 or 과잉 반응

열등감(Feelings of inferiority)

"나는 왜 아무것도 없을까?"

분노(Rage)

"기성세대는 기회를 독점했고, 우리는 남은 게 없다."

대응(Responses)

체념형 반응: "그냥 월세로 살자" → 경제적 무관심과 탈부동산화

과잉 추격형 반응: "무리해서라도 집을 사야 해" → 레버리지 과도 사용

> 💡 **한 걸음 물러나 생각해 보기**
>
> 부동산을 통한 부의 축적은 각 세대의 구조와 정책, 금리 환경, 인플레이션 등에 따라 다릅니다.
> '그때는 가능했지만 지금은 다르다'는 구조적 현실을 인정해야 합니다.
> 비교는 자신을 잃게 만드는 심리적 함정이며, 삶의 가치를 소유보다 방향에 두는 것이 더 중요합니다.
> *You are not behind—you are in a different game.*

| 심리학 용어 키워드 |

82장. 세대 간 부동산 소유 차이에 대한 심리

▶ **세대 박탈감(Generational Deprivation)**

"우리는 시작선이 다르잖아요."

젊은 세대는 이전 세대에 비해 주거·자산 기회가 줄었다고 느끼며, 불공정함과 구조적 좌절을 경험합니다.

→ *Younger generations feel emotionally deprived of the chances their parents had.*

→ *It's not just economic inequality—it's psychological inequity.*

▶ **자산 형성 좌절감(Asset Formation Frustration)**

"일해도 집은 못 사요."

현실적인 수입으로는 부동산을 보유하기 어렵다는 인식이 감정적 무기력과 좌절로 이어집니다.

→ *The belief that homeownership is unreachable breeds long-term discouragement.*

→ *Effort seems disconnected from outcome—this fuels silent despair.*

▶ **부동산 격차 인식(Perceived Real Estate Gap)**

"부모 세대는 벌써 두 채야."

세대 간 부동산 소유 비율 차이를 단순한 수치가 아닌 불공정의 상징으로 받아들이는 경향.

→ *Property ownership disparity is interpreted not as data, but as injustice.*

→ *What was once normal now feels like an impossible dream.*

▶ **세대 갈등 촉진 심리(Generational Conflict Bias)**

"기회 다 가져가 놓고 이해 못 해요."

기성세대의 성공을 시스템 덕으로 보면서, 젊은 세대는 감정적으로 소외되며 갈등이 증폭됩니다.

→ *Housing inequality becomes a trigger for deeper generational rifts.*

→ *When ownership feels hereditary, resentment replaces respect.*

▶ **존재 증명형 투자(Identity-Proving Investment)**

"내가 이만큼 해냈다는 걸 보여 주고 싶어요."

수익이나 실거주 목적보다 '소유' 자체를 통해 존재를 증명하려는 감정적 투자. 자산이 아니라 자존감의 표출.

→ *Buying property not for utility, but for identity validation.*

→ *"Owning this proves I made it."*

83장

부모 세대와 비교해 부동산을 보유하려는 경쟁 심리

"나도 부모님처럼 살아야 하지 않을까?"
"Shouldn't I live like my parents?"

⇨ 심리 작동의 시작

부동산 소유는 때로 한 가정의 '경제적 전통'이 된다. 부모의 소유 기준이 자녀의 심리적 목표가 되고, 그 목표는 비교와 압박의 출발점이 된다.

"부모님은 집 두 채나 있으신데…" 이 말은 단순한 정보가 아니라 '내가 뒤처진 건 아닐까?'라는 무의식의 신호다. 세대 간 기준이 다름에도 불구하고, 많은 이들이 그 차이를 인정하지 못하고 내면화된 기대에 끌려간다.

⇨ 심리 작동 방식과 원인

가족 내 사회적 기준 내면화 부모 세대가 부동산을 통해 사회적 성공을 이뤘다면, 자녀 세대는 같은 방식으로 '인정'을 받고자 한다. '우리 집안은 부동산을 가진 집안이다'라는 정체성이 가족 단위에서 형성되며, 이는 자녀에게 숨겨진 강박과 기준으로 작동한다. 주택 소유는 단순한 자산이 아니라 가족 내 성공의 상징이 되어 버린다.

⇨ **감정(심리)의 흐름: 부담 → 비교 → 경쟁 → 소진**

처음에는 부담이다. 그러다 '나는 왜 아직 집이 없지?'라는 비교가 시작되고, 이내 '부모님보다 더 나은 집을 사야 한다.'는 경쟁 심리가 자극된다. 문제는, 현재 경제 조건과 시장 구조가 전혀 다름에도 무리한 대출과 리스크 높은 투자로 이어지는 것이다. 심리적 소진은 이 과정에서 필연적이다.

> 💡 **한 걸음 물러나 생각해 보기**
>
> 부모 세대의 기준은 내 삶의 기준이 아니다. 그들은 다르게 살았고, 우리는 다른 세상을 살고 있다. 경제적 모방보다 중요한 것은 심리적 자율성과 재무적 지속 가능성이다. 지금의 선택이 '성공'이 아니라 '건강한 생존'일 수도 있다는 걸 받아들이는 태도가 필요하다.

| 심리학 용어 키워드 |

83장. 부모 세대와 비교해 부동산을 보유하려는 경쟁 심리

▶ **세대 간 경쟁 심리(Intergenerational Competition)**
"우리 부모님은 저 나이에 벌써 집 두 채 있으셨다…"
부모 세대와 자신을 비교하며, 최소한 그들만큼은 되어야 한다는 압박감이 부동산 보유 욕구로 전이되는 심리.
→ *A comparative drive to match or surpass the asset ownership of one's parents.*

▶ **기준 상속 기대 편향(Inherited Benchmark Bias)**
부모가 이뤄놓은 자산 수준이 무의식 중 나의 기준점이 되어, 지금의 조건과 상관없이 부담을 느끼게 되는 경향.
→ *The subconscious adoption of parents' wealth level as a benchmark for personal success.*

▶ **소유 실현 욕구(Desire for Ownership Realization)**
부모처럼 부동산을 소유해야 한다는 내면적 확신.
'집을 가지지 않으면 실패한 것 같다'는 심리에서 비롯된 행동 동기.
→ *An internalized belief that homeownership is essential for validating one's life progress.*

▶ **사회적 재현 본능(Social Replication Instinct)**
과거 부모 세대의 삶의 경로를 이상화하며, 동일한 자산 형성 방식과 결과를 그대로 재현하려는 심리.
→ *A tendency to replicate the perceived success path of the previous generation.*

84장

세입자의 불안에 대한 심리

"언제 나가야 할지 모르는 집, 불안해요."
The Tenant's Anxiety: Living in a Place That's Never Fully Yours

⇨ 심리 작동의 시작

"언제 나가야 할지 모르는 집, 불안해요."

세입자(tenant)는 집을 '빌려 쓰는 사람'이라는 점에서 **심리적 열위**(psychological inferiority)를 체감하게 된다.

'언제쯤 나가야 하나', '이번엔 임대료가 얼마나 오를까' 하는 **불확실성**(Uncertainty)은 일상을 갉아먹고, 그 집이 '내 공간'이라는 감각을 끝내 만들지 못하게 한다.

⇨ 심리 작동 방식과 원인

통제 불능 상태에서의 심리적 위축(Psychological contraction under loss of control)

세입자는 공간에 대한 통제권(perceived control over space)을 갖지 못한다.

계약 연장 여부, 월세 인상, 퇴거 통보 등 주요 결정이 **타인의 판단**(Landlord's discretion)에 달려 있다는 사실은 자존감과 주거 만족도를 낮춘다. 이로 인해 **자기 결정권**(Self-agency)이 약화되고, 생활의 안정감이 깨어지는 느낌을 받는다.

⇨ 감정(심리)의 흐름: 무력감 → 불신 → 이사 반복(Helplessness → Distrust → Repetitive Relocation)

무력감(Powerlessness)

"나는 이 집에 대해 아무 결정권이 없구나."

불신(Mistrust)

"언제든 나가라고 하면 어쩌지? 믿을 수 없어."

이사 반복(Frequent Moves)

"계속 불안하니까 오래 못 살겠어."

이러한 감정은 결국
세입자에게 '임시적인 존재감'이라는 각인(impermanence identity)을 남기며,
심리적으로 더욱 불안정한 삶의 방식을 만든다.

> 💡 **한 걸음 물러나 생각해 보기**
>
> "나는 임차인이라는 이유로 스스로를 축소하고 있진 않은가?"
> "주거의 가치란, 소유 여부가 아니라 삶의 안정성에서 오는 것 아닐까?"
> *"Renting a home shouldn't mean renting your peace of mind."*
> 임대는 불안한 상태가 아닌, 선택 가능한 주거 전략(reasonable housing strategy)으로 받아들여져야 한다.

| 심리학 용어 키워드 |

84장. 세입자의 불안에 대한 심리

▶ **거주 안정성 결핍감(Lack of Housing Stability)**

언제든 나가야 할 수도 있다는 불안정한 심리.

→ *A persistent anxiety from the possibility of forced relocation.*

▶ **통제 상실 불안(Loss-of-Control Anxiety)**

내 집이 아니라는 사실에서 오는 결정권의 상실감.

→ *Feeling vulnerable due to lack of control over housing decisions.*

▶ **심리적 위축(Psychological Contraction)**

주거 공간에서 권리나 자율성이 부족할 때 생기는 감정적 위축.

→ *Emotional shrinking when autonomy in living space is limited.*

▶ **무력감(Helplessness)**

계약 연장, 임대료 등 중요한 변수에 대해 영향력을 갖지 못하는 상태.

→ *A state of powerlessness regarding critical housing outcomes.*

▶ **이사 반복 피로감(Relocation Fatigue)**

잦은 이사와 불안정한 환경이 누적되어 생기는 심리적 탈진.

→ *Cumulative emotional fatigue caused by repeated moving.*

▶ **임시성 정체감(Impermanence Identity)**

'언제든 떠날 수 있다'는 조건 속에서 형성되는 낮은 소속감.

→ *A weakened sense of belonging due to transitory housing status.*

85장

전세나 월세 계약의 불안정성에 대한 심리

"2년마다 짐 쌀까 봐 늘 마음이 불안해요."
The Anxiety of Rental Timelines: Living With an Expiration Date

⇨ 심리 작동의 시작

"2년마다 짐 쌀까 봐 늘 마음이 불안해요."

전세와 월세는 기한이 정해진 주거 형태(time-limited housing)이다.

처음에는 편하고 유연해 보일 수 있지만, 시간이 흐를수록 계약 만료일은 심리적 타이머(psychological countdown)처럼 작동한다.

"My home comes with an expiration date."

이러한 불안은 단지 이사의 번거로움이 아니라, 삶의 뿌리를 내릴 수 없다는 감정적 결핍(lack of rootedness)에서 비롯된다.

⇨ 심리 작동 방식과 원인

시간 기반 불확실성[44]과 예측 불가능성[45](Temporal Uncertainty & Life Instability)

계약은 명확한 종료 시점(fixed endpoint)을 가진다.

시간이 지날수록 불확실성은 커지고, '언제 또 이사를 가야 할까'라는 고민이 일상 속 긴장으로 이어진다.

이러한 상황은 삶의 구조를 계획하기 어렵게 만들며, 거주 기반의 생활 설계(long-term life design) 자체를 불가능하게 만든다.

⇨ 감정(심리)의 흐름 : 안정 → 경계심 → 지속적 긴장(Comfort → Alertness → Lingering Stress)

초기 안정(Initial Comfort)

→ "일단 이 집에서 지내 보자."

경계심 강화(Growing Alertness)

→ "이 계약 끝나면 또 어디로 가야 하지?"

지속적 긴장(Chronic Anxiety)

→ 계약 만료가 다가올수록 신경이 곤두서고, **심리적 방어 상태**(defensive mental mode)로 전환된다.

---

44) Han, P. K., Klein, W. M., & Arora, N. K. (2011). Varieties of uncertainty in health care: A conceptual taxonomy. Medical Decision Making, 31(6), 828-838.Temporal uncertainty는 사람들의 장기적 선택 회피, 계획 지연, 또는 감정 기반 대응으로 이어지는 심리적 변수 중 하나로 분류됨.

45) Mishel, M. H. (1990). Reconceptualization of the uncertainty in illness theory. Image: The Journal of Nursing Scholarship, 22(4), 256-262.인간은 예측 불가능한 상황에 직면했을 때 감정적 불안정성과 통제력 상실을 경험하며, 이는 주요한 결정 회피 전략을 유발함.

이러한 감정은 장기적인 삶의 그림을 그리는 데 감정적 제동(emotional brakes)[46]을 거는 역할을 한다.

> ### 💡 한 걸음 물러나 생각해 보기
>
> "나는 지금 주거의 형태에 반응하고 있는가,
> 아니면 미래 설계 자체를 포기하고 있는가?"
> *"The contract may have an end date, but your peace of mind shouldn't."*
> 전세나 월세라는 선택은 나쁜 것이 아니다.
> 다만 그 안에서 어떻게 불안을 관리하느냐가 핵심이다.
> 정보, 전략, 준비는 불안을 줄이고
> 당당한 거주자(proud renter)로 살아갈 수 있는 길을 연다.

---

[46] Gross, J. J. (2002). Emotion regulation: Affective, cognitive, and social consequences. Psychophysiology, 39(3), 281-291. 감정 조절은 판단의 충동성을 줄이고, 불필요한 행동을 억제하는 데 핵심적인 정서 억제 전략(emotional suppression strategy)로 작용함.

| 심리학 용어 키워드 |

85장. 전세나 월세 계약의 불안정성에 대한 심리

▶ **기한 기반 불안감**(Deadline-Driven Anxiety)

계약이 종료될 수 있다는 시간적 제한이 만든 불안.

→ *Psychological stress triggered by the approaching end of a rental term.*

▶ **예측 불가능 스트레스**(Uncertainty-Induced Stress)

계약 만료 후의 상황을 내다볼 수 없어 생기는 불안감.

→ *Emotional tension caused by the inability to foresee future housing situations.*

▶ **심리적 타이머 작동**(Psychological Countdown Effect)

시간이 지날수록 계약 만료일이 심리적 압박으로 다가오는 현상.

→ *The growing mental pressure as the lease expiration date approaches.*

▶ **거주 루틴 붕괴 감각**(Disruption of Daily Life Routine)

거처 불안정성으로 인해 일상의 리듬이 흔들리는 경험.

→ *A sense of instability disrupting one's daily living pattern due to insecure housing.*

▶ **이사 스트레스 선행 감정**(Pre-Move Anxiety)

실제 이사 전에 이미 느끼는 긴장과 스트레스.

→ *Anticipatory anxiety related to a potential future move, even before it happens.*

▶ **임시성 정체감**(Impermanence Identity)

'언제든 떠날 수 있다'는 조건 속에서 형성되는 낮은 소속감.

→ *A weakened sense of belonging due to transitory housing status.*

86장

부동산 계층 상승 욕구에 대한 심리

"조금만 더 벌면 저 동네로 이사 갈 수 있을 텐데."
"If I earn just a bit more, I can move up to that neighborhood."

⇨ 심리의 작동의 시작

부동산은 단순히 살아가는 곳이 아니라, '어디에 사느냐'에 따라 '누구인가'를 드러내는 상징(Social Signifier)으로 작동한다.

사람들은 집을 통해 자신의 현재 위치를 가늠하고, 더 좋은 동네, 더 비싼 아파트를 '다음 단계'로 삼는다.

그 주거지로의 이동은 곧 사회적 상승(Socioeconomic Mobility)의 은유가 된다.

그래서 사람들은 주거지를 바꿈으로써 삶이 달라질 수 있다는 희망을 품는다.

⇨ 심리 작동 방식과 원인

비교 우위 추구 심리(Relative Status Desire)[47]

사람들은 항상 자신보다 조금 더 나은 사람을 기준으로 삼는다.

---

47) Frank, R. H. (1985). The demand for unobservable and other nonpositional goods. American Economic Review, 75(1), 101-116. 소비자들은 자신의 소비가 타인의 소비와 비교해 상대적으로 높은 위치에 있어야 만족감을 느낀다고 주장.

"그 친구는 강남에 살던데…", "나는 아직 이 동네 벗어나지 못했네…"
→ 사회적 위치를 부동산으로 해석하고, 이를 바탕으로 욕구가 형성된다.

계층 이동의 환상(Upward Mobility Illusion)[48]

주거지 이동이 곧 삶의 질 전체를 바꿔줄 것이라는 감정적 일반화(Emotional Overgeneralization).

→ "그 동네 가면 나도 성공한 인생일 거야"라는 단순화된 기대가 작동한다.

보상 심리와 상징 소비(Reward Motivation & Symbolic Consumption)[49]

"지금까지 열심히 살았으니 이제는 나도 좋은 데 살아야지."

→ 주거 공간을 통해 자신에게 보상을 주려는 심리가 작동.

주거지-자아 동일화 경향(Residential Identity Fusion)[50]

자신이 사는 곳이 곧 '나 자신'이라는 동일화 현상이 발생.

→ 좋은 주거지가 곧 '자기 가치'를 증명해 준다는 믿음.

---

48) Shariff, A. F., Wiwad, D., & Aknin, L. B. (2016). Income mobility breeds tolerance for income inequality. Psychological Science, 27(10), 1447-1456. 소득 이동성에 대한 믿음은 실제 이동성보다 더 큰 심리적 영향을 주며, 현실보다 과도한 낙관을 유발.

49) Griskevicius, V., Tybur, J. M., & Van den Bergh, B. (2010). Going green to be seen: Status, reputation, and conspicuous conservation. Journal of Personality and Social Psychology, 98(3), 392-404. 고가 소비는 단순한 효용이 아닌 사회적 메시지를 전달하는 방식으로 작동.

50) Twigger-Ross, C. L., & Uzzell, D. L. (1996). Place and identity processes. Journal of Environmental Psychology, 16(3), 205-220. 주거지나 거주지는 개인의 자아 이미지와 통합되며, 정체성과 감정적 안정에 영향을 줌.

⇨ 감정(심리)의 흐름

갈망(Aspiration)

"언젠가는 나도 저 아파트에 살아야지."

욕망(Desire)

"지금은 무리지만, 꼭 들어가야 돼. 그게 내 목표야."

집착(Fixation)

"돈이 안 되더라도 일단 계약부터 하자."

→ 재정 상황보다 심리적 성취감을 우선시하게 됨. 좌절 or 일시적 만족(Frustration or Short-Lived Fulfillment) 원하는 동네로 이사했지만, 유지비용이나 실망스러운 현실에 좌절할 수 있음.

> 💡 **한 걸음 물러나 생각해 보기**
>
> **주거의 업그레이드는 곧 삶의 업그레이드일까?**
> 그 욕망은 나의 필요에서 비롯된 것인가, 타인과의 비교에서 비롯된 것인가?
>
> **'좋은 동네'라는 개념은 사회적 시선에 의존한 정의일 수 있다.**
> 주거지의 브랜드보다 삶의 질, 관계, 재정 지속성이 더 중요할 수 있다.
> 계층 상승 욕망은 이해되지만, 그것이 '지금의 삶'을 갉아먹어서는 안 된다.
> 주거는 수단이지, 자존감의 기준이 아니다.

| 심리학 용어 키워드 |

86장. 부동산 계층 상승 욕구에 대한 심리

▶ 비교 우위 추구(Relative Status Desire)

"이왕이면 더 좋은 동네로 가고 싶어요."

남보다 더 나은 곳에 살고 싶다는 사회적 비교 심리는 주거 선택에 큰 영향을 미칩니다.

→ *The desire to enhance one's social standing through better housing.*

▶ 계층 이동의 환상(Upward Mobility Illusion)

"이 동네로 이사 가면 인생이 바뀔 거 같아요."

주거 이동이 삶의 전반적인 성공으로 이어질 거라는 감정적 착각.

→ *The inflated belief that moving to a better area automatically improves one's life.*

▶ 상징 소비(Symbolic Consumption)

"이 집은 내 스타일이자, 나의 기준이에요."

집은 단순한 공간을 넘어, 나의 취향과 정체성을 드러내는 소비 수단이 되기도 합니다.

→ *Using housing as a means to express personal identity and social image.*

▶ 보상 심리(Reward Motivation)

"힘들게 일했으니, 이젠 좋은 집에서 살고 싶어요."

자신에게 주는 보상의 형태로 주거를 선택하는 감정 중심의 의사결정.

→ *A desire to reward oneself emotionally through upgraded living conditions.*

▶ 주거지 동일화(Residential Identity Fusion)

"나는 ○○에 사는 사람이야."

사는 곳이 곧 자기 자신처럼 느껴지는 심리적 동일시 현상.

→ *The fusion of one's identity with the place of residence: "Where I live is who I am."*

87장

고급 주택을 통한 사회적 지위 획득 욕구에 대한 심리

"아, 저 집만 있으면 사람들이 나를 다르게 볼 텐데."
"If I had that house, people would see me differently."

⇨ 심리의 작동의 시작

고급 주택은 단순한 주거 공간이 아니다. 그 집은 '내가 누구인지'를 설명하는 사회적 심볼(Social Symbol)이 된다. 지위, 성공, 안목, 능력—all packed into a physical address. 사람들은 누군가의 주소를 듣고, 그 사람의 사회적 위치를 떠올린다. 그래서 어떤 이들은 '내가 사는 집'을 통해 '내가 누구인지'를 규정받고 싶어 한다. 이는 욕망의 과시이자, 인정 욕구의 표현이다.

⇨ 심리 작동 방식과 원인

과시 소비(Conspicuous Consumption)
부동산은 자동차나 명품보다 훨씬 강력한 과시 효과를 지닌다.
높은 가격과 희소성, 입지, 브랜드는 '사회적 증명'의 도구가 된다.

사회적 자기 표현(Social Identity Projection)
고급 주택은 자기 정체성의 외부화(Externalization of Identity)다.
"나는 이런 삶을 살 자격이 있는 사람"이라는 메시지를 타인에게 전달한다.

비교 우위 욕구(Relative Status Aspiration)

단순한 만족보다, 타인보다 낫고 싶다는 심리. "내가 아는 사람보다 더 좋은 동네, 더 비싼 집"이라는 상대적 우위가 중요해진다.

외부 인정을 통한 자존감 강화(Validation-Driven Ego Boost)

자신에 대한 내적 확신이 부족할수록, 외부 인정을 통해 자존감을 보완하려는 경향이 강해진다.

⇨ 감정(심리)의 흐름

선망(Admiration)

"와, 저 집 진짜 멋지다… 나도 언젠간 저런 데 살아야지."

동경(Yearning)

"어떻게든 돈 모아서 저런 집 하나 사야겠어."

무리한 구매(Overextension)

"지금은 좀 무리지만, 일단 계약부터 하자."
→ 대출 과다, 유지비 부담

만족 or 후회(Pride or Regret)

성공적으로 유지하면 심리적 승리감이 크지만, 실패 시에는 재정 압박과 자기비판으로 이어진다.

> 💡 **한 걸음 물러나 생각해 보기**

고급 주택은 '삶의 질'이 아니라 '지위의 상징'으로 변질될 수 있다.
자존감은 외부에서 오는 것이 아니라, 스스로 만든 것이다.
부동산은 내가 사는 공간이지, 타인이 나를 평가할 기준이 아니다.
'보여 주기 위한 삶'은 언제나 공허하다.
진정한 고급스러움은 "살기 편한 집에서, 내 삶의 리듬을 유지하는 것"에서 나온다.
비용이 아니라, 지속 가능성(sustainability)이 핵심이다.

| 심리학 용어 키워드 |

87장. 고급 주택을 통한 사회적 지위 획득 욕구에 대한 심리

▶ **과시 소비(Conspicuous Consumption)**
타인의 시선을 고려한 소비 행태. 부동산은 그 상징성이 크다.
→ *Spending driven by a desire to show off status, with real estate being a prime symbol.*

▶ **사회적 자기표현(Social Identity Projection)**
주거지를 통해 사회적 지위를 외부에 표현하려는 심리.
→ *The psychological tendency to express one's social class or identity through where one lives.*

▶ **비교 우위 욕구(Relative Status Aspiration)**
타인보다 나은 자산을 통해 우월감을 얻고자 하는 욕망.
→ *The aspiration to feel superior by owning assets that exceed those of others.*

▶ **외부 인정 기반 자존감(Validation-Driven Self-Esteem)**
타인의 인정을 통해 자신을 긍정하려는 심리적 경향.
→ *Self-worth that depends on external approval or recognition from others.*

▶ **유지 가능성(Housing Sustainability)**
구매보다 중요한, 장기적으로 감당 가능한 주거 조건.
→ *The ability to sustainably afford and maintain housing over the long term, beyond the purchase itself.*

88장

임대인의 안정성 선호 심리

"세입자만 잘 들어오면, 그다음은 걱정 없어."
"Once I get the right tenant, everything else feels secure."

⇨ 심리의 작동의 시작

임대인은 단지 수익을 추구하는 사람이 아니다. 그들은 '지속 가능한 수익 흐름(Sustainable Income Flow)' 속에서 심리적 안정을 얻는다.

공실이나 분쟁, 연체 같은 불확실성은 이들의 가장 큰 스트레스 요인이다.

그래서 어떤 임대인은 수익률이 낮더라도 '예측 가능성(Predictability)'을 선택한다.

"전세든 월세든, 일단 꾸준히만 들어오면 된다."는 말은 단순한 수익이 아니라 '정서적 안정의 전략'이다.

⇨ 심리 작동 방식과 원인

손실 회피 성향(Loss Aversion Bias)

예상치 못한 공실이나 분쟁이 발생할 가능성에 대해 감정적으로 더 큰 손실로 인식한다. 임대 수익의 감소보다, 불확실한 상태 자체가 더 큰 심리적 부담이 된다.

예측 가능 수익 선호(Predictable Yield Preference)[51]

불확실한 고수익보다, 확실한 저수익을 택하려는 심리.
이는 "Better safe than sorry" 전략으로 연결된다.

심리적 관리비용 최소화(Mental Management Cost)[52]

수익은 같아도, 불안과 분쟁의 개입이 적은 임대 방식을 선호한다.
정신적으로 '가볍게 유지할 수 있는 구조'를 만드는 것이 우선 목표가 된다.

⇨ 감정(심리)의 흐름: 예측 가능성 → 신뢰감 → 심리적 여유

안정된 월세 수입은 "매달 내 삶이 유지된다는 확신"을 주고, 이 확신은 자연스럽게 심리적 안도감과 여유로 이어진다.

예상치 못한 변수 → 불안 → 방어적 선택

갑작스러운 공실이나 세입자와의 마찰은, "앞으론 더 조심해야겠다."는 보수적 태도로 전환시킨다.

---

51) Weber, E. U., & Milliman, R. A. (1997). Perceived risk attitudes: Relating risk perception to risky choice. Management Science, 43(2), 123-144. 사람들은 실제 수익보다 예측 가능성(predictability)과 일정성(stability)에 더 가치를 부여하며, 이는 투자 선택에 강력한 영향을 미친다.

52) Kahneman, D. (2011). Thinking, fast and slow. New York: Farrar, Straus and Giroux. Kahneman은 사람들이 인지 자원을 아끼려는 본능적 성향(cognitive ease)을 가지고 있으며, 정서적 피로를 유발하는 복잡성을 회피하는 선택을 한다고 설명함.

💡 한 걸음 물러나 생각해 보기

임대인은 '돈을 버는 사람'이기 이전에, '불안을 회피하는 사람'일 수 있다.
수익률을 단순히 숫자로 보지 말고, 그 안에 담긴 정서적 구조(emotional structure)를 이해해야 한다.
높은 수익보다 중요한 것은 수익의 안정성과 지속성이다.
공실 리스크, 법적 분쟁, 세입자 갈등 등을 감정적 리스크로 인식하는 이상, 임대 전략은 수익보다 신뢰 기반의 시스템 설계에 초점을 맞춰야 한다. 계약의 명확성, 법적 보호 장치, 세입자와의 상호 존중이 임대인의 심리적 평화를 지켜 주는 핵심이다.

| 심리학 용어 키워드 |

88장. 임대인의 안정성 선호 심리

▶ **손실 회피 성향(Loss Aversion)**
공실, 분쟁 등의 가능성을 실제보다 더 큰 손해로 인식하는 심리.
→ *A tendency to perceive potential losses, like vacancies or disputes, as more significant than they actually are.*

▶ **예측 가능 수익 선호(Predictable Yield Preference)**
수익률이 낮더라도 안정성과 예측 가능성을 중시하는 경향.
→ *A preference for consistent, reliable income over higher but uncertain returns.*

▶ **심리적 관리비용 최소화(Mental Management Cost)**
갈등, 피로, 스트레스 등이 적은 방식의 임대를 선호하는 심리.
→ *A desire to minimize mental stress and emotional labor in rental property management.*

▶ **지속 가능한 임대 전략(Sustainable Rental Strategy)**
높은 수익보다 안정성과 장기 지속 가능성을 우선시하는 투자 태도.
→ *An investment approach that balances steady income with low risk over the long term.*

▶ **계약 기반 심리 안정(Legal-Backed Emotional Security)**
명확한 법적 보호가 감정적 안정과 신뢰 형성에 기여하는 구조.
→ *Emotional comfort and trust derived from the security of well-defined legal protections.*

89장

임대 소득을 안정적으로 확보하려는 심리

"고정 월세만 잘 들어오면, 노후는 걱정 없을 것 같아."
Stable rental income feels like a safety net for life.

⇨ 심리의 작동의 시작

"노동 없이 매달 월세만 들어온다면 그게 진짜 노후 준비 아니겠어요?"

많은 사람들이 임대 소득을 단순한 수익원이 아닌, '심리적 연금(psychological pension)'으로 인식한다.

특히 고정 소득이 끊기는 은퇴 이후를 상상할수록, 예측 가능한 현금 흐름에 대한 심리적 갈망은 커진다.

임대 소득은 자산가치보다 '현금 흐름(cash flow)'에 기반한 심리적 안정감을 제공한다는 점에서 강력한 투자 동기다.

이는 일종의 **재정적 자기방어**(financial self-defense) 메커니즘으로 작용한다.

⇨ 심리 작동 방식과 원인

정기 수익 선호 편향(Regular Income Preference Bias)

사람들은 일정한 수입이 들어오는 구조에서 가장 큰 안정을 느낀다.

특히 불확실한 경제 환경에서는 stable and predictable income에 대한 선호가 더욱 강화된다.

위험 회피 본능(Risk Aversion Bias)

임대 수익은 주식이나 코인처럼 큰 변동성이 없다는 점에서 "safe harbor" 역할을 한다. 손실보다 안정을 중시하는 성향은 은퇴 시점에 가까울수록 더욱 뚜렷해진다.

심리적 의존 형성(Income Dependency Psychology)

처음엔 '보조 수익'이었던 임대료가 점점 삶의 주요 소득원이 되며, "emotional dependency on passive income" 상태에 빠질 수 있다.

이는 투자 포트폴리오의 불균형(unbalanced portfolio exposure)으로 이어질 위험을 내포한다.

⇨ 감정(심리)의 흐름

기대(Expectation)

"이 정도 월세면 한 달 생활비는 충분하겠지."

신뢰(Trust)

"세입자만 잘 들어오면 나머지는 자동으로 굴러가."

의존(Emotional Dependency)

"이 월세 없으면 생활 자체가 불안할 것 같아."

취약성(Vulnerability)

"만약 공실이 생기면? 갑자기 세금이 오르면?"

→ 수익에 대한 정서적 의존은 리스크 대응 능력을 약화시킨다.

💡 한 걸음 물러나 생각해 보기

임대 수익은 '노후를 보장해 주는 안정성'처럼 느껴지지만, 그 안에도 감춰진 위험은 존재한다.
현금 흐름의 안정성은 진짜 안정이 아니라 '심리적 안정의 환상'일 수 있다.
공실, 연체, 유지보수, 세금 부담, 제도 변화 등 다양한 외부 요인이 항상 임대 수익을 위협한다.

"임대 = 안정"이라는 단순화된 프레임에서 벗어나, 분산 투자(diversification), 리스크 매니지먼트(risk management), 유연한 대응 전략(flexible planning)을 병행할 때, 비로소 진짜 안정성과 장기 지속 가능성을 얻을 수 있다.

| 심리학 용어 키워드 |

89장. 임대 소득을 안정적으로 확보하려는 심리

▶ **정기 수익 선호 편향(Regular Income Preference)**
"매달 들어오는 돈이 제일 마음이 놓여요."
예측 가능한 현금 흐름이 주는 안정감은 매우 강력합니다.
불확실한 미래보다 매달 정해진 날짜에 입금되는 수익은 심리적으로 신뢰를 줍니다.
→ *A psychological preference for predictable income over uncertain but possibly higher returns.*

▶ **위험 회피 본능(Risk Aversion)**
"안정적인 게 제일이죠. 손해 보는 건 싫어요."
사람은 손실을 이익보다 더 크게 느끼는 심리적 특성이 있습니다.
그래서 수익은 적어도 확정된 수익을 더 선호하게 됩니다.
→ *A natural tendency to avoid losses, even at the cost of missing out on higher returns.*

▶ **심리적 수익 의존(Income Dependency)**
"그 월세가 안 들어오면 불안해서 잠이 안 와요."
고정 수익에 대한 심리적 의존도가 높아질수록, 자산이 아니라 수익 흐름 자체에 감정적으로 매달리게 됩니다.
→ *Emotional reliance on regular income streams to maintain psychological comfort.*

▶ **투자 포트폴리오 불균형(Portfolio Imbalance)**

"월세 잘 나오니까 그걸로 충분해요."

정기 수익을 추구하다 보면, 위험 분산보다 한 자산에만 의존하는 구조가 만들어지기 쉽습니다.

→ *Over-reliance on a single asset class due to the perceived safety of regular income.*

▶ **현금 흐름 중심의 안정감(Cash Flow-Based Security)**

"집값이 떨어져도 월세만 잘 들어오면 괜찮다고 생각해요."

자산의 총 가치보다 현금이 들어오는 흐름에서 더 큰 안정을 느끼는 경향입니다.

→ *A sense of financial security rooted in ongoing cash inflow rather than asset appreciation.*

90장

부동산 문화적 변화에 대한 심리

"요즘은 꼭 집 안 사도 된대. 그냥 잘 사는 거지."
Owning vs. Living: When Home Is a Choice, Not a Necessity

⇨ 심리 작동의 시작

"You don't have to buy a home anymore. Just live well, that's enough."
한때 '내 집 마련'은 인생 성공의 필수 요소였다.
부모 세대는 집을 사회적 안정과 성공의 상징으로 여겼다.
그러나 새로운 세대는 다르다.
그들에게 집은 수단이며 선택, 그리고 삶의 다양한 방식 중 하나다.
'집을 꼭 사야 한다.'는 의무감에서 해방된 정체성의 재구성, 그리고 '가치 소비'와 '라이프스타일 중심의 주거 인식'이 점차 시장과 심리를 바꾸고 있다.

⇨ 심리 작동 방식과 원인

가치관 전환(Value Shift in Housing)

예전엔 '소유 = 안정'이었지만, 지금은 '유연한 선택 = 삶의 질'로 변화 중이다.
부동산은 더 이상 필수적 자산이 아니라 개인의 라이프스타일 선택지로 인식된다.

정체성 재정의(Identity Reconstruction)

"나는 꼭 집을 사지 않아도 괜찮은 사람이다."

주거 방식이 정체성의 일부가 되며, 임대·공유·이동성 높은 생활도 새로운 '정상'으로 받아들여진다.

경제적 현실과 인식의 괴리(Cognitive Dissonance)

집값 상승, 고금리, 불안한 고용 구조 속에서
'소유는 어렵다'는 현실과 '그래도 사야 한다'는 문화 사이에서
심리적 괴리와 해방감이 동시에 공존한다.

사회적 압박의 탈피(Norm Detachment Bias)

"결혼은 꼭 해야 해", "집은 무조건 사야 해" 같은 과거의 사회 규범에서 벗어나려는 심리가 강해진다.

'탈규범화의 자유'가 주거 선택에도 반영된다.

⇨ 감정(심리)의 흐름

거부감(Resistance)

"집도 없고, 월세만 사는 게 괜찮은 걸까…?"

수용(Acceptance)

"내 방식대로 살아도 되는 거네. 굳이 소유하지 않아도."

해방감(Liberation)

"이제 집 때문에 스트레스 안 받아도 돼. 자유로워."

불안감(Latent Anxiety)

"그래도 나중에 집값이 더 오르면 어떡하지?"

"부모 세대랑 너무 다른 선택을 하는 건 아닐까?"

💡 한 걸음 물러나 생각해 보기

부동산은 '수단'이지 '목적'이 아니다.
→ 나의 삶의 질과 리듬에 맞는 주거 형태를 선택하는 것이 중요하다.
'소유하지 않으면 실패'라는 오래된 심리적 프레임을 벗어날 때,
비로소 합리적인 선택과 감정적 해방이 가능하다.
그러나 문화적 변화는 불안을 완전히 없애지 않는다.
→ 변화된 현실에서 나만의 우선순위와 기준을 세우는 일이 가장 실용적인 전략이다.

| 심리학 용어 키워드 |

90장. 부동산 문화적 변화에 대한 심리

▶ **가치관 전환(Value Shift)**

"꼭 집을 가져야 하나요?"

예전에는 '집=성공의 상징'이었지만,

이제는 소유하지 않아도 괜찮다는 인식이 늘고 있습니다.

삶의 방식이 다양해지면서 소유보다 선택의 자유를 중시하는 가치관이 등장했습니다.

→ *The growing mindset that views home ownership as a personal option, not a societal obligation.*

▶ **정체성 재정의(Identity Reconstruction)**

"나는 내가 사는 집이 아니라, 내가 사는 삶이다."

집이 내 정체성을 규정짓는 시대는 점점 흐려지고 있습니다.

'나는 어디에 사느냐'보다 '어떻게 사느냐'에 주목하는 사람이 늘고 있습니다.

→ *The shift from defining oneself by property ownership to defining oneself by lifestyle and values.*

▶ 규범 탈피 심리(Norm Detachment Bias)

"남들이 다 산다고 꼭 사야 하나요?"

주택 소유에 대한 사회적 압력에서 벗어나,

개인의 가치와 삶의 우선순위에 따라 결정하려는 심리적 변화입니다.

→ *A psychological inclination to detach from traditional social norms and prioritize personal choice.*

▶ 현실-문화 괴리 인식(Cognitive Dissonance in Housing)

"집은 비싼데, 사회는 아직도 사라고만 해요."

경제적 현실(고가의 주택)과 문화적 기대('집은 있어야 한다') 사이에서 생기는 심리적 갈등입니다.

이 괴리는 좌절, 분노, 무력감 등 다양한 감정을 유발할 수 있습니다.

→ *The emotional discomfort from the mismatch between housing reality and societal expectations.*

▶ 해방과 불안의 공존(Liberation-Anxiety Duality)

"갖지 않아도 자유롭지만, 불안하기도 해요."

집을 갖지 않는다는 선택은 해방감을 줄 수 있지만,

동시에 장기적인 자산 형성이나 노후 대비에 대한 불안도 함께 존재합니다.

→ *The coexistence of emotional freedom and financial anxiety in non-ownership living.*

91장

개인주의와 프라이버시를 중시하며 독립된 공간을 선호하는 심리

"혼자만의 공간이 있어야 진짜 내 삶이 시작되는 것 같아."
My Space, My Life: The Rise of Privacy and Individual Living

⇨ 심리 작동의 시작

"혼자만의 공간이 있어야 진짜 내 삶이 시작되는 것 같아."
"It feels like my real life only begins when I have a space of my own."

현대인은 더 이상 공동체 중심의 삶보다, 개인 중심의 삶과 공간을 중시하는 경향이 뚜렷하다. 혼자 사는 삶은 단지 물리적 독립이 아니라, **정체성(identity), 자율성(autonomy), 감정 조절(emotional regulation)**을 실현할 수 있는 심리적 기반이 된다. 특히 1인가구, MZ세대, 은퇴세대까지 세대를 가리지 않고 '나만의 공간'을 심리적 필요로 여기는 인식이 확대되고 있다.

⇨ 심리 작동 방식과 원인

자율성 욕구 강화(Autonomy Seeking)

인간은 타인의 간섭에서 벗어나고 싶은 본능이 있으며, 주거 공간은 그 자율성을 상징하는 핵심 매개체다.

자신의 선택과 통제가 가능한 공간을 통해 심리적 안정감을 획득한다.

자기 정체성 강화(Identity Construction)[53]

내 공간은 곧 내 세계다.

자신이 꾸민 방, 자신의 루틴을 지킬 수 있는 집은 '나는 누구인가'에 대한 답을 찾는 물리적 거울이 된다.

프라이버시 보호 본능(Privacy Preservation Instinct)[54]

과도한 소셜노출과 타인의 시선에 노출된 사회에서 '닫힌 공간', '단절된 시간'은 자기 회복(Self-repair)의 수단이 된다.

디지털 시대의 심리 피로(Digital Overload Fatigue)[55]

SNS, 메신저, 카메라 등 연결의 피로감이 커질수록 물리적 단절이 가능한 독립 공간은 심리적 해방구로 기능한다.

⇨ 감정(심리)의 흐름

갈망(Craving)

"나만의 공간이 있으면 좋겠다.⋯ 누구의 간섭도 없는 곳."

---

53) Giddens, A. (1991). Modernity and self-identity: Self and society in the late modern age. Stanford University Press.근대 사회에서 사람들은 소비와 공간 선택을 통해 정체성을 구성하며, 이는 '누구인가'에 대한 내적 일관성을 형성하는 수단이 됨.

54) Altman, I. (1975). The Environment and Social Behavior: Privacy, Personal Space, Territory, and Crowding. Monterey, CA: Brooks/Cole.인간은 자신만의 공간을 보호하려는 본능적 욕구를 가지고 있으며, 프라이버시를 위협받는 상황에서 스트레스를 경험한다고 설명함.

55) Rosen, L. D., Lim, A. F., Carrier, L. M., & Cheever, N. A. (2011). An Empirical Examination of the Educational Impact of Text Message-Induced Task Switching in the Classroom: Educational Implications and Strategies to Enhance Learning. Educational Psychology, 31(1), 93-116. 디지털 정보 과잉은 인지적 부하와 정서적 피로를 증가시키며, 사람들의 결정 능력과 집중력에 부정적인 영향을 끼침.

해방감(Liberation)

"아무도 간섭하지 않으니까, 진짜 내가 사는 기분이야."

안정감(Emotional Security)

"이곳이 내 마음의 안식처야. 여기서 나는 회복된다."

과도한 고립 가능성(Excessive Isolation)

"편하긴 한데… 너무 외로운 것 같기도 해."

💡 한 걸음 물러나 생각해 보기

독립된 공간은 단순한 주거형태가 아니라, 자기 존중과 감정 회복의 수단이다.
그러나 '혼자 있음의 편안함'이 '타인과 단절된 고립'으로 변질되지 않도록,
사회적 연결성과 심리적 자율성의 균형이 필요하다.
공간이 삶의 배경이 되기 위해서는, 프라이버시뿐 아니라 목적성과 관계성도 함께 고려되어야 한다.

| 심리학 용어 키워드 |

91장. 개인주의와 프라이버시를 중시하며 독립된 공간을 선호하는 심리

▶ **자율성 욕구(Autonomy Seeking)**
"이 공간만큼은 내 마음대로 하고 싶어요."
현대인은 외부 간섭 없이 자신이 통제할 수 있는 공간을 원합니다.
이런 공간은 단순한 주거지가 아니라 삶의 주도권을 상징합니다.
→ *The desire to control one's own space and decisions without external interference.*

▶ **자기 정체성 형성(Identity Construction)**
"집은 내가 누구인지 말해 주는 언어예요."

집은 단순히 사는 곳이 아니라 자기 표현의 수단이 됩니다.

인테리어, 동선, 공간 구성은 모두 '나는 누구인가'를 보여 주는 방식이 됩니다.

→ *A personal space becomes a canvas for expressing and shaping one's identity.*

▶ 프라이버시 보호 본능(Privacy Preservation Instinct)

"연결이 너무 많아서, 혼자 있고 싶어요."

SNS, 업무, 인간관계에 지친 현대인은 '나만의 공간'을 강하게 원합니다.

'소셜 피로'는 프라이버시에 대한 본능적 욕구를 자극합니다.

→ *A deep desire to protect personal boundaries in an over-connected society.*

▶ 디지털 피로 회피(Digital Overload Fatigue)

"정보는 넘치고, 나는 지쳐요."

스마트폰, 알림, 영상, 메시지로 가득한 일상에서

주거 공간은 디지털 스트레스에서 벗어날 수 있는 쉼터가 되어야 합니다.

→ *The psychological need to escape constant digital stimuli through spatial retreat.*

▶ 고립-연결 균형 심리(Isolation-Connection Balance)

"혼자는 좋은데, 외롭지는 않았으면 해요."

완전한 고립도, 지나친 연결도 피하고 싶은 마음.

현대인은 자율성과 관계 사이의 균형을 주거 공간에서 찾고자 합니다.

→ *The pursuit of balance between the comfort of solitude and the warmth of connection.*

PART 11

전문가·미디어 정보에 따른 심리적 의존

전문가 조언과 정보 채널이 심리와 행동에 미치는 영향

92장

미래 세대의 부동산 투자에 대한 심리

"우린 부모 세대처럼 집을 쉽게 살 수 없잖아요."
Between Hope and Helplessness: The Investment Psychology of the Next Generation

⇨ 심리 작동의 시작

"우린 부모 세대처럼 집을 쉽게 살 수 없잖아요."
"We can't buy houses as easily as our parents did."

이 한마디는 단순한 불만이 아니라, 미래 세대의 정체성과 투자 심리를 압축한 고백이다. 그들은 높아진 진입 장벽, 소득 대비 자산 가치 격차, 사회적 불평등 인식 속에서 자산 형성의 기회를 제한받고 있다고 느낀다.

그러면서도 SNS, 유튜브, 커뮤니티 등을 통해 누구보다 많은 정보를 습득하며, 누구보다 불안하고 조급한 결정을 내리기도 한다. 부동산에 대한 감정은 불안과 도전 사이를 오가는 복합적인 흐름이 된다.

⇨ 심리 작동 방식과 원인

조기 학습 효과(Early Exposure Effect)

미래 세대는 청소년기부터 부동산, 주식, 코인 등 자산 개념에 노출되며'늦으면 안 된다'는 인식이 자연스럽게 내면화된다.

경제적 독립 이전부터 재산 형성에 대한 압박을 경험한다.

정보 접근성의 역설(Information Paradox)[56]

SNS, 유튜브, 커뮤니티를 통해 방대한 정보를 접하면서도 정보는 행동 결정이 아닌 혼란과 압박의 원인이 되기도 한다.

"사야 하나?", "지금 아니면 늦나?", "이게 진짜 맞는가?"라는 심리적 피로를 겪는다.

사회적 불공정 인식(Perceived Inequity Bias)[57]

"부모 세대는 부동산으로 자산을 쉽게 불렸는데,
우리는 시작점부터 다르다"는 상대적 박탈감이 투자 의사결정에 개입한다.

불안 기반의 투자 강박(Fear-Induced Overaction)[58]

"앞으로 더 오를 텐데, 지금 안 사면 끝이다"라는
FOMO(Fear of Missing Out) 심리가 무리한 대출, 비합리적 투자로 이어질 수 있다.

---

56) Rosen, L. D., Lim, A. F., Carrier, L. M., & Cheever, N. A. (2011). An Empirical Examination of the Educational Impact of Text Message-Induced Task Switching in the Classroom: Educational Implications and Strategies to Enhance Learning. Educational Psychology, 31(1), 93-116. 디지털 정보 과잉은 인지적 부하와 정서적 피로를 증가시키며, 사람들의 결정 능력과 집중력에 부정적인 영향을 끼침.

57) Adams, J. S. (1965). Inequity in social exchange. In L. Berkowitz (Ed.), Advances in Experimental Social Psychology (Vol. 2, pp. 267-299). New York: Academic Press.
사람들이 자신과 타인의 보상 간 차이를 인지할 때, 공정성의 기준이 무너지며 감정적 반응이 발생한다고 설명함.

58) Loewenstein, G. F., Weber, E. U., Hsee, C. K., & Welch, N. (2001). Risk as feelings. Psychological Bulletin, 127(2), 267-286. 위험에 대한 판단은 이성적 분석보다 감정 반응에 더 좌우되며, 특히 불안은 투자에서 과잉 행동의 주된 원인이 된다고 설명함.

⇨ 감정(심리)의 흐름

불안(Anxiety)

"이대로 가면 평생 집 못 살지도 몰라…"

탐색(Exploration)

"소형 아파트라도 알아봐야지. 청약, 경매, 전세 끼고 사는 방법도 있잖아."

무력감(Helplessness)

"이 정도 자본으로는 어차피 불가능해…"
"금리도 높고, 가격도 너무 올라 있어."

과잉행동 or 단념(Overreaction or Avoidance)

"일단 사 보자" or "부동산은 포기하고 딴 걸로 돈 벌어야지."

💡 한 걸음 물러나 생각해 보기

미래 세대는 부모 세대와 다른 경제 환경에 살고 있다.
→ 동일한 전략, 동일한 가치관을 그대로 따라가는 것이 해법이 아닐 수 있다.
정보의 양이 아닌, 정보 해석력과 감정 조절력이 '현명한 투자자'를 만든다.
→ 자산 형성의 기준은 '속도'가 아니라 '지속 가능성'이다.
조급함은 실수로, 무력감은 정체로 이어진다.
스스로의 재정 원칙을 확립하고, 감정을 다룰 수 있는 힘을 먼저 키워야 한다.

| 심리학 용어 키워드 |

92장. 미래 세대의 부동산 투자에 대한 심리

▶ **조기 학습 효과(Early Exposure Effect)**

"부모님은 40에 시작했지만, 나는 20부터 시작하래요."

너무 이른 시기에 자산, 부동산, 투자 개념에 노출되면, 준비된 결정보다 조급한 반응이 앞서는 경우가 많습니다.

→ *Early exposure to financial concepts can lead to rushed and emotionally-driven decisions.*

▶ **정보 과잉 역설(Information Overload Paradox)**

"알면 알수록 모르겠어요."

부동산 유튜브, 인플루언서, 투자 뉴스가 넘쳐나지만, 그 정보는 선택을 돕기보다는 불안을 증폭시키는 경우가 많습니다.

→ *Too much information can paralyze decision-making and intensify anxiety.*

▶ **불공정 인식 편향(Perceived Inequity Bias)**

"부모 세대는 싸게 샀잖아."

기성세대와 자신을 비교하면서 기회의 불공정성과 상대적 박탈감을 느끼는 심리가 형성됩니다.

→ *Feeling disadvantaged compared to previous generations leads to resentment and urgency.*

▶ **과잉 투자 충동(Fear-Induced Overinvestment)**

"지금 안 사면 평생 못 살 것 같아요."

불안과 조급함이 결합하면, 검토보다 감정이 앞서는 과도한 투자 결정으로 이어지기 쉽습니다.

→ *Fear of missing out can trigger impulsive, high-risk investment behaviors.*

▶ **무력감 기반 회피(Avoidant Helplessness)**

"나는 그냥 안 할래."

계속되는 실패, 격차 인식, 불안한 경제 상황이 결국 투자 자체를 포기하고 회피하는 심리로 나타납니다.

→ *Chronic helplessness can lead to withdrawal from investment altogether.*

93장

자녀를 위해 학군 좋은 지역에 투자하려는 심리

"아이 교육은 결국 집 위치가 결정하니까요."
The Education Investment Instinct: When School Zones Shape Property Desires

⇨ 심리 작동의 시작

"아이 교육은 결국 집 위치가 결정하니까요."
"A child's future depends on where we live—that's why we need to move."

부모는 자녀의 성공 가능성을 높이기 위해 부동산을 '교육의 도구'로 전환시킨다.

이때 '좋은 학군'에 투자한다는 말은 단순한 입지 판단이 아니라, 부모의 보호 본능이 반영된 감정적 투자 선택이다.

이러한 판단은 때로는 자녀 중심 선택이지만, 동시에 부모 자신의 불안을 줄이기 위한 심리적 행동이기도 하다. 집은 교육의 시작이고, 그 교육은 부모의 '책임'이라는 인식이 가장 강하게 작동하는 영역이다.

⇨ 심리 작동 방식과 원인

통제 가능성 확대 심리 (Perceived Control Bias)

자녀의 성적, 진로, 인생은 예측하기 어렵지만, 학군을 선택하는 것은 부모가 개입할 수 있는 '통제 가능한 영역'처럼 느껴진다.

이로 인해 부모의 책임감과 통제 욕구가 부동산 결정으로 표출된다.

보호 본능 강화(Parental Protection Instinct)

불확실한 미래에 대한 대비로, "좋은 집 = 좋은 학교 = 좋은 인생"이라는 간단하지만 강력한 심리적 등식이 작동한다.

희생 감정의 정당화(Sacrificial Justification Bias)[59]

고가의 집을 사거나 무리한 대출을 감수하면서도
"아이를 위해서니까"라는 말로 그 판단을 정당화하고 강화한다.
때로는 자녀보다 부모 자신이 심리적 보상을 받는 구조가 형성된다.

사회적 비교 심리(Comparative Pressure Bias)

"남들 다 저 동네로 가는데 우리만 빠지면 뒤처지는 거 아냐?"
동년배 부모 간의 비교, 커뮤니티 내 학군 전쟁은 객관적 판단보다 감정적 반응을 더 자극한다.

⇨ 감정(심리)의 흐름

보호 본능(Protection)

"아이를 위해서 좋은 환경을 제공해 줘야 해."

희생 감정(Sacrifice)

"비싸도, 힘들어도, 그만한 가치가 있을 거야."

---

59) Aronson, E., & Mills, J. (1959). The effect of severity of initiation on liking for a group. Journal of Abnormal and Social Psychology, 59(2), 177-181. 가혹한 입문과정을 거쳤을수록, 그 집단에 더 큰 애착을 느끼는 현상 연구. "더 큰 희생 = 더 큰 가치"로 인식하는 심리적 보상 기제가 작동한다고 봄.

과잉 집중(Overinvestment)

"학군 때문에 이 동네 아니면 안 돼."

내면 정당화(Emotional Rationalization)

"결국엔 다 아이를 위한 거니까, 괜찮아."

💡 한 걸음 물러나 생각해 보기

'학군이 곧 교육'이라는 믿음은 단순화된 심리 공식이다.
→ 하지만 성장 환경은 입지뿐 아니라, 부모와의 관계·정서적 안정·생활 리듬의 일관성에서 비롯된다.
부동산 선택이 교육 문제를 대변하는 순간, 부모는 투자자가 아니라 '불안을 해소하려는 소비자'가 될 수 있다.
때로는 자녀보다 부모 자신이 안도하고 싶어서 선택하는 경우도 있다는 사실을 자각해야 한다.
→ "정말 아이를 위한 선택인가, 아니면 내 마음의 보상을 위한 선택인가?"

| 심리학 용어 키워드 |

93장. 자녀를 위해 학군 좋은 지역에 투자하려는 심리

▶ **통제 가능성 확대 심리(Perceived Control Bias)**
"미래는 모르겠지만, 지금 이 집은 내가 선택할 수 있어요."
미래의 불확실함은 불안을 만들고, 사람들은 그 불안을 줄이기 위해 내가 '지금 당장 통제할 수 있는 것'에 집중합니다.
자녀 교육, 거주지, 안전한 환경은 통제 가능한 영역이라 믿으며 결정을 내립니다.
→ *Focusing on controllable elements helps ease anxiety about an uncertain future.*

▶ **보호 본능(Parental Protection Instinct)**
"이 집이면 애가 안전하게 자랄 수 있을 거야."
부모는 본능적으로 자녀를 위험으로부터 보호하려 합니다.
주택 결정에서 이 본능은 안전, 교육, 환경에 대한 과도한 민감성으로 나타납니다.
→ *A primal instinct to protect children manifests in housing decisions that prioritize perceived safety and success.*

▶ **희생 감정 정당화(Sacrificial Justification Bias)**
"나를 위한 건 아니야, 아이를 위해서야."
높은 가격, 무리한 대출, 불리한 조건이더라도 '자녀를 위해서'라는 명분 아래 자신의 감정적 결정을 정당화합니다.
→ *Emotionally costly decisions are rationalized as necessary sacrifices for one's children.*

▶ **사회적 비교 압박(Comparative Pressure Bias)**
"다른 엄마들은 벌써 ○○동에 집 샀대."
또래 부모, 학교 커뮤니티, SNS 등을 통해 집단 내 경쟁과 비교가 무의식적 압박으로 작용합니다.
→ *Peer and community comparisons often lead to investment pressure and overextension.*

▶ **감정적 보상 심리(Parental Reward Substitution)**
"내가 이 정도는 해 줘야 엄마 노릇 한 거지."
실은 자녀보다 자신을 위한 감정적 보상을 추구하고 있는 경우도 많습니다.
자녀 명분 아래, 자기 확신과 안도감을 얻기 위한 심리적 메커니즘이 작동합니다.
→ *Parents may unconsciously seek emotional rewards through child-focused housing choices.*

94장

사회적 불안정에서 벗어나기 위한 부동산 회피 심리

"정치는 혼란스럽고, 경제도 불안정하니까… 그냥 땅이라도 하나 사놔야 안심돼요."
Shelter from the Storm: When Society Shakes, Land Becomes Anchor

⇨ 심리 작동의 시작

혼란스러운 시대에 사람들은 정서적 안정장치를 찾는다.

정치 불신, 사회 갈등, 외환시장 불안, 국제정세 위기 같은 뉴스가 반복되면 투자는 더 이상 수익의 대상이 아니라, 심리적 피난처가 된다.

이때 부동산은 '보이는 자산, 만질 수 있는 재산'이라는 이유만으로 위험한 세상 속에서 감정적 앵커(anchor)로 작용한다.

⇨ 심리 작동 방식과 원인

심리적 회피 기제(Psychological Avoidance Mechanism)[60]

눈앞의 불안과 통제를 벗어나기 위한 행동으로, "무언가를 갖고 있어야 덜 불안하다"는 감정이 투자를 촉진함.

---

[60] Baumeister, R. F., Dale, K., & Sommer, K. L. (1998). Freudian defense mechanisms and empirical findings in modern social psychology: Reaction formation, projection, displacement, undoing, isolation, sublimation, and denial. Journal of Personality, 66(6), 1081-1124. 회피(Avoidance)는 불쾌한 감정에서 자신을 지키기 위해 무의식적으로 활용되는 방어 전략이며, 사회심리학적으로도 반복적인 심리 패턴으로 확인됨.

이는 판단이 아니라 감정적 탈출구로서의 행동이다.

실체 추구 본능(Tangible Security Bias)[61]

주식, 코인, 금융상품 처럼 보이지 않는 자산은 위기 시 더 불안하게 느껴진다. 반대로 '눈에 보이는 실물'인 부동산은 통제 가능하다는 심리적 환상을 제공한다.

제도 불신 전이(Institutional Distrust Transfer)[62]

정치·경제적 불신이 금융 시스템, 화폐 신뢰, 정책 환경에 대한 불신으로 전이되며, 결국 "정부를 못 믿겠으니, 땅이라도 갖자"는 심리로 이어진다.

선택 정당화 심리(Post-Rationalization)[63]

회피로 시작된 선택이 시간이 지날수록 "역시 잘했어", "부동산은 역시 남는다."는 논리적 정당화로 전환되며 심리적 고착이 생긴다.

⇨ 감정(심리)의 흐름

불신(Distrust)

"정치도 믿을 수 없고, 금융도 불안정한데…"

---

61) Kahneman, D. (2011). Thinking, fast and slow. New York: Farrar, Straus and Giroux.
   사람들은 불확실한 이익보다는 확실하게 보이는 보상에 더 끌리는 경향이 있으며, 이는 실물 자산 선호와 관련됨.

62) Hetherington, M. J. (2005). Why trust matters: Declining political trust and the demise of American liberalism. Princeton University Press.
   제도적 신뢰가 무너질 경우 개인의 정책 수용성 감소와 자산 회피 성향 증가가 동반됨.

63) Festinger, L. (1957). A theory of cognitive dissonance. Stanford University Press.
   선택 결과와 기대가 일치하지 않을 때, 심리적 불편함을 해소하려는 정당화 심리로 이어짐.

회피적 결심(Avoidant Decision)

"뭔가 하나는 가지고 있어야 덜 불안할 것 같아."

정당화(Post Hoc Rationalization)

"부동산은 역시 옳은 선택이야. 땅은 안 없어지잖아."

의존 고착(Emotional Anchoring)

사회적 불안정이 지속될수록 부동산에 대한 감정적 의존이 강화됨.

💡 한 걸음 물러나 생각해 보기

"부동산은 마음의 도피처가 아닙니다"
부동산은 분명히 현실적인 자산입니다. 하지만 우리가 불안하고 답답한 마음을 해소하려는 심리적 피난처처럼 집을 사기 시작하면, 그 판단은 흐려지고 위험해질 수 있습니다.

예를 들어, 정치가 불안하거나, 사회가 혼란스럽다고 느껴질 때 **"지금이라도 땅을 사야 마음이 놓일 것 같아."** 이런 생각이 들 수 있습니다.

그런데 이럴 때 꼭 생각해 봐야 할 게 있습니다:
"내가 지금 불안해서 피하려는 걸까, 아니면 계획적으로 대응하려는 걸까?"
불안을 피하려는 마음으로 땅을 사면 그 땅이 나중에 후회의 지뢰가 될 수도 있습니다.
충분한 분석 없이 사는 땅은, 투자가 아니라 충동 소비에 가깝습니다. 그러니 **'왜 이걸 사려는가'**를 먼저 솔직하게 돌아보는 것이 중요합니다.
불안할수록, 더 냉정하게!
"감정이 아니라, 전략으로 선택해야 합니다."

| 심리학 용어 키워드 |

94장. 사회적 불안정에서 벗어나기 위한 부동산 회피 심리

▶ **심리적 회피 기제**(Psychological Avoidance Mechanism)
"이럴 땐 뭐가라도 가지고 있어야 마음이 놓이잖아."
사회적 불안이나 경제적 위기 상황에서, 현실을 직접 마주하기보다 자산 소유를 통해 감정적으로 안정감을 얻으려는 심리입니다.
→ *Owning assets becomes a way to emotionally shield oneself from external threats.*

▶ **실체 추구 본능**(Tangible Security Bias)
"그래도 집은 눈에 보이니까 안심돼."
주식이나 정책 같은 추상적 시스템보다, 직접 눈에 보이고 만질 수 있는 실물 자산에 심리적 신뢰를 두는 본능적 경향입니다.
→ *People trust physical assets more than abstract systems in times of uncertainty.*

▶ **제도 불신 전이**(Institutional Distrust Transfer)
"정책은 맨날 바뀌니까 그냥 집이라도 사 놓자."
정부나 제도에 대한 불신이 자산 선택으로 이어지는 구조로, 사회 시스템 대신 부동산 등 실물에 기대게 됩니다.
→ *Distrust in institutions leads individuals to seek stability in real assets.*

▶ **선택 정당화**(Post-Rationalization Bias)
"그땐 어쩔 수 없었어, 지금 생각해도 잘한 결정이야."
감정적으로 한 선택을 나중에 '이성적 판단'이었던 것처럼 설명하며 스스로를 설득하는 심리입니다.
→ *We often justify emotional decisions with logic after the fact.*

▶ **감정적 고착**(Emotional Anchoring Effect)
"난 이 동네가 편해. 괜히 바꾸긴 싫어."
과거 경험이나 감정이 강하게 작용해 특정 자산이나 지역에 정서적으로 고착되는 심리입니다.
→ *Emotional attachment to familiar assets can override objective judgment.*

> ▶ **현실 도피 심리(Reality Escape Bias)**
>
> "세상은 시끄러워도 집 한 채 있으면 다 괜찮아."
>
> 사회 문제, 갈등, 불확실성에서 벗어나기 위해 투자나 부동산 소유를 심리적 피난처로 삼는 경향입니다.
>
> → *Investing in real estate becomes a psychological escape from societal instability.*

95장

정치·경제적 불확실성에서 벗어나기 위한 투자 심리

"경제 위기가 온다는데, 뭘 하나라도 갖고 있어야 마음이 편하잖아요."
Crisis Comfort Bias: Owning Something Feels Safer Than Doing Nothing

⇨ 심리 작동의 시작

사람들은 정치적 불안정, 글로벌 경제위기, 금리 급등, 전쟁 뉴스 등 시장의 외부 불확실성이 커질수록 투자를 '수익 추구'가 아니라 심리적 도피처로 사용하려는 경향을 보인다. 이때 부동산은 자산 시장에서 '심리적 피난처(safe haven asset)'로 떠오른다. 눈에 보이고, 사라지지 않으며, 남들이 갖고 있다는 이유만으로도 심리적 안정감을 준다는 점에서 불확실한 시대에 선호된다.

⇨ 심리 작동 방식과 원인

불확실성 회피 성향(Uncertainty Aversion)

인간은 예측 불가능한 상황에서 심리적으로 가장 손실이 적을 것 같은 선택을 하게 된다.
부동산은 실물이라는 점, '버티면 회복한다.'는 집단 신념이 있어 심리적으로 예측 가능한 안전 자산으로 인식된다.

안정 추구 본능(Security-Seeking Instinct)

현금은 인플레이션에 취약하고, 주식·코인은 고변동성에 노출되어 있다.
이때 부동산은 현실적 대안이자 불안정에서 벗어나기 위한 정서적 선택지가 된다.

피난처 투자 심리(Flight-to-Safety Behavior)

사람들은 위기 국면에 투자 성과보다는 심리적 안정을 최우선으로 삼는다.
그 결과, 수익률보다 '소유 그 자체의 위안감'을 얻기 위한 투자로 전환된다.

제어 욕구 강화(Need for Control)

부동산은 '내가 직접 통제할 수 있는 자산'이라는 인식이 강하다.
위기 시기일수록 자기 손에 쥔 자산이 주는 감정적 위안이 커진다.

⇨ 감정(심리)의 흐름

공포(Fear)

"미국 금리 계속 오르고, 환율도 불안한데… 진짜 큰 위기 오는 거 아냐?"

심리적 피난처 탐색(Flight to Safety)

"돈만 들고 있긴 불안하니까, 뭔가 하나는 잡고 있어야 해."

도피성 매수(Emotional Buying)

"이럴 땐 부동산이지. 그래도 사 두면 불안은 줄겠지."

과잉 확신 또는 후회(Overconfidence or Regret)

"그래도 가진 게 있으니 다행이야." 또는 "괜히 급하게 샀나…?"

💡 한 걸음 물러나 생각해 보기

불안할수록 투자 판단은 감정적으로 흐른다.
지금의 결정이 수익 구조에 기반한가, 감정적 안정에 기반한가를 먼저 자문해야 한다.
위기 국면일수록 중요한 건 자산의 보존보다, 유동성과 자금 흐름의 관리다.
부동산이든 어떤 자산이든 '심리적 도피처'로서가 아니라 전략적 설계로 접근해야 한다.
불확실성의 시대에는 '가진 것이 마음을 지켜 주는 것'처럼 보일 수 있지만,
때론 '가진 것이 판단을 흐리게 만드는 것'일 수도 있다.

| 심리학 용어 키워드 |

95장. 정치·경제적 불확실성에서 벗어나기 위한 투자 심리

▶ **불확실성 회피 성향(Uncertainty Aversion)**

"차라리 손해 보더라도 예측 가능한 게 나아."

사람들은 예상할 수 없는 상황에서 큰 이익보다 '예측 가능성' 자체를 더 중요하게 여깁니다. 손실 회피보다 '미지의 위험'을 피하려는 본능이 작동합니다.

→ *People prefer predictable outcomes over potentially higher but uncertain gains.*

▶ **안정 추구 본능(Security-Seeking Instinct)**

"뭔가 하나라도 믿고 있어야 마음이 편하지."

위기나 혼란 속에서, 심리적 평형을 유지하려는 본능적 욕구가 발동됩니다. 이때 안정성을 준다고 느끼는 자산이 심리적 중심축이 됩니다.

→ *In times of crisis, people instinctively seek stability to regain emotional balance.*

▶ **피난처 투자 심리(Flight-to-Safety Behavior)**

"이럴 땐 수익보다 안전이 우선이지."

위험이 커지면 사람들은 수익보다 자산 보존과 정서적 안정을 우선시하는 투자 선택을 합니다. '안전한 곳에 돈을 넣고 싶다'는 본능입니다.

→ *When risks rise, emotional safety and capital preservation take priority over returns.*

▶ **제어 욕구(Need for Control)**

"내가 손댈 수 있는 자산이어야 믿을 수 있어."

불확실성이 커질수록, 직접 관리하거나 통제할 수 있는 자산에 대한 선호가 강해집니다. 통제 가능성이 곧 안정감으로 인식되는 심리 구조입니다.

→ *The desire for control leads people to favor assets they can manage themselves.*

▶ **도피성 투자(Emotion-Driven Defensive Investment)**

"일단 뭔가 해야 마음이 놓이니까…"

불안이나 혼란 속에서 감정적으로 선택하는 방어적 투자. 때로는 합리성보다는 '심리적 도피처'를 향한 충동이 투자 행동을 이끕니다.

→ *Emotional discomfort can drive defensive, short-sighted investment choices.*

96장

부동산 전문가 의견에 의존하는 심리

"전문가가 괜찮다 하잖아요. 믿고 사도 되는 거겠죠?"
Trusting the Expert: When Judgment is Outsourced to Authority

▷ 심리 작동의 시작

"전문가가 괜찮다 하잖아요. 믿고 사도 되는 거겠죠?"
"The expert said it's fine—shouldn't I just trust them?"

결정이 복잡해질수록 사람들은 더 간단한 해답을 찾고 싶어 한다.

수많은 매물, 오락가락하는 정책, 불확실한 시장 흐름 속에서 사람들은 "누가 대신 정해줬으면 좋겠다."는 심리 상태에 빠진다.

이때 부동산 전문가의 말은 **단순한 조언을 넘어 '판단을 위임받은 대리인'으로 받아들여진다.**
그 말 한마디는 심리적으로 "내가 고민할 필요 없어"라는 일시적인 안도감을 제공한다.

▷ 심리 작동 방식과 원인

인지 부담 회피(Cognitive Load Avoidance)

"정보가 너무 많아, 머리가 아파…"
사람들은 복잡한 판단을 줄이기 위해 전문가에게 의사결정을 넘겨 버리려는 경향을 보인다.
판단 과정에서 생기는 스트레스를 외부 권위에 의존함으로써 회피하려 한다.

권위 의존 심리(Authority Reliance Bias)

전문가의 직함, 미디어 노출, 책 출간 등은 그 말 자체를 '진실'로 받아들이게 하는 심리적 단서가 된다.

판단 능력이 부족한 게 아니라, 판단하고 싶지 않은 마음이 작동하는 것.

책임 회피 본능(Responsibility Shifting Mechanism)

판단 결과가 나쁠 경우, "내가 판단한 게 아니라 전문가 말 때문이야"라고 무의식적 책임 분산이 가능하다.

이로 인해 전문가 조언을 적극적으로 믿고 싶어지는 심리적 토대가 형성된다.

심리적 위임(Psychological Delegation)

정보가 많고 복잡할수록, 사람들은 스스로 판단하기보다 '대신 생각해 줄 사람'을 찾는다.

⇨ 감정(심리)의 흐름

혼란(Confusion)

"시장 흐름을 잘 모르겠어.… 정보도 너무 많아…"

정보 과잉 + 불확실성으로 인해 판단력이 흐려지고 감정이 과열됨

Cognitive overload + decision fatigue

의존(Delegation)

"전문가가 괜찮다니까, 그 말 믿고 갈래."

자신의 판단 대신 타인의 조언(전문가, 유튜브, 지인)에 기대게 됨

Authority bias + psychological outsourcing

안도(Relief)

"확신은 없지만, 전문가 말이니 괜찮겠지…"

선택 후 잠시 마음이 편해짐. 책임을 '맡긴 듯한 감정'이 작동

Emotional delegation + perceived reassurance

후회(Regret)

결과가 좋지 않으면 "괜히 믿었어… 전문가도 틀리네."

감정은 '책임 전가'에서 → '판단 포기의 자책'으로 전환

From projection to internal blame

💡 한 걸음 물러나 생각해 보기

전문가 의견은 참고일 뿐, 결정을 대신 내려 줄 수 없다.
전문가는 당신의 자산 규모, 리스크 성향, 개인 사정까지 알지 못한다.
→ 결국 자기 결정을 스스로 책임질 수 있는 구조를 갖는 것이 투자자에게 가장 중요한 역량이다.
전문가의 말보다 더 중요한 건, 그 조언이 내 상황에 맞는지를 판단할 수 있는 내 기준의 존재다.

| 심리학 용어 키워드 |

96장. 부동산 전문가 의견에 의존하는 심리

▶ **인지 부담 회피(Cognitive Load Avoidance)**

"생각이 너무 복잡해서 그냥 믿고 따르기로 했어요."

복잡한 정보와 판단 과정을 피하고 싶은 심리는 자연스럽습니다. 이럴 때 우리는 쉽게 외부 조언이나 단순한 결론에 의존하게 됩니다.

→ *People tend to avoid complex thinking and rely on simplified decisions to reduce mental burden.*

▶ 권위 의존 편향(Authority Reliance Bias)

"교수님이 그 지역은 무조건 오른다고 했대요."

권위 있는 사람의 말은 사실처럼 들립니다. 판단이 어려울수록, 우리는 타인의 확신에 기댈 가능성이 커집니다.

→ *Authority figures' opinions often override personal judgment, especially under uncertainty.*

▶ 책임 회피 본능(Responsibility Shifting Mechanism)

"그 사람이 좋다고 했잖아. 난 그냥 따라한 거야."

실패했을 때의 책임을 회피하고 싶은 심리. 투자 결정을 직접 하지 않음으로써, 결과에 대한 불안도 덜 느끼려는 무의식입니다.

→ *Delegating decisions helps reduce the emotional weight of potential failure.*

▶ 심리적 위임(Psychological Delegation)

"이런 건 전문가가 더 잘 알겠지."

판단 자체를 남에게 넘기려는 무의식적 행동. 스스로 결정하는 부담을 피하고 싶은 심리가 위임 행동으로 나타납니다.

→ *People often surrender decision-making to others to avoid cognitive strain.*

▶ 위탁된 판단의 위험성(Delegated Decision Risk)

"결국은 내 돈인데… 왜 그때 제대로 안 알아봤을까."

판단을 남에게 맡겼다가 후회하게 되는 경우도 많습니다. 투자 결과는 결국 '본인 몫'임을 잊지 않아야 합니다.

→ *Relying too heavily on others' opinions can lead to regret when outcomes don't meet expectations.*

97장

전문가 조언에 따라 매수·매도를 결정하는 심리

"지금이 매도 타이밍이라고 하던데요?"
The Authority Trap: When Expert Advice Becomes Emotional Justification

⇨ 심리 작동의 시작

"지금이 매도 타이밍이라고 하던데요?"
"An expert said it's the right time to sell—shouldn't I listen?"

사람들은 투자 결정에서 오는 불확실성과 부담감을 줄이기 위해 전문가의 말에 귀를 기울인다. 그러나 이 조언은 종종 단순한 정보가 아니라, **'감정적 신호'이자 '책임 회피의 도구'**로 작동한다.

특히 이미 내린 결정을 뒷받침할 수 있는 전문가 조언을 찾을 때, 우리는 그 조언을 '행동의 근거'가 아니라 '심리적 위안'으로 사용하게 된다.

⇨ 심리 작동 방식과 원인

확증 편향(Confirmation Bias)
이미 내린 결정을 정당화할 정보를 찾으려는 경향.
→ "전문가도 그렇게 말하더라."는 말은, 실제로는 나 자신을 설득하는 중이다.

외부 책임 전가 욕구(External Attribution Bias)

"나는 그냥 전문가 말 들었을 뿐인데…"
→ 판단이 틀려도 책임을 외부로 넘기고 싶은 무의식적인 심리적 방어가 작동함.

권위에 대한 심리적 의존(Authority Bias)

박사, 경제 전문가, 전직 고위 관료 등 권위 있는 인물의 말에 감정적으로 끌림
→ 내용보다 직함과 포지션이 결정에 영향을 미침.

심리적 위임(Delegated Thinking)

생각하기보다는 생각을 대신해 줄 사람을 찾는 심리
→ 전문가의 말은 사고의 종료점이 되며, 스스로 분석하지 않게 됨.

⇨ 감정(심리)의 흐름

불안(Anxiety)

"지금 팔아야 하나? 기다려야 하나?"

근거 탐색(Justification Seeking)

"누가 전문가가 지금이 타이밍이라 했던데…"

맹신 or 자기기만(Overtrust or Self-deception)

"그 사람 말대로 하면 되겠지…"
사실은 자신이 이미 결정한 것을 외부 논리에 끼워 맞추는 것

책임 회피(Responsibility Deflection)

실패해도 "내 판단이 아니라, 전문가 말이었잖아…"라는 심리적 면피가 이루어짐.

💡 한 걸음 물러나 생각해 보기

전문가의 말은 판단이 아니라, 참고일 뿐이다.
내 사정, 내 자금 계획, 내 투자 목표에 맞는 **'나만의 시계(self-timing)'**가 필요하다.
전문가의 조언을 맹신하는 순간, 판단의 주체는 내가 아닌 남이 된다.
정보는 많지만, 책임지는 사람은 나뿐이다.
→ 그래서 더더욱 판단력의 핵심은 '정보'가 아니라, '행동의 주체성'이다.

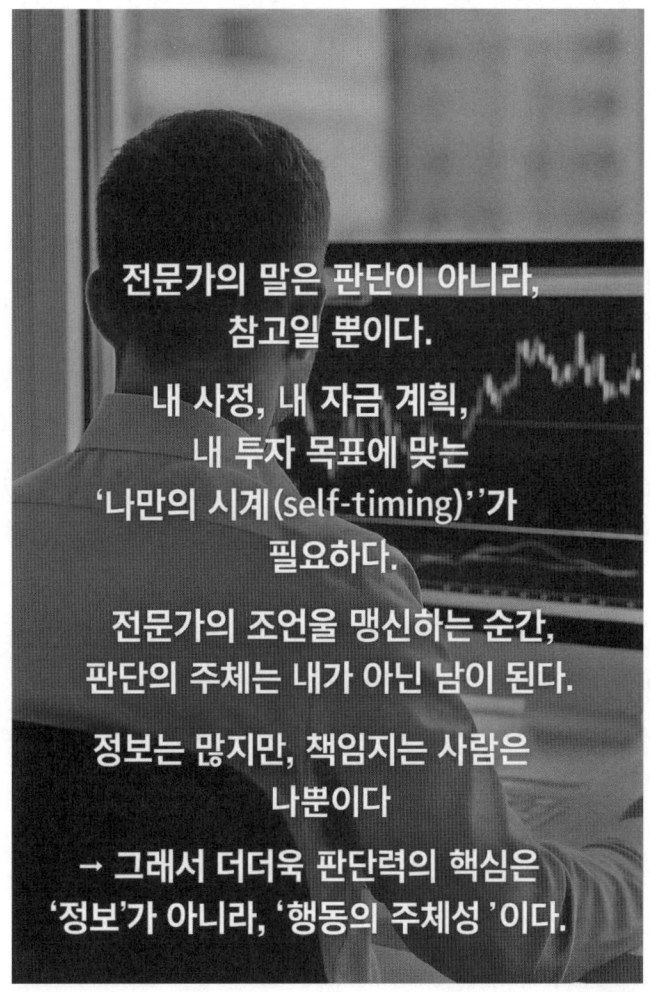

| 심리학 용어 키워드 |

97장. 전문가 조언에 따라 매수·매도를 결정하는 심리

▶ **확증 편향(Confirmation Bias)**
"내가 맞을 거야. 이 기사도 그 말 하잖아."
사람은 본인이 이미 믿고 있는 생각을 뒷받침해 주는 정보만 받아들이려는 경향이 있습니다. 반대되는 근거는 무시하거나 불편하게 느껴지죠.
→ *People tend to seek and accept only the information that confirms their existing beliefs.*

▶ **외부 책임 전가 심리(External Attribution Bias)**
"그 전문가가 추천해서 샀는데… 난 피해자야."
판단이 틀렸을 때, 자신의 책임보다 외부 요인이나 타인의 조언 탓으로 돌리고 싶어집니다. 이로 인해 실수의 반복 가능성이 높아지기도 합니다.
→ *Blaming others for poor decisions helps reduce guilt but prevents learning.*

▶ **권위 맹신 편향(Authority Bias)**
"교수님이 추천했으면 틀림없지."
직책이나 유명세가 있는 사람의 말은 과도하게 신뢰받는 경향이 있습니다. 그러나 권위는 '정답'이 아니라 참고일 뿐입니다.
→ *People tend to over-trust those in authority, often ignoring critical thinking.*

▶ **심리적 위임(Delegated Thinking)**
"내가 뭘 알아… 전문가가 알아서 해 주겠지."
판단의 부담을 줄이고 싶어, 스스로 생각하기보다 전문가에게 모든 결정을 맡기는 심리입니다. 하지만 결과에 대한 책임은 결국 자신에게 있습니다.
→ *Delegating thinking to others reduces stress, but doesn't remove responsibility.*

▶ **감정적 정당화 욕구(Emotional Justification Seeking)**
"다들 좋다고 하잖아, 나도 잘한 거야."
결정에 대한 감정적 안심을 얻기 위해, 외부의 근거나 분위기를 끌어와 스스로의 선택을 정당화하는 심리 작용입니다.
→ *People often use external cues to emotionally validate their decisions, regardless of logic.*

98장

뉴스, 유튜브, SNS를 통해 형성된 부동산 심리

다들 그 지역 산다는데, 나만 안 사면 손해 아닌가요?
The Echo Chamber Effect: "Everyone's buying there… Am I missing out?"

⇨ 심리 작동의 시작

"다들 그 지역 산다는데, 나만 안 사면 손해 아닌가요?"
"They say everyone's buying there. Wouldn't I lose out if I don't?"

현대인의 투자 심리는 전문가 리포트나 경제 지표보다 유튜브 썸네일, SNS 게시글, 뉴스 헤드라인에 더 빠르게 반응한다. 이러한 정보는 논리보다 감정을 먼저 자극하고, 사람들의 행동은 이성보다 분위기에 끌려간다.

특히 부동산처럼 속도보다 타이밍이 중요하다고 느껴지는 시장에서는 "지금 움직이지 않으면 손해"라는 심리적 압박이 미디어를 통해 증폭된다.

⇨ 심리 작동 방식과 원인

군중 심리 작동(Herd Behavior)

유튜브, 댓글, 커뮤니티에서 반복적으로 동일한 메시지를 접하면 그 정보의 진실 여부보다 "사람들이 그렇게 믿고 있다"는 사실이 중요해진다.

개인 판단이 아니라 집단 정서에 의해 투자 결정이 이뤄지는 구조.

감정 감염 효과(Emotional Contagion)

자극적인 썸네일: "○○ 지역 폭등", "이제 시작입니다!"

불안 자극형 콘텐츠는 흥분과 조급함을 유발, 감정이 행동을 앞지르게 만든다.

확증 편향 강화(Amplified Confirmation Bias)

보고 싶은 정보만 클릭하고, 보고 싶은 말만 믿게 되는 구조.

알고리즘은 그 성향을 강화시키며 자기 심리를 더 왜곡시킨다.

정보의 '착시된 사실화'(Perceived Truth via Repetition)

반복된 정보는 검증되지 않아도 사실처럼 받아들여지는 심리적 착시를 낳는다.

3~4개의 영상에서 같은 내용을 들으면, 그 자체로 믿음이 형성됨.

⇨ 감정(심리)의 흐름

자극(Trigger)

"○○ 지역, 이제 2배 간다!", "급매 다 사라졌어요."

흥분 또는 불안(Arousal or Anxiety)

"지금 안 사면 늦을지도 몰라…", "나만 뒤처지는 건 아닐까?"

모방 충동(Imitative Urge)

"저 사람도 샀다잖아. 나도 들어가야겠다."

군중 몰입(Mass Psychology)

분석이 아닌 참여의 심리, 판단이 아닌 소속감의 감정

💡 한 걸음 물러나 생각해 보기

콘텐츠는 감정 중심의 소비물이지, 객관적 보고서가 아니다.

유튜브는 신호가 아니라 자극이며, 정보는 사실이 아니라 감정의 방향일 수 있다.

시장을 움직이는 건 콘텐츠가 아니라, 수요와 공급, 제도와 자금 흐름이다.

지금 보고 있는 정보가 내 감정을 자극하는가, 내 판단을 돕는가를 구분할 수 있어야 한다.

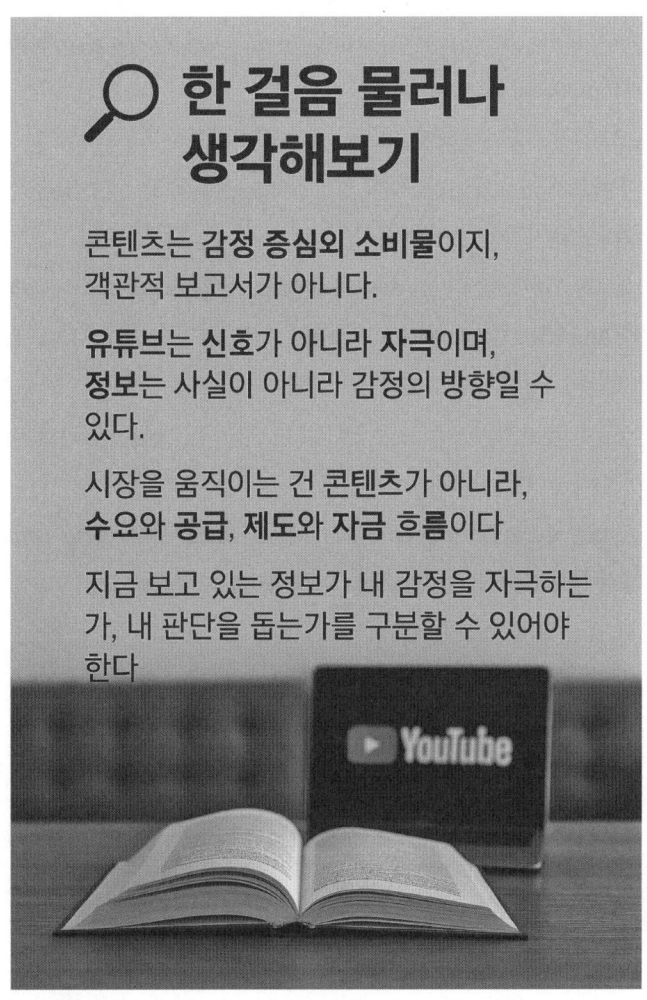

| 심리학 용어 키워드 |

98장. 뉴스, 유튜브, SNS를 통해 형성된 부동산 심리

▶ **군중 심리**(Herd Behavior)

"다들 산다니까, 나도 지금 안 사면 안 될 것 같아."

사람은 다수가 어떤 행동을 할 때, 그 선택이 '옳다'고 느끼며 따라가고 싶어집니다. 특히 부동산 시장에서는 주변의 행동이 내 결정을 강하게 자극합니다.

→ *People tend to follow the majority, assuming the crowd knows something they don't.*

▶ **감정 감염 효과**(Emotional Contagion)

"그 유튜버 말 들으니 나도 불안해졌어."

감정은 말보다 더 빠르게 전염됩니다. 특히 영상이나 콘텐츠에 담긴 감정(불안, 흥분, 분노 등)은 시청자에게 그대로 옮겨질 수 있습니다.

→ *Emotions in media can quickly spread to viewers, influencing their mood and decisions.*

▶ **확증 편향 강화**(Amplified Confirmation Bias)

"역시 내 생각이 맞았어. 이 기사도 그렇잖아."

원래 갖고 있던 생각을 뒷받침하는 정보만 찾다 보면, 점점 더 자신의 판단을 확신하게 됩니다. 다른 의견은 점점 받아들이기 어려워지죠.

→ *Selective exposure to supporting content deepens belief and resists counterarguments.*

▶ **반복에 의한 사실 착각**(Perceived Truth via Repetition)

"여러 번 봤으니까 맞는 말 아닐까?"

같은 내용을 반복적으로 접하면, 그게 진짜 사실처럼 느껴지는 착각이 생깁니다. 자주 등장하는 단어와 표현이 진실처럼 각인되는 심리 효과입니다.

→ *Repeated exposure makes statements feel true, regardless of their actual validity.*

▶ **정보 소비의 자극화**(Stimulus-Driven Information Use)

"제목이 자극적이라 눌렀는데, 내용은 별거 없네…"

객관적 분석보다 감정을 자극하는 제목, 썸네일, 표현 등이 정보를 선택하고 소비하게 만듭니다. 이는 판단을 흐리게 만들 수 있습니다.

→ *Emotionally stimulating content often overrides analytical thinking in decision-making.*

PART 12

한국부동산 심리학개론 마무리

마무리장

- 부동산 심리학 명언 18선
- 우리는 왜 부동산 앞에서 감정이 흔들릴까?
- 심리학이 알려주는 실천적 결론
- 마음을 비추는 내비게이션
- 마음을 읽으면 시장이 보인다
- 부동산 심리를 이해한다는 것의 의미

이태광·권순주의 부동산 심리학 명언 18선

1. "당신의 지갑이 아니라, 당신의 마음을 먼저 들여다보라."

"Look into your heart before your wallet."

해설: 집 살 때 돈 계산만 하지 말고, 왜 사고 싶은지 내 마음을 먼저 생각해 보세요.

2. "집은 구조물이 아니라, 감정의 저장고다."

"A house is not just a structure, but a container of emotions."

해설: 집은 그냥 벽과 지붕이 아니라, 우리 감정과 추억이 쌓이는 곳이다.

3. "불안은 숫자를 가리고, 감정은 시세를 흔든다."

"Anxiety clouds the numbers; emotion sways the market."

해설: 불안하면 가격이 얼마인지 제대로 안 보이고, 사람들의 감정이 집값을 움직인다.

4. "사람은 이성으로 분석하지만, 감정으로 결정한다."

"We analyze with reason but decide with emotion."

해설: 머리로 계산해도, 결정은 마음으로 하게 되는 게 사람입니다.

5. "집을 산다는 것은 삶의 방향을 선택하는 일이다."

"Buying a home is choosing the direction of your life."

해설: 어떤 집을 사느냐에 따라 앞으로 어떻게 살지가 달라져요.

6. "기대는 전략이 아니라 감정이다."

"Hope is not a strategy, it's an emotion."

해설: '오를 거야'는 계획이 아니라 바람이에요. 투자 판단은 냉정하게 해야 해요.

7. "지금 사지 않으면 기회를 놓칠까 두렵다? 그건 기회가 아니라 공포다."

"Afraid to miss out if you don't buy now? That's fear, not opportunity."

해설: 너무 조급하면 좋은 기회가 아니라 그냥 불안해서 사는 거예요.

8. "심리는 시장보다 빠르고, 감정은 뉴스보다 강하다."

"Psychology moves faster than the market, and emotion is stronger than news."

해설: 뉴스보다 먼저 움직이는 건 사람들의 마음이에요.

9. "당신이 고른 집이 곧 당신이 원하는 삶이다."

"The home you choose reveals the life you seek."

해설: 마음에 드는 집은 내가 어떤 삶을 원하는지를 보여 줍니다.

10. "모두가 오를 거라 말할 때, 당신의 불안도 같이 오른다."

"When everyone says it'll rise, your anxiety rises too."

해설: 주변에서 다 산다고 하면, 나만 안 사면 손해 보는 것 같아 불안해져요.

11. "투자는 숫자의 싸움이 아니라, 인내의 심리전이다."

"Investment is not a numbers game, it's a test of patience and psychology."

해설: 투자에서 중요한 건 계산보다 기다리는 마음이에요.

12. "사람은 감정을 따라 투자하고, 후회로 돌아본다."

"We invest with emotion, and return with regret."

해설: 감정대로 투자하면, 나중에 후회할 수 있어요.

13. "현실보다 감정이 먼저 오고, 감정이 곧 선택이 된다."
"Emotion comes before reality and becomes the choice."
해설: 가격보다 먼저 느낌이 오고, 그게 선택을 만들어요.

14. "집을 보면 '가격'이 아니라 '나'를 본다."
"Looking at a house is often looking at yourself."
해설: 어떤 집이 좋다고 느끼는 건 그 집이 나와 닮았기 때문이에요.

15. "시장보다 중요한 것은, 당신이 흔들리지 않는 마음이다."
"More important than the market is your unwavering mind."
해설: 시장은 자주 바뀌지만, 내 기준이 흔들리지 않으면 괜찮아요.

16. "'그 집처럼 살고 싶다'는 마음, 그게 이미 선택의 시작이다."
"When you think 'I want to live like that,' your decision has already begun."
해설: 어떤 집을 보며 부럽다는 생각이 들면, 이미 마음이 그 집에 끌리고 있는 거예요.

17. "부동산은 숫자로 사지만, 감정으로 산다."
"We buy real estate with numbers, but also with feelings."
해설: 시세와 대출 계산도 중요하지만, 결국엔 내 느낌이 '사자'고 말해요.

18. "좋은 집을 고르기 전에, 먼저 나를 알아야 한다."
"Before choosing the right home, know yourself first."
해설: 어떤 집이 나한테 맞는지 알려면, 내가 어떤 사람인지부터 알아야 해요.

우리는 왜 부동산 앞에서 감정이 흔들릴까?

부동산을 떠올리면, 누구나 마음이 복잡해집니다.

가격이 오를까? 떨어질까? 지금 사야 할까, 조금 더 기다려야 할까?

누군가는 가족을 위해, 누군가는 노후를 준비하며, 또 누군가는 인생 한 방의 수익을 기대하며 부동산을 바라봅니다.

하지만 그 모든 판단과 선택의 이면에는 단순한 수익 계산이나 경제 공식만으로는 설명되지 않는 인간의 심리가 자리하고 있습니다.

이 책은 본론 1장에서 시작해 98장까지, 우리가 부동산을 선택하고 포기하며 또 후회하는 과정 속에서 어떤 심리적 메커니즘이 작동하는지를 하나하나 따라가며 조명했습니다.

책의 앞부분에서는 우리가 시장에 대해 가지는 신뢰와 안정에 대한 갈망을 살펴보았습니다.

"이 시장, 믿을 수 있을까?"라는 단순한 질문이 사실상 모든 투자 결정의 출발점이 됩니다.

투자는 언제나 데이터가 아니라 감정에서 시작됩니다.

중반부로 넘어가면서는, 투기 심리, FOMO(놓치기 싫은 두려움), 희소성에 대한 집착, 군중심리, 단기 수익 기대 등 복잡한 정서들이 우리의 판단을 어떻게 흔들고, 때로는 왜곡시키는지를 다뤘습니다. 우리는 종종 '분석'을 하고 있다고 믿지만, 실제로는 '감정'을 따라 움직이고 있는 경우가 많습니다.

이러한 착시와 자기 정당화는 특히 불확실성이 클수록 더 강하게 작동합니다.

이어서 우리는 학군, 신축 아파트, 지역 이미지, 동네 브랜드, 미래 기대감 등. '입지'라는 단어 속에 숨어 있는 정체성과 계층적 상징을 들여다보았습니다. 사람들은 동네를 고를 때 단순히 편의시설이나 교통을 보지 않습니다.

그곳이 나의 사회적 위치와 삶의 방향을 상징하는 장소가 될 수 있는지를 직관적으로 판단합니다.

즉, 동네는 단지 지리적 좌표가 아니라 자아를 투영하는 심리적 무대입니다.

이후 책의 후반부에서는 하락장 앞에서 겪는 두려움, 상승장에서 우리가 빠져드는 과도한 낙관, 그리고 "지금 아니면 늦는다."라는 조급함이 어떻게 감정적 충동과 착각을 유발하는지를 살펴보았습니다.

과거에 한 번 오른 지역은 "다시 오를 것"이라는 근거 없는 자기 암시를 만들어 내고, 이는 곧 자산이 아니라 감정에 투자하는 위험한 구조로 이어지곤 합니다.

마지막 장에 가까워질수록, 부동산은 단순한 '물건'이나 '투자 대상'이 아닙니다. 그것은 우리의 불안을 숨기고, 미래를 기대하게 만들며, 삶의 기반과 가족의 안전망을 담는 정서적 자산(emotional asset)이 됩니다.

정치·경제적 불안정 속에서 사람들은 부동산을 현실 도피의 수단, 혹은 심리적 피난처로 삼기도 합니다. 자녀의 학군, 임대 안정성, 고정 수익, 전문가의 말, 유튜브 알고리즘까지… 우리는 '정보'를 소비하는 것이 아니라, 감정을 소비하며 판단하고 있는 것입니다.

결국 이 모든 이야기들은 하나의 질문으로 수렴됩니다.

"우리는 왜 그렇게 부동산 앞에서 흔들리는가?"

그 해답은 단순하면서도 깊습니다. 부동산은 우리 삶의 거울이기 때문입니다. 우리가 집을 고를 때는 단지 방의 개수나 면적을 따지는 것이 아니라, 그 집을 통해 내가 어떤 삶을 살고 싶은가, 내가 누구인가를 고민하는 것입니다. 불안, 기대, 욕망, 비교, 안정감, 미래에 대한 소망… 이 모든 감정이 집이라는 공간에 스며 있고, 그 감정의 총합이 '투자 판단'이라는 이름으로 포장되어 시장에 나타나는 것입니다. 그래서 부동산은 인간 심리의 총합이자, 우리 존재의 심리적 풍경(psychological landscape)입니다.

이제, 책을 덮기 전에 스스로에게 마지막 질문을 건네 보면 어떨까요?
"나는 왜, 그 결정을 하려는가?" 그 물음에 답할 수 있다면, 당신은 단순한 투자자가 아니라 심리를 읽는 사람이 될 수 있습니다.
그리고 그것이야말로, 부동산 시장이라는 거대한 심리게임에서 가장 정직하고, 가장 지혜로운 전략이 될 것입니다.

심리학이 알려 주는 실천적 결론

("내 감정을 먼저 이해할 때, 투자는 비로소 시작된다.")

많은 사람들이 부동산 투자를 할 때, 가격 그래프나 뉴스 기사, 전문가의 말에만 의존합니다. 하지만 진짜 중요한 건 바로 '내 마음속에서 일어나고 있는 일'입니다. 감정은 나쁜 것이 아닙니다.

사람들은 흔히 "감정적 판단은 위험하다"고 말하지만, 감정 자체가 문제는 아닙니다. 문제는 감정을 인식하지 못한 채, 감정에 끌려다닐 때 생깁니다.

불안하다고 느낀다면 왜 불안한지를, 조급하다면 무엇이 나를 밀어붙이고 있는지를 먼저 들여다봐야 합니다. 이렇게 내 감정의 방향을 인식하는 순간, 투자에 대한 판단도 조금 더 객관적이 되고, 실수를 줄일 수 있습니다.

시장보다 나 자신을 먼저 분석하세요.

금리가 오를지, 공급이 늘어날지, 정책이 어떻게 바뀔지… 이런 것도 중요합니다. 하지만 그보다 더 중요한 건 지금 내가 무엇을 기대하고, 무엇을 피하고 싶어 하며, 무엇을 두려워하고 있는가? 입니다.

내 내면의 심리를 먼저 파악할 때, 수많은 정보 속에서 길을 잃지 않고, 스스로의 기준을 세울 수 있습니다.

심리적 착시를 의심하세요. 부동산 시장에는 언제나 이런 순간이 있습니다.

"지금 안 사면 안 돼요." "전문가들도 다 좋다고 해요."

"이 동네는 무조건 올라요." 이런 말이 많아질수록, 오히려 내 판단이 '감정'에 물든 것은 아닌지 점검해 보아야 합니다. 심리적 착시는 모두가 몰리는 그 순간에 가장 강하게 작동합니다.

시장은 감정을 따라 움직이고, 감정은 반복됩니다. 시장 흐름을 가만히 들여다보면, 결국은 사람들의 감정이 만든 파도임을 알 수 있습니다.

두려움이 크면 가격은 멈추고, 욕망이 커지면 시장은 과열됩니다.

이 감정의 흐름은 시대와 장소만 바뀔 뿐, 항상 비슷한 방식으로 반복됩니다. 그래서 같은 실수를 반복하고, 시장도 같은 흐름을 되풀이합니다. 하지만 이 심리의 구조를 이해하면, 다른 사람들이 뒤늦게 후회할 때,

나는 조금 더 일찍 통찰할 수 있습니다.

마음을 비추는 내비게이션

『한국부동산 심리학개론: 투자자의 마음을 읽다』는 수익률과 숫자의 세계 속에서도 잊혀졌던 '마음'이라는 세계를 다시 불러내고자 했습니다. 이 책이 말하고자 했던 가장 근본적인 메시지는 단순합니다.

"당신의 투자 결정은, 당신 마음의 반영입니다."

우리는 흔히 투자를 생각하면 경제 지표, 금리, 통계, 분석 자료부터 들여다봅니다. 뉴스를 뒤지고, 유튜브에서 전문가의 말을 듣고, 주변 사람들의 선택을 따라가기도 합니다. 하지만 정작 가장 먼저 들여다봐야 할 것은 '자신의 내면'입니다.

왜냐하면 투자라는 행위는
단지 돈을 어디에 배분하느냐의 문제가 아니라,
삶의 방향을 어떻게 정하느냐의 문제이기 때문입니다.

사람은 누구나 더 나은 삶을 원합니다. 안전한 미래를 꿈꾸고, 지금보다 편안한 일상을 바라고, 가족을 위해 안정적인 공간을 만들고 싶어 합니다.
그 모든 마음의 중심에는 늘 '집'이라는 공간이 자리하고 있습니다.

하지만 집은 단순한 건축물이 아닙니다. 집은 삶의 방식, 가치관, 감정의 축적이 응축된 공간입니다. 한 채의 집 안에는 때로는 과거의 기억, 때로는 현재의 불안, 그리고 아주 자주 미래에 대한 희망과 가능성이 담겨 있습니다.

그래서 우리는 집을 살 때, 단순히 가격이나 입지를 보는 것이 아니라 그 집이 주는 느낌, 예상되는 생활, 상상되는 감정을 함께 고려합니다.
이 책은 바로 그 '느낌의 흐름'을 읽는 방법, 그리고 '감정의 나침반'을 점검하는 방법을 알려 드리고자 했습니다.

아니, 이제는 이렇게 말할 수 있을 것 같습니다. 이 책은 부동산에 대한 당신의 감정을 안내하는 내비게이션이 되고자 합니다.

당신이 다음 부동산 선택을 앞두었을 때, 혹시 마음이 불안하고 갈피를 잡지 못하고 있다면, 그때는 외부의 정보보다 자신에게 먼저 질문을 던져 보세요.

"왜 나는 이 결정을 하려는가?"
"이 선택은 나의 가치에서 나온 것인가, 아니면 타인의 기대 때문인가?"
"내가 원하는 삶의 방향은 어디인가?"

그 질문에 대한 대답을 찾을 수 있다면, 당신은 이미 절반 이상 성공한 것입니다. 수많은 정보의 바닷속에서, 방향을 잃지 않기 위해서는 자기 마음의 소리를 들을 줄 아는 능력이 가장 중요합니다.

우리는 부동산에 대한 감정을 두려워할 필요가 없습니다. 문제는 감정을 무시하거나 억누르거나, 반대로 감정에 끌려가는 순간입니다.
이 책은 그러한 감정을 의식하고, 이해하고, 선택할 수 있는 상태로 만드는 여정을 안내할 것입니다. 그렇기에 이 책이 당신의 결정 앞에서 감정을 바로 보는 힘, 그 감정을 해석하고 관리하는 마음의 기술, 그리고 무엇보다도 스스로를 신뢰하는 용기를 갖게 해 주었기를 바랍니다.

여러분의 마음이 즉흥적으로 흔들리지 않고, 누군가의 판단에 휘둘리지 않으며, 자신의 내면을 기준으로 투자 결정을 내릴 수 있기를 바랍니다.
이제 여러분에게 필요한 것은 완벽한 타이밍도, 대단한 정보력도 아닙니다.
필요한 것은 자기 자신에 대한 이해와 통찰, 그리고 그것을 삶에 적용하는 심리적 방향 감각입니다.

이 책이, 당신이 다시 길을 잃었을 때 잠시 멈춰 서서 마음을 점검하게 해 주는 따뜻한 부동산 내비게이션이 되었기를 바랍니다.

또한 당신이 두려움에 흔들릴 때 "나는 어떤 삶을 원하나?"라는 질문을 던지게 해 주는 조용한 길잡이가 되었기를 바랍니다.

당신의 다음 선택을 더 단단하고, 더 명확하고, 더 나다운 길로 안내해 주는
심리적 내비게이션이 되어 주기를 진심으로 바랍니다.

정보는 방향을 가리킬 수 있지만, 길을 걸어가는 건 결국 '마음'입니다.
당신의 삶을 향한 선택이, 언제나 당신 자신을 향하고 있기를…

마음을 읽으면 시장이 보인다

우리는 데이터를 보고 투자한다고 믿는다. 그러나 **부동산의 진짜 결정을 이끄는 건 감정이다. 불안, 기대, 두려움, 욕망… 이 모든 심리는 부동산 시장을 움직이는 가장 강력한 힘이다.**

부동산은 숫자가 아니라 사람의 이야기다. 이 책을 덮는 순간, 당신은 더 이상 시장만 보지 않고, 그 안의 '심리'를 보게 될 것이다.

사람들은 흔히 말합니다. **"나는 데이터(통계)를 보고 투자해."**
하지만 실제로 사람을 움직이는 건 숫자가 아니라 감정과 심리입니다.
불안해서, 기대가 커서, 두려워서, 혹은 욕심이 생겨서…
이런 심리의 움직임이 부동산 시장을 진짜로 흔들고 이끌어갑니다.
부동산은 단순한 평수나 가격표의 문제가 아닙니다.

그 안에는 사람들의 선택, 갈등, 후회, 희망이 담겨 있습니다.
이 책을 덮는 순간, 당신은 숫자만 보던 눈에서
이제 사람의 '마음'을 읽는 눈으로 바뀌어 있을 것입니다.

부동산은 결국, 사람의 이야기입니다.
그리고 마음을 알면, 시장이 보입니다.

부동산 심리를 이해한다는 것의 의미

"왜 그런 결정을 했을까?"

부동산 시장에서 많은 사람들이 후회나 불안을 경험한 후 이렇게 자문합니다. 하지만 이 질문은 단순히 매매의 잘잘못을 따지는 것이 아닙니다. 그 결정 뒤에 있었던 감정의 흐름과 심리의 작동을 이해하는 것이 핵심입니다.

우리는 흔히 경제적 계산만으로 부동산 투자를 설명하려 합니다.
하지만 실제 현장에서는 심리가 숫자를 압도하는 경우가 많습니다.
지금까지 살펴본 신뢰, 불안, 공포, 기대, 권위, 욕망, 후회…
이 모든 감정은 시장의 흐름 이면에서 끊임없이 작동하고 있었습니다.
우리는 뉴스보다 빠르게 반응하고, 금리보다 강하게 흔들리며, 정책보다 감정으로 먼저 움직입니다.

결국, 부동산 투자는 '정보 게임'이 아니라 '마음의 게임'입니다.
이 책은 여러분의 마음속에 있는 감정의 지도를 함께 그려 보고자 했습니다.

'왜 나는 이 동네에 끌렸을까?'
'왜 이 타이밍에 사야 할 것 같았을까?'
'왜 하락장에는 아무것도 하지 못했을까?'

그 모든 질문의 답은 심리 안에 있었고, 여러분 스스로가 이미 느끼고 있었던 것입니다. 심리를 알면, 불안할 때도 조금 더 객관적으로 자신을 바라볼 수 있습니다.

흔들릴 때도 그 감정을 '내 잘못'이 아니라 '인간이라면 당연한 반응'으로 이해할 수 있습니다.

이제 우리는 부동산을 보는 또 하나의 눈을 갖게 되었습니다.

시세를 읽는 눈, 정책을 분석하는 눈에 더해 '자신의 마음을 바라보는 눈' 말입니다. 이 눈을 가진 사람은, 시장의 요동 속에서도 중심을 잡고, 정보의 홍수 속에서도 자기 기준을 지킬 수 있습니다.

이 책의 모든 것을 읽고 마지막 장을 덮는 지금, 당신은 더 똑똑해진 것이 아니라, 더 단단해졌습니다.

심리를 이해하는 것은 곧 자신을 이해하는 일이며, 스스로를 이해하는 사람만이 남의 말에 휘둘리지 않고, 미래를 준비할 수 있습니다.

**이 책이 여러분의 투자 인생에서 조금이나마 기준이 되고,
때로는 위로가 되고, 또 한 번은 용기가 되기를 바랍니다.
"결국, 부동산도 사람의 마음이 만든 것이다."
이 한 문장이, 책의 첫 장부터 마지막 장까지를 관통하는 진실이었습니다.**

그 마음을 읽고 이해한 지금, 당신은 이미 다음 결정을 준비할 수 있는 사람입니다.

2025년
결론에 대한 의견 이태광 · 권순주 드림

에필로그(1)

"좋은 집을 고르기 전에,
먼저 나를 알아야 한다고 생각했습니다."

부동산학 박사, 경영학 박사

이태광

이 책을 쓰기 시작한 계기는 단순했습니다.

왜 사람들은 비슷한 상황에서 그렇게도 다른 선택을 할까? 왜 어떤 사람은 불안 속에서도 과감히 집을 사고, 어떤 사람은 좋은 기회를 앞에 두고도 끝내 망설이는 걸까? 숱한 데이터를 넘기고, 수많은 현장을 걸으며 깨달았습니다.

사람들의 부동산 선택 뒤에는 계산보다 감정, 논리보다 믿음, 그리고 삶의 이야기가 먼저 자리 잡고 있다는 것을요. 우리는 흔히 부동산을 숫자로만 이야기합니다. ㎡당 얼마, 연 수익률 몇 %, 대출이자 몇 퍼센트… 하지만 정작 사람들의 마음을 움직이는 건, 그런 숫자가 아니었습니다.

"지금 아니면 다시 못 살 것 같아서…"
"아이 학군 때문에 어쩔 수 없었어요."
"불안했어요. 가진 게 없으면 나만 뒤처지는 것 같아서…"

이런 말들 속에는 단지 집을 사거나 파는 결정이 아니라, 삶을 선택하는 감정의 떨림이 있었습니다. 집은 단순한 공간이 아닙니다. 그 집에는 가족의 미래가 걸려 있고, 나의 수고와 불안, 희망과 두려움이 담겨 있습니다. 그래서 이 책은 단지 '정보'를 주는 책이길 원하지 않았습니다.

당신의 마음을 비추는 거울이 되고 싶었습니다.

당신이 지금 어떤 심리로 시장을 바라보고 있는지, 무엇이 불안을 키우고, 무엇이 결정을 늦추는지를 스스로 돌아볼 수 있는 시간이 되기를 바랐습니다. 모든 투자자는 늘 두 가지 선택 사이에서 흔들립니다.

"지금 해야 할까, 기다려야 할까?"
"이게 맞는 결정일까, 나중에 후회하게 될까?"

이 책은 그 순간, 옆에서 조용히 말해 주는 심리적 안내자가 되고자 했습니다.

우리는 시장을 이기려 애쓰기보다, 자기 자신을 먼저 이해할 수 있을 때, 더 단단한 판단, 더 유연한 선택을 하게 됩니다.

부동산을 읽는다는 건 결국, 지도를 읽는 게 아니라 나의 방향을 읽는 일입니다.

당신 안의 기준과 감정을 들여다보는 것에서 진짜 부동산 투자자가 시작됩니다. 이 책이 당신의 다음 결정을 더 따뜻하고 현명하게 만들어 주기를 바랍니다.

지금까지 읽어 주셔서 진심으로 감사합니다.

에필로그(2)

"부동산은 숫자가 아니라, 마음의 기록입니다."

심리부동산학 박사, 투자심리 연구자

권순주

처음엔 나도 그렇게 생각했습니다.
금리, 입지, 공급량, 수요, 공급, 금융, 세금 등
부동산은 분석의 영역이라고, 숫자와 데이터의 세계라고 말입니다.
하지만 어느 날, 한 사람의 투자 결정을 지켜보면서 깨달았습니다.
그가 참고한 건 엑셀 파일이 아니라, 이웃의 말, 뉴스 속 기대, 자녀의 학교, 그리고 **"지금 아니면 늦는다"**는 불안감이었습니다.

수많은 데이터보다 더 큰 힘을 가진 건, 그 사람의 감정과 기억, 삶의 리듬이었습니다.
부동산은 결국 우리 각자의 인생 경험이 묻어나는 선택의 총합입니다.

이 책을 통해, 부동산을 **'값'으로만 보던 시선이 '마음'**으로 다시 보이게 되기를 바랍니다.
그리고 당신의 판단이 흔들릴 때, 잠시 멈추고 **나는 왜 이 선택을 하려는가**를 되물어보시길 바랍니다.
투자는 분석보다 먼저, 자신에 대한 이해로 시작됩니다.
이 책이 당신의 마음을 비추는 부동산 거울이 되기를 진심으로 바랍니다.

참고 문헌

1. Kahneman, D., & Tversky, A. (1979). Prospect Theory: An Analysis of Decision under Risk.
   → 카너먼 & 트버스키. 『전망 이론: 위험 상황에서의 선택 분석』
2. Thaler, R. H., & Sunstein, C. R. (2008). Nudge: Improving Decisions About Health, Wealth, and Happiness.
   → 세일러 & 선스타인. 『넛지: 더 나은 선택을 이끄는 힘』
3. Simon, H. A. (1955). A Behavioral Model of Rational Choice.
   → 허버트 사이먼. 『합리적 선택의 행동 모델』
4. Loewenstein, G. et al. (2001). Risk as Feelings.
   → 로웬스타인 외. 『감정으로 느끼는 위험』
5. Slovic, P. et al. (2002). The Affect Heuristic.
   → 슬로빅 외. 『감정 기반 휴리스틱 이론』
6. Nickerson, R. S. (1998). Confirmation Bias.
   → 닉슨. 『확증 편향: 믿고 싶은 것만 보는 심리』
7. Asch, S. E. (1955). Opinions and Social Pressure.
   → 애쉬. 『사회적 압력과 집단 순응 실험』
8. Tversky, A. & Kahneman, D. (1981). The Framing of Decisions.
   → 트버스키 & 카너먼. 『프레이밍 효과: 표현 방식이 판단을 바꾼다』
9. Baumeister, R. F. & Leary, M. R. (1995). The Need to Belong.
   → 바우마이스터 & 리어리. 『소속 욕구 이론』
10. Gifford, R. (2007). The Consequences of Living in High-Rise Buildings.
    → 기포드. 『고층 거주의 심리적 영향』
11. Bourdieu, P. (1984). Distinction: A Social Critique of the Judgement of Taste.
    → 부르디외. 『구별짓기: 취향의 사회적 구조』
12. Shefrin, H. & Statman, M. (1985). The Disposition to Sell Winners Too Early.
    → 셰프린 & 스태트먼. 『승자 조기 매도 심리와 손실 끌고 가는 경향』
13. Glaeser, E. L., & Gyourko, J. (2005). Urban Decline and Durable Housing.
    → 글레이저 & 규어코. 『도시 쇠퇴와 내구성 있는 주택』
14. Cialdini, R. B. (2001). Influence: Science and Practice.
    → 치알디니. 『설득의 심리학』
15. Gigerenzer, G. & Gaissmaier, W. (2011). Heuristic Decision Making.
    → 기게렌처 & 가이스마이어. 『휴리스틱 기반 의사결정』
16. Ariely, D. (2008). Predictably Irrational.

→ 애리얼리. 『상식 밖의 경제학』

17. Loewenstein, G. & Lerner, J. S. (2003). The Role of Affect in Decision Making.
    → 로웬스타인 & 러너. 『감정이 의사결정에 미치는 영향』
18. Zeelenberg, M. & Pieters, R. (2007). A Theory of Regret Regulation.
    → 질렌버그 & 피터스. 『후회 조절 이론』
19. Gilovich, T. & Medvec, V. H. (1995). The Experience of Regret.
    → 길로비치 & 메드벡. 『후회 경험 분석』
20. Festinger, L. (1954). A Theory of Social Comparison Processes.
    → 페스팅거. 『사회적 비교 이론』
21. Veblen, T. (1899). The Theory of the Leisure Class.
    → 베블런. 『유한계급론: 과시 소비의 기원』
22. Shiller, R. J. (2000). Irrational Exuberance.
    → 실러. 『비이성적 과열: 버블과 투자 심리』
23. Tversky, A. & Kahneman, D. (1992). Advances in Prospect Theory.
    → 트버스키 & 카너먼. 『전망 이론의 확장』
24. Erikson, E. H. (1982). The Life Cycle Completed.
    → 에릭슨. 『인생 주기의 완성』
25. Deci, E. L. & Ryan, R. M. (2000). Self-Determination and Goal Pursuits.
    → 데시 & 라이언. 『자기결정성과 목표 추구 이론』
26. Oswald, F. et al. (2011). Aging in Place and Life Satisfaction.
    → 오스왈드 외. 『자택 거주가 삶의 만족도에 미치는 영향』
27. Giddens, A. (1991). Modernity and Self-Identity.
    → 기든스. 『근대성과 자기정체성』
28. Ryff, C. D. & Singer, B. (2008). Eudaimonic Well-Being and Identity.
    → 리프 & 싱어. 『웰빙의 심리학과 정체성』
29. Schwartz, B. (2004). The Paradox of Choice.
    → 슈워츠. 『선택의 역설: 많을수록 불행한 이유』
30. Iyengar, S. S. & Lepper, M. R. (2000). When Choice Is Demotivating.
    → 이엥가 & 레퍼. 『선택이 많을수록 동기가 낮아지는 이유』
31. Kahneman, D. (2011). Thinking, Fast and Slow.
    → 카너먼. 『생각에 관한 생각: 직관과 이성의 충돌』
32. Schwartz, S. H. (1992). Universals in the Content and Structure of Values.
    → 슈워츠. 『가치 구조의 보편성 이론』
33. Damasio, A. R. (1994). Descartes' Error.
    → 다마지오. 『데카르트의 오류: 감정과 이성의 통합』
34. Zajonc, R. B. (1980). Feeling and Thinking.

→ 자이웅크. 『감정이 인지보다 앞선다』

35. Lazarus, R. S. (1991). Emotion and Adaptation.
    → 라자루스. 『감정과 적응: 스트레스 이론의 확장』
36. Gifford, R. (2014). Environmental Psychology Matters.
    → 기포드. 『환경심리학의 중요성』
37. Ajzen, I. (1991). The Theory of Planned Behavior.
    → 아이젠. 『계획된 행동 이론(TPB)』
38. Brehm, J. W. (1966). A Theory of Psychological Reactance.
    → 브렘. 『심리적 저항 이론: 강제 선택에 대한 반발 심리』

부동산 심리학개론 개념 한눈에 보기

1) Kahneman, D., & Tversky, A. (1979). Prospect theory: An analysis of decision under risk. Econometrica, 47(2), 263-291. 사람의 선택은 논리보다 감정과 인지 편향에 더 영향을 받는다는 이론적 기반
2) Stewart, K. J. (2003). Trust Transfer on the World Wide Web. Organization Science, 14(1), 5-17. 디지털 환경에서의 브랜드·추천자 간 신뢰 전이에 대한 대표 연구.
3) Lerner, J. S., Li, Y., Valdesolo, P., & Kassam, K. S. (2015). Emotion and decision making. Annual Review of Psychology, 66, 799-823. 위협을 피하려는 감정은 종종 '심리적 안전 자산'에 대한 선호로 이어지며, 객관적 판단을 왜곡할 수 있음.
4) Buunk, B. P., & Gibbons, F. X. (2007). Social comparison: The end of a theory and the emergence of a field. Organizational Behavior and Human Decision Processes, 102(1), 3-21. 사회적 비교가 의사결정, 조직 행동, 소비 심리에 미치는 영향을 종합적으로 분석
5) Loewenstein, G. (2000). Emotions in economic theory and economic behavior. American Economic Review, 90(2), 426-432.
6) Shiv, B., & Fedorikhin, A. (1999). Heart and mind in conflict: The interplay of affect and cognition in consumer decision making. Journal of Consumer Research, 26(3), 278-292.
7) Volkow, N. D., & Baler, R. D. (2015). NOW vs LATER brain circuits: Implications for obesity and addiction. Trends in Neurosciences, 38(6), 345-352. 도파민 분비는 즉각적인 만족을 추구하도록 뇌를 구조화하며, 반복적 행동을 중독 형태로 이끌 수 있다는 점을 경고함.
8) Zeelenberg, M., & Pieters, R. (2007). A theory of regret regulation 1.0. Journal of Consumer Psychology, 17(1), 3-18. 후회는 이전의 잘못된 판단에서 비롯되며, 행동 후의 부정적 감정이 지속되면 학습보다는 감정 소모로 이어진다.
9) Shefrin, H., & Statman, M. (1985). The disposition to sell winners too early and ride losers too long: Theory and evidence. The Journal of Finance, 40(3), 777-790.
10) Kahneman, D., & Tversky, A. (1979). Prospect theory: An analysis of decision under risk. Econometrica, 47(2), 263-291. Shefrin, H. (2002). Beyond Greed and Fear: Understanding Behavioral Finance and the Psychology of Investing. Harvard Business School Press.
11) Milgram, S. (1963). Behavioral study of obedience. Journal of Abnormal and Social Psychology, 67(4), 371-378.
12) Kruglanski, A. W., & Webster, D. M. (1996). Motivated closing of the mind: "Seizing" and "freezing." Psychological Review, 103(2), 263-283.
13) Shiller, R. J. (2000). Irrational exuberance. Princeton University Press. Kahneman, D. (2011). Thinking, fast and slow. Farrar, Straus and Giroux.
14) Kahneman, D. (2011). Thinking, fast and slow. Farrar, Straus and Giroux. Tversky, A., &

Kahneman, D. (1974). Judgment under uncertainty: Heuristics and biases. Science, 185(4157), 1124-1131.

15) Slovic, P. (1993). Perceived risk, trust, and democracy. Risk Analysis, 13(6), 675-682. Kasperson, R. E., Golding, D., & Tuler, S. (1992). Social distrust as a factor in siting hazardous facilities and communicating risks. Journal of Social Issues, 48(4), 161-187.

16) Mayer, R. C., Davis, J. H., & Schoorman, F. D. (1995). An integrative model of organizational trust. Academy of Management Review, 20(3), 709-734. '신뢰 붕괴는 의사결정 시스템 전체에 불신을 야기한다'는 구조적 접근. Kasperson, R. E., Renn, O., Slovic, P., et al. (1988). The social amplification of risk: A conceptual framework. Risk Analysis, 8(2), 177-187. 사회적 증폭 이론(Social Amplification of Risk Framework, SARF) 속에서 신뢰 붕괴가 대중 심리에 미치는 연쇄적 충격을 분석함.

17) Kahneman, D. (2011). Thinking, Fast and Slow. New York: Farrar, Straus and Giroux. 시스템 1(직관적 사고)은 즉각적인 정서 반응으로 판단을 내리며, 안정 신호는 불안을 억제하는 데 사용. Peters, E., Burraston, B., & Mertz, C. K. (2004). An emotion-based model of risk perception and stigma susceptibility. Risk Analysis, 24(5), 1349-1359. 감정이 위험 인식에 미치는 영향을 설명하며, 위험 정보가 불안을 누그러뜨리는 심리적 작용을 밝힘.

18) Slovic, P. (1987). Perception of risk. Science, 236(4799), 280-285. 제도적 장치가 잘 작동하고 있다는 믿음은 실제 위험보다 더 큰 '심리적 안정감'을 형성함.

19) DiFonzo, N., & Bordia, P. (2007). Rumor psychology: Social and organizational approaches. Washington, DC: American Psychological Association. 루머는 개인의 심리적 불안을 자극하고, 공식 정보가 없을 때 사실처럼 받아들여져 행동으로 이어진다.

20) Choi, S., & Sias, R. W. (2009). Institutional herding in the Korean stock market. Journal of Financial Markets, 12(3), 418-437. 한국 시장에서도 정책 신호에 따라 투자자들이 무리 지어 반응하는 현상이 반복적으로 관찰됨.

21) Lee, J., & Cho, Y. (2022). Behavioral dynamics of early market entry in Korea's real estate sector. Korea Real Estate Review, 32(4), 67-89. 한국 부동산 시장에서는 공급 예정 지역, 규제 전환 예고 등 '예상 신호'만으로 조기 진입이 폭발적으로 증가함.

22) Shiller, R. J. (2019). Narrative Economics: How Stories Go Viral and Drive Major Economic Events. Princeton University Press. 불안과 기대가 결합된 경제적 '이야기'가 시장을 움직이며, 부동산은 그 이야기의 중심이 되는 경우가 많다.

23) Iyengar, S. S., & Lepper, M. R. (2000). When choice is demotivating: Can one desire too much of a good thing? Journal of Personality and Social Psychology, 79(6),

24) Kahneman, D., & Tversky, A. (1979). Prospect theory: An analysis of decision under risk. Econometrica, 47(2).

25) Iyengar, S. S., & Lepper, M. R. (2000). When choice is demotivating: Can one desire too much of a good thing? Journal of Personality and Social Psychology, 79(6), 995-1006

26) Kahneman, D., & Tversky, A. (1979). Prospect theory: An analysis of decision under risk. Econo-

metrica, 47(2), 263-291. Cialdini, R. B. (2007). Influence: The psychology of persuasion (Rev. ed.). Harper Business.

27) Maslow, A. H. (1943). A theory of human motivation. Psychological Review, 50(4), 370-396. Baumeister, R. F., & Leary, M. R. (1995). The need to belong: Desire for interpersonal attachments as a fundamental human motivation. Psychological Bulletin, 117(3), 497-529.

28) Slovic, P., Peters, E., Finucane, M. L., & MacGregor, D. G. (2005). Affect, risk, and decision making. Health Psychology, 24(4S), S35-S40.

29) Shleifer, A., & Wurgler, J. (2005). Comovement. Journal of Financial Economics, 75(2), 283-317.

30) Keren, G., & Schul, Y. (2009). Two is not always better than one: A critical evaluation of two-system theories. Perspectives on Psychological Science, 4(6), 533-550.

31) Loewenstein, G., & Lerner, J. S. (2003). The role of affect in decision making. In R. Davidson, H. Goldsmith, & K. Scherer (Eds.), Handbook of Affective Sciences (pp. 619-642).

32) Gilbert, D. T., & Wilson, T. D. (2007). Prospection: Experiencing the future. Science, 317(5843), 1351-1354.

33) Bikhchandani, S., Hirshleifer, D., & Welch, I. (1992). A theory of fads, fashion, custom, and cultural change as informational cascades. Journal of Political Economy, 100(5), 992-1026.

34) Gärling, T., & Golledge, R. G. (1993). Behavior and environment: Psychological and geographical approaches. North-Holland.

35) Lynch, K. (1960). The image of the city. MIT Press. Tuan, Y.-F. (1977). Space and place: The perspective of experience. University of Minnesota Press.

36) Trope, Y., & Liberman, N. (2010). Construal-level theory of psychological distance. Psychological Review, 117(2), 440-463

37) Butler, T., & Hamnett, C. (2007). The geography of education: Introduction. Urban Studies, 44(7), 1161-1174.

38) Tversky, A., & Kahneman, D. (1974). Judgment under uncertainty: Heuristics and biases. Science, 185(4157), 1124-1131.

39) Gilbert, D. T., & Wilson, T. D. (2007). Prospection: Experiencing the future. Science, 317(5843), 1351-1354.

40) Kahneman, D. (2011). Thinking, fast and slow. Farrar, Straus and Giroux. 사람들은 직관적 사고에서 연상적 판단(associative coherence)을 자주 사용함을 설명

41) Festinger, L. (1954). A theory of social comparison processes. Human Relations, 7(2), 117-140.

42) Adler, A. (1956). The Individual Psychology of Alfred Adler. Basic Books. 열등감(compensation for inferiority)이 강할수록 과잉 보상(overcompensation) 행동으로 나타나며, 이는 사회적 경쟁구조에서 두드러진다고

43) Bourdieu, P. (1984). Distinction: A social critique of the judgement of taste (R. Nice, Trans.). Harvard University Press.

44) Han, P. K., Klein, W. M., & Arora, N. K. (2011). Varieties of uncertainty in health care: A conceptual taxonomy. Medical Decision Making, 31(6), 828-838. Temporal uncertainty는 사람들의 장기적 선택 회피, 계획 지연, 또는 감정 기반 대응으로 이어지는 심리적 변수 중 하나로 분류됨.

45) Mishel, M. H. (1990). Reconceptualization of the uncertainty in illness theory. Image: The Journal of Nursing Scholarship, 22(4), 256-262. 인간은 예측 불가능한 상황에 직면했을 때 감정적 불안정성과 통제력 상실을 경험하며, 이는 주요한 결정 회피 전략을 유발함.

46) Gross, J. J. (2002). Emotion regulation: Affective, cognitive, and social consequences. Psychophysiology, 39(3), 281-291. 감정 조절은 판단의 충동성을 줄이고, 불필요한 행동을 억제하는 데 핵심적인 정서 억제 전략(emotional suppression strategy)로 작용함.

47) Frank, R. H. (1985). The demand for unobservable and other nonpositional goods. American Economic Review, 75(1), 101-116. 소비자들은 자신의 소비가 타인의 소비와 비교해 상대적으로 높은 위치에 있어야 만족감을 느낀다고 주장.

48) Shariff, A. F., Wiwad, D., & Aknin, L. B. (2016). Income mobility breeds tolerance for income inequality. Psychological Science, 27(10), 1447-1456. 소득 이동성에 대한 믿음은 실제 이동성보다 더 큰 심리적 영향을 주며, 현실보다 과도한 낙관을 유발.

49) Griskevicius, V., Tybur, J. M., & Van den Bergh, B. (2010). Going green to be seen: Status, reputation, and conspicuous conservation. Journal of Personality and Social Psychology, 98(3), 392-404. 고가 소비는 단순한 효용이 아닌 사회적 메시지를 전달하는 방식으로 작동.

50) Twigger-Ross, C. L., & Uzzell, D. L. (1996). Place and identity processes. Journal of Environmental Psychology, 16(3), 205-220. 주거지나 거주지는 개인의 자아 이미지와 통합되며, 정체성과 감정적 안정에 영향을 줌.

51) Weber, E. U., & Milliman, R. A. (1997). Perceived risk attitudes: Relating risk perception to risky choice. Management Science, 43(2), 123-144. 사람들은 실제 수익보다 예측 가능성(predictability)과 일정성(stability)에 더 가치를 부여하며, 이는 투자 선택에 강력한 영향을 미친다.

52) Kahneman, D. (2011). Thinking, fast and slow. New York: Farrar, Straus and Giroux. Kahneman은 사람들이 인지 자원을 아끼려는 본능적 성향(cognitive ease)을 가지고 있으며, 정서적 피로를 유발하는 복잡성을 회피하는 선택을 한다고 설명함.

53) Giddens, A. (1991). Modernity and self-identity: Self and society in the late modern age. Stanford University Press. 근대 사회에서 사람들은 소비와 공간 선택을 통해 정체성을 구성하며, 이는 '누구인가'에 대한 내적 일관성을 형성하는 수단이 됨.

54) Altman, I. (1975). The Environment and Social Behavior: Privacy, Personal Space, Territory, and Crowding. Monterey, CA: Brooks/Cole. 인간은 자신만의 공간을 보호하려는 본능적 욕구를 가지고 있으며, 프라이버시를 위협받는 상황에서 스트레스를 경험한다고 설명함.

55) Rosen, L. D., Lim, A. F., Carrier, L. M., & Cheever, N. A. (2011). An Empirical Examination of the Educational Impact of Text Message-Induced Task Switching in the Classroom: Educational Implications and Strategies to Enhance Learning. Educational Psychology, 31(1), 93-116. 디지털 정보 과잉

은 인지적 부하와 정서적 피로를 증가시키며, 사람들의 결정 능력과 집중력에 부정적인 영향을 끼침.

56) Rosen, L. D., Lim, A. F., Carrier, L. M., & Cheever, N. A. (2011). An Empirical Examination of the Educational Impact of Text Message-Induced Task Switching in the Classroom: Educational Implications and Strategies to Enhance Learning. Educational Psychology, 31(1), 75-89. 디지털 정보 과잉은 인지적 부하와 정서적 피로를 증가시키며, 사람들의 결정 능력과 집중력에 부정적인 영향을 끼침.

57) Adams, J. S. (1965). Inequity in social exchange. In L. Berkowitz (Ed.), Advances in Experimental Social Psychology (Vol. 2, pp. 267-299). New York: Academic Press. 사람들이 자신과 타인의 보상 간 차이를 인지할 때, 공정성의 기준이 무너지며 감정적 반응이 발생한다고 설명함.

58) Loewenstein, G. F., Weber, E. U., Hsee, C. K., & Welch, N. (2001). Risk as feelings. Psychological Bulletin, 127(2), 267-286. 위험에 대한 판단은 이성적 분석보다 감정 반응에 더 좌우되며, 특히 불안은 투자에서 과잉 행동의 주된 원인이 된다고 설명함.

59) Aronson, E., & Mills, J. (1959). The effect of severity of initiation on liking for a group. Journal of Abnormal and Social Psychology, 59(2), 177-181. 가혹한 입문과정을 거쳤을수록, 그 집단에 더 큰 애착을 느끼는 현상 연구. "더 큰 희생 = 더 큰 가치"로 인식하는 심리적 보상 기제가 작동한다고 봄. Baumeister, R. F., Dale, K., & Sommer, K. L. (1998). Freudian defense mechanisms and empirical findings in modern social psychology: Reaction formation, projection, displacement, undoing, isolation, sublimation, and denial. Journal of Personality, 66(6), 1081-1124. 회피(Avoidance)는 불쾌한 감정에서 자신을 지키기 위해 무의식적으로 활용되는 방어 전략이며, 사회심리학적으로도 반복적인 심리 패턴으로 확인됨.

60) Kahneman, D. (2011). Thinking, fast and slow. New York: Farrar, Straus and Giroux. 사람들은 불확실한 이익보다는 확실하게 보이는 보상에 더 끌리는 경향이 있으며, 이는 실물 자산 선호와 관련됨.

61) Hetherington, M. J. (2005). Why trust matters: Declining political trust and the demise of American liberalism. Princeton University Press. 제도적 신뢰가 무너질 경우 개인의 정책 수용성 감소와 자산 회피 성향 증가가 동반됨.

62) Festinger, L. (1957). A theory of cognitive dissonance. Stanford University Press. 선택 결과와 기대가 일치하지 않을 때, 심리적 불편함을 해소하려는 정당화 심리로 이어짐.